人生三書 2

老子新繹

清靜無為的人生哲學

吳宏一

「人生三書」總序

吳宏一

年紀逐漸老大，回首向來蕭瑟處，覺得人生雖然風雨載塗，但畢竟時有陽光普照。有些人，值得紀念；有些事，值得回憶；有些書，值得推薦。

人生的道路有很多很多條，所謂「世路多歧」。有人生來渾渾噩噩，白白走了一遭；有人不知方向，猶如暗夜到了十字路口，徬徨而無依；有人則始終認定一個方向，勇往而直前。哪一條路適合你呢？完全在乎你自己的選擇。

書有很多很多種，但就一般人而言，「書到用時方恨少」。少的不是書，是你所需要的知識。知識，包括智慧和見識。對於人生的道路，很多書都曾談到，但值得推薦的，不會多；可以真正給你智慧和見識的，當然更少。

我年紀逐漸老大以後，覺得有三本書真的值得推薦：《論語》、《老子》和《六祖壇經》，恰好是儒、道、釋三教的必讀經典。這三本書代表人生三條道路的大方向，可以給大家智慧和見識。它們都言簡而意賅，句子簡短，容易記誦，可是仔細體會，卻意義深遠。

《論語》、《老子》、《六祖壇經》代表儒、道、釋三家不同的思想，也分別代表追求人生、完成理想的三個指標，為我們揭示安身立命之方、為人處世之道，是現代人不能不讀的三本「聖經」。《論語》教讀書人如何進德修業，以期成為國家有用的人才；《老子》教統治者如何清靜無為，以期做為治國安民的指標；《六祖壇經》則教萬方俗眾如何明心見性，以期達到開悟解脫的境地。因此為「人生三書」作白話注譯、闡釋評述的工作，讓讀者藉此親近經典智慧，省思生命的意義與價值，是我長久以來的心願。

如今「人生三書」終於完成，令我有如釋重負的感覺。人生的路該怎麼走？如何安頓身心，活出積極、清靜、圓融的人生？答案就在書裡面。

目錄

德經

《老子新繹》序論

一

「道可道，非常道。名可名，非常名。」

《老子》一書，妙不可言，真非常道；老子其人，猶如神龍，真非常名。

二

《老子》一名《道德經》，是認識老子思想及道家源流的必讀書，也是想了解中華文化的人不可或缺的經典著作。歷代研讀的學者，不知凡幾，但對全書五千言的玄言妙論，似乎永遠尋繹不盡，無法測其底蘊。它的傳本很多，字句頗有不同，加上往往「正言若反」，所以常使讀者似懂非懂，無所適從。對於著者的生平行實，也一直諱莫如深，難以究詰。尤其是近幾十年來，由於湖南長沙馬王堆漢墓的兩種帛書本，和湖北荊門郭店村戰國楚墓的三種楚簡本，先後出土，更引起中外學者的熱烈討論和關注。對於各種傳本文字的異同，經文章句的解釋，以及老子思想主張的探索，紛紛提出各種不同的看法，真是仁者見仁，智者見智。

筆者以為這些現象，對於有志研讀《老子》的初學者而言，不但沒有幫助，反而治絲益棼，不知道該何所抉擇。因此，筆者在《論語新繹》撰成之後，馬上撰寫《老子新繹》這本書。所謂「新繹」者，重點有三：

一、採用直譯的方式，逐字逐句，用白話來翻譯《老子》的經文。原來有押韻的字句，也盡量求其音節的和諧。這是最貼近原文，也是最容易把握原意的做法。

二、校勘各種傳本文字的異同，比較歷來各種注家的解釋，折衷眾說，可採者採之，取其長而捨其短，力求簡明，以便初學。

三、參考有關的研究資料，對每一章的章旨、結構，乃至修辭以及前後經文之間的關係等等，作一番爬梳整理的工夫。間有推陳出新處，希望對讀者有幫助。

三

為了知人論世，讓我們先了解老子的生平大概。

根據司馬遷《史記．老子韓非列傳》的記載，老子是「楚苦縣厲鄉曲仁里人。」姓李，名耳，字聃。苦縣在今河南省鹿邑縣東，一說在今安徽省渦陽附近。苦縣，春秋時，名相縣，原屬陳國。厲鄉，葛洪《神仙傳》作「瀨鄉」。厲、瀨二字古音相近，可以通用。後來陳國在周敬王四十一年（西元前四七九年）被楚國所滅，其地遂為楚國所有，這已是孔子死後的事。所以嚴格說來，老子應說是陳國人才對；說他是楚國人，那是司馬遷根據後來的行政區域來界定的。不過，無論是陳國或楚國，相對於黃河流域的中原各國，都是地在黃河之南，所以說老子是當時的南方人，則無疑問。《莊子．天運篇》記述孔子五十一歲時去陳國沛邑（苦縣附近）見老子，老子這樣說：「子來乎！吾聞子北方之賢者也。」可見在古人心目中，地域觀念非常濃厚，彼此論籍貫時，會有南北之分的。

《莊子》記孔子見老子的事，當有所本，孔子見老子幾次，我們不能確定，但說孔子五十一歲去陳國沛邑見老子，則恐非事實。因為孔子從五十一歲起，初任魯國中都宰，幾年間升司空，再升司寇，協助季桓子處理魯國國政，是不可能到陳國去的。他周遊列國，到衛國、陳國等地，是在五十五歲以後。同樣記載孔子見老子，比較可靠的資料，是司馬遷《史記》中的〈孔子世家〉和〈老子韓非列傳〉。

說老子姓李，名耳，字聃，是從司馬遷的《史記》才開始的。在司馬遷之前，像《莊子》、《荀子》、《韓非子》、《戰國策》、《呂氏春秋》等等，都只稱老子或老聃，而從未有稱老子為李耳或李聃的，因而有人以為老子不一定姓李（據考證，春秋時代尚無李姓），而應姓「老」才合理。這種推測，雖有道理，但司馬遷也必有所據，因而只能存疑。

司馬遷的《史記．老子韓非列傳》，在介紹老子的籍貫姓氏之後，並沒有說明老子生卒年代，只說他是「周守藏室之史也」，同時用一大段文字記敘了孔子到周王朝向老子問禮請教的情形。從這些地方，我們可以推知老子時代與孔子同時而略早，並且是擔任周朝典藏古代圖書文獻檔案資料的史官。古代擔任史官的人，所謂「左史記言，右史記事」，通常服事在君王身邊，不但要有捷悟的文才，而且要有淵博的學識。因此孔子才會去請教他。

孔子去向老子請教的事，據《史記．孔子世家》的記載，是和南宮敬叔一道前往的。南宮敬叔是魯國權臣三卿之一孟僖子的兒子，他遵父命去向孔子學禮。可能有些關於禮的問題，需要請教老子，所以由南宮敬叔向魯君提出申請，魯君同意，於是「與之一乘車、兩馬，一豎子」，讓孔子和南宮敬叔「俱適周問禮」。由此可見，老子當時已以知禮聞名於世。

我們也知道老子是道家的創始人，據《漢書．藝文志》說：「道家者流，蓋出於史官，歷記成敗存亡禍福之道，然後知秉本執要，清虛以自守，卑弱以自恃。此君人南面術也。」孔子是有心用世的人，他除了向老子問禮之外，一定也會請教為政處世之道，所謂「君人南面術」。

孔子向老子問禮求道的事情，不但《史記》的老子本傳及〈孔子世家〉都有記載，連《莊子》的〈天運〉、〈天道〉和《禮記》的〈曾子問〉等篇，也屢有論述。據《禮記．曾子問篇》，孔子請教的問題，都與喪禮有關。分別是天子崩、國君薨、送葬遇日蝕以及為父母服三年之喪等等一些比較特別的禮儀。問禮，其實就是問道。問道，其實也與「君人南面術」有關。據《莊子．天運篇》的記述，孔子和老子見面時，曾如此請教：

丘治《詩》、《書》、《禮》、《樂》、《易》、《春秋》六經，自以為久矣，孰知其故矣。以奸者七十二君，論先王之道，明周、召之跡，一君無所鉤用。甚也夫！人之難說也，道之難明邪？

「以奸者七十二君」一句，雖不可解（歷來學者多解「奸」為「干」，說孔子周遊列國，遍訪諸侯七十二君，求為所用。此說頗可商榷，因為孔子當時尚未周遊列國），但孔子的意思肯定是說：他研習六經，倡導仁義，自己以為頗有心得，對於古聖先王之道，和周公、召公輔佐的事跡，也深有體會，但是他見過一些君王，卻沒有一個君王能夠欣賞他，取用他的忠孝仁義之道。因此他頗有感慨。

老子的回答，據《史記》本傳的記載，摘要如下：

子所言者，其人與骨皆已朽矣，獨其言在耳。……吾聞之：「良賈深藏若虛，君子盛德，容貌若愚。」去子之驕氣與多欲、態色與淫志。是皆無益於子之身。吾所以告子，若是而已。

老子的意思是勸誡孔子：古人之言可採者採之，不必過度崇尚古聖先賢、罔言仁義禮信。同時他要孔子去除驕氣、多欲、態色、淫志。易言之，他勸孔子應當謙下、無欲、清靜、無為。這些正好都是與學禮為政有關之事，同時正好也都是《道德經》中主要的思想主張。所以《史記》在本傳後馬上接著說：「老子修道德，其學以自隱、無名為務。」

大概見面之後，孔子對老子的學養非常佩服，所以孔子對弟子說：「吾今日見老子，其猶龍邪！」把老子比喻為像神龍一樣見首不見尾，自有莫測其高深之意。《史記．孔子世家》中，還記載孔子辭別時，老子贈言云：「聰明深察而近於死者，好議人者也；博辯廣大而危其身者，發人之惡者也。」對於孔子之言忠孝，尚仁義，正名分，寓褒貶，當亦有所規勸。這些話記在〈孔子世家〉中，想必有其用意。有人以為《論語．述而篇》中孔子曾說自己「述而不作，信而好古，竊比於我老彭」，就有師承老子的意思。至於後世學老子者罷絀儒學，學孔子者罷絀老子，那是另一個問題。

司馬遷的《老子韓非列傳》又說老子：「居周久之，見周之衰，乃遂去。」有人以為「遂」應為「遯」字之訛，是說老子在周朝衰亡之前，見微知著，先行隱遁而去。司馬遷還說老子離開周朝時，「至關」，關令尹喜請他「著書」，於是老子才「著書上下篇，言道德之意五千餘言而去。」後人對「關」字的解讀，有的說是大散關，有的說是函谷關，恐怕都是附會之辭，很可能它只是國境邊界的代稱，表示老子曾出關赴秦而已。「著書」也可能是老子就其擔任周朝史官時，所典藏的文獻資料中，擷取一些有關「道德之意」的格言教訓，記錄下來，留供守關的官長尹喜參考而已。對於傳說中的人物，後人好事增益，往往越到後來，附會越多，越說越神奇，老子就是一個顯著的例子。

司馬遷說老子出關之後，「莫知其所終」，已經令人有「猶龍」見首不見尾的聯想了，底下竟然還有一些文字，說老子修道而壽考，活了一百六十幾歲或二百多歲，越說越玄，幾乎令人難以置信。敦煌唐寫本《老子化胡經》殘卷〈序〉中還說：老子過函谷關，授喜《道德五千句》，西渡流沙，至于闐國，八十餘國王及其妃后，並其眷屬，周匝圍繞，皆來聽法。宋代謝守灝還特地編了《太上老君年譜要略》，說老子在伏羲之世，號鬱華子，每一時代都有另一稱號，到唐代天寶年間，號通玄天師。這已與神話無異。也因為這樣，所以後來懷疑老子其人其書的人越來越多。種種歧異不同的詮釋，也就隨之而起。

有人說，老子就是周朝與他同時「著書十五篇」的道家老萊子，因為他和老聃同為道家，同為楚國人。有人說，老子就是後來戰國時代（西元前四七五年～西元前二二一年）在東周烈王二年（西元前三七四年）見過秦獻公的太史儋，因為他和老聃同是周朝的史官，同樣曾經出關赴秦，而且「聃」與「儋」同音通用，因此應該是同一人。以上這兩種說法，其實也都出自《史記》本傳，但司馬遷在記載上述二事時，卻都已先注明「或曰」，表示不能肯定。因而後來的學者雖有很多討論，爭議不休，卻無定論。

奇怪的是，司馬遷雖然於此用「或曰」，表示不能肯定，卻又對老子的後代子孫，交代得很清楚。他說：老子的兒子，姓李名宗，曾為魏將，封於段干；李宗之子名注；李注之子名宮；李宮的玄孫名假，曾仕西漢文帝；李假之子名解，景帝時曾為膠西王卬太傅。從此他的後代裔孫，就「因家於齊焉」，定居在齊國了。

司馬遷的這些記載，經後人考證，覺得頗多可疑之處。例如：老子兒子李宗曾任魏將之事，是不可能的。魏國之列於諸侯，事在六家分晉之後，那時孔子已死六、七十年，李宗亦應年過百歲，如何能任魏將？又，老子的八代孫李解，如何能與孔子的十二代孫孔安國，並立於漢景帝之朝？說李解曾任膠西王卬太傅，為何他的後裔就不再列名記敘了？這些問題都讓人覺得司馬遷寫老子其人，寫得「玄之又玄」。

因此，經過歷代學者的不斷考查，清代學者如畢沅、汪中等的深入探索，特別是民國以來羅根澤、高亨等學者的多方辨證，對於老子其人其書的討論，才逐漸有了一個共同的趨向：認為著

《老子》一書的老子，應該是戰國中期的太史儋。他也是周史官，曾在秦獻公十一年（西元前三七四年）離周適秦，他也被稱為老子。而且，他應是老子的後裔。《老子》一書，應出自其手。然而因為司馬遷的記載，存在一些年代不相及的問題，所以《老子》一書的作者疑案，還是一直懸而未決，迄無定論。

何炳棣的〈司馬談、遷與老子的年代〉一文，為我們解開這個謎團。他說：司馬遷的父親司馬談，崇尚黃老，曾親往淄川從楊何學《易》。那時，淄川、膠西是齊地稷下的學術重鎮，二地在今山東省淄水附近，司馬談以周秦世宦之裔的身份，順道常去膠西請教時任膠西王卬太傅的李解（太史儋八代孫，參閱上文），是理所當然之事。所以司馬遷的父親是極可能認識老子後代的，他們父子能夠獲得老子譜系的資料，也就無足怪了。後來漢景帝三年，發生吳王濞等七國之亂，膠西王牽涉其中，朝廷下令誅殺三百石以上的有關屬吏，李解自然不能免禍。與李解曾有交往的司馬談，為了自保，從此避談與太史儋後代李解的關係。司馬遷也因此對李解之後的老子家譜，諱莫如深，只好以「因家於齊焉」一語結之了。司馬遷《史記》寫老子的生平，寫得如此「玄之又玄」，原來有其不得已的苦衷。

何炳棣教授的考證，言之成理，可以信從。所以《老子》一書的著者，應是太史儋。他也是周史官，著書當然前有所承，可能是他在祖先老子（老聃）原有的文稿上增補成書，我們今日所見的《老子》一書，應該就是這樣產生的。至於它後來如何流傳，是否經過後人的增補刪改，資料有限，已難推論。好在司馬遷在老子本傳中早已這樣說過：「其人與骨皆已朽矣，獨其言在耳。」老子其人其事，雖然難以究詰，但《老子》一書，卻歷千古而不衰，一直流傳到現在。

四

老子其人，給人神龍見首不見尾的感覺，《老子》其書，也予人紛然雜呈的印象。例如書分上下兩篇，一為道經，一為德經，究竟何時所分，孰先孰後，便有爭論。從戰國時代《韓非子》等書的引文看，似乎從戰國中期到漢魏以前，多德經在前，道經在後。《史記》本傳說老子「著書上下篇，言道德之意五千餘言。」看起來漢初所見的《老子》，已分上下兩篇，和現在似乎沒有什麼太大的差別。漢景帝時，崇尚黃老，倡立道學，列之為經，「勒令朝野悉諷誦之」，才明確稱為「道德經」。到了唐朝，太宗命傅奕注《老子》並作音義，才逐漸改成道經在前，德經在後。開元年間，唐玄宗御注《老子》，並頒布〈分道德為上下經詔〉，從此道經在前、德經在後，才定於一尊。可見《老子》一書的編次，並非一成不改，而是迭有變更。其實原始究竟道經在前或德經在前，是不容易確定的；是否著成於一時，出於一人之手，也是不容易確定的。篇幅雖然不長，全書不過五千多字，但其傳本的繁多、字句的歧異，以及內容思想的不同解釋，真可說是眾說紛紜，莫衷一是。（關於道經德經孰先孰後的問題，我在經文第三十八章的【新繹】最後，還有一段補充說明，讀者可以參看。）

從《莊子．胠篋篇》對老子學說多所引證之後，歷代注解《老子》的學者，何止千百家。其中，先秦像《韓非子》中的〈解老〉、〈喻老〉兩篇，前者重在闡釋「德經」中有關人生及政治方面的道理，後者全用史實傳說比附老子的思想主張，令人覺得《老子》一書像是史官呈獻給侯王治國安民的南面之術。漢代像出於民間、真偽有待考定的河上公注本，多附會養生安身之言，常有方士術語；而同樣被疑為偽書的嚴遵的《道德指歸》及《老子注》，則將《老子》八十一章改為七十二章，並啚言黃老之術，令人覺得《老子》一書，在道教形成階段，逐漸和相傳張道陵或張魯所著的《老子想爾注》一樣，已由對侯王的說教，轉為對道教徒的訓誡。其他像魏晉時王弼的《道德經注》，通過玄學家辨名析理的方法，來分析道德等等名詞及概念；唐代像傅奕的《道德經古本篇》，推衍王弼之說而訂正其失，這些著作對於後世討論老子學說的人，影響都非常深遠。王弼的注本，還被視為是《老子》古注本中最完備精要的一本書。最特別的是唐玄宗、宋徽宗、明太祖、清世祖等，以帝王之尊，都曾經為此書作注，更證實了《老子》講的是君人南面之術。

由於時代環境的變化，思想觀念的不同，老子的思想主張，常因詮釋者見解的差異，各有立言之宗，而呈現出不同的風貌。有人以為它是「王者之上師，臣民之極寶」，因為很多章節都曾談到帝王「南面之術」，有人以為它講的是金丹修煉之術、長生安命之說，甚至有人以為它是用兵教戰之作、權謀術數之談。清代以來，研究者更為眾多，或彙校傳本，或講疏義理，成就固然不讓前賢，但對一般讀者而言，則益感紛擾而不知何從。尤其是一九七三年冬，湖南長沙馬王堆漢墓的帛書老子甲乙本出土以後，因避漢帝名諱的問題，被推定成於西漢初年，因而掀起了一陣帛書熱，研究老子者，幾乎無人不說帛書，它們雖與舊傳《老子》諸本同屬一個系統，但字句頗有異同；到了一九九三年冬，湖北荊門郭店的楚墓竹簡本甲乙丙三組，又相繼出土了，加上被推定成於戰國中期或之前，因而更引起研究者的重視。頗有些人推定楚簡本是老聃之作，是《老子》的原始傳本。幾十年來，研究老子的學者，可以說完全在帛書本和楚簡本的籠罩之下，好像離開它們，就不配談論老子了。這當然是推崇太過了。比對過舊傳本和這些新出土資料的人，應該都會同意以下的看法：要閱讀《老子》，應該從春秋古本（源出老聃或其親傳弟子之記錄），到戰國諸子《莊子》、《韓非子》等的徵引；漢魏以下河上公、王弼、傅奕等注本，再加上新出土的楚簡本、帛書本，互相參校，才可能整理出一本比較完整的「道德真經」。易言之，舊傳本和新資料同樣重要，二者相得而益彰。不可故步自封，但也不可以趨新而忘本。

因此，筆者很不同意有人根據新出土資料隨意改動原來的章句文字，更不同意有人隨意割裂原來的經文。筆者以為：河上公本、嚴遵本和想爾注本，無論著者或著成時代都存在一些難以確定的問題，因此要談舊傳本或古注本，目前以傳世較早而且較為完整的王弼注本為底本最為可靠，以它參校歷代河上公、嚴遵、傅奕等各種注本以及唐代以來的各種新出土資料，應該是比較可取的方法。

經過比對互校，可以發現王弼本和河上公本、傅奕本的章節字句大同小異，非常接近，對後世的影響很大，而楚簡本、帛書本固為新出土的稀世珍本，但訛誤脫漏甚多，可供校斟而不宜定為讀本。

至於有人推定《老子》出於太史儋之手，前有所承，後有所訂，因而分《老子》為二，一為老聃《老子》，一為太史儋《道德經》，探頤索隱，窮力追新，筆者也樂於見其用心之勤，而祝其早日有成。

五

很早以前，我尚在臺大求學期間，就對《老子》這本書發生濃厚的興趣，曾經受到先師沈剛伯、鄭因百等先生的啟發和鼓勵，想對此書及《論語》、《六祖壇經》三本代表儒道釋思想的經典著作，逐一整理闡釋。畢業後，工作繁忙，因此數十年來，時斷時續。一九八六年起，因為幾度赴香港中文大學講學，得以接觸劉殿爵教授，時常聽他談論《論語》及先秦古籍，對他所寫的〈馬王堆漢墓帛書老子初探〉一文，早已折服，認為可以啟我心眼，二〇〇〇年何炳棣教授來香港中大逸夫書院擔任傑出學人講座，聽他主講〈司馬談、遷與老子的年代〉，更覺得醍醐灌頂；從這兩位前輩學者身上，得到很大的啟發，更堅定我要重新整理《論語》、《老子》的決心。二〇〇九年秋天以後，退休多暇，才開始動筆。在撰寫《論語新繹》的期間，曾經興起仿效古人「論詩絕句」之例，寫了以下的一首七言絕句：

〈擬作《論語》、《老子》、《六祖壇經》三書新繹，題耑〉

聖經何必分先後，大道從來不可誣。
我自辦香三教在，參禪學老更崇儒。

後來在《論語新繹》完稿，交給聯經出版事業公司印行之後，又因為受到一些鼓勵，遂同時進行《老子新繹》及《六祖壇經新繹》的撰寫工作，並作絕句二首。詩如下：

〈《論語新繹》一書撰成，口占二絕〉

（一）

向來我亦聖為師，論道參禪未是痴。
最愛春衣已裁就，冠童舞雩詠歸時。

（二）

敢言譯解費工夫，但願人人識正途。
忠恕終歸仁一字，請從平淡契真吾。

我以為這三本書不只代表中華文化中儒道釋三家不同的思想，也分別代表古代在上位者、士人階層以及民間不諳文字者三種不同社會背景的人，追求人生、完成理想的三個指標。我很高興二〇一一年冬，終於完成了《老子新繹》這本書，同時又仿論詩絕句之例，配合《老子》八十一章，逐一作〈論老子絕句〉（參見文末附錄）。書成之後，二〇一二年二月曾交由學生李榮發主辦的天宏出版社初版。現在又獲得王榮文先生的青睞，頗事增訂，把這「人生三書」全交給遠流出版公司（包括之前由該公司印行四版的《六祖壇經新繹》）一起出版，終於了卻了我多年來的心願。我有如釋重負的感覺。

六

最後，我把在撰寫本書過程中，曾經參考過的版本、學者及其著作，舉其要，列其目於書後，以供初學者檢索參考。同時，為了便於讀者核對，在本文之前，把書中常提到的一些版本簡稱，先列表如下：

《郭店楚墓楚簡本老子》（簡稱楚簡本）

《馬王堆漢墓帛書老子甲乙本》（簡稱帛書甲本、乙本）

《王弼老子道德經注》（簡稱王弼本）

《河上公老子道德經章句》（簡稱河上公本）

嚴遵《老子指歸》（簡稱嚴遵本）

傅奕《道德經古本篇》（簡稱傅奕本）

《唐景龍二年易州龍興觀道德經碑》（簡稱景龍本）

《唐開元廿六年易州龍興觀御注道德經幢》及明皇注疏本（御注本）

《唐人寫本殘卷》及敦煌《老子》寫本（簡稱敦煌本）

宋范應元《老子道德經古本集注》（簡稱范應元本）

明嘉靖顧春《世德堂刊六子》（簡稱世德堂本）

《日本天明本群書治要》（簡稱群書治要本）

附記

〈論老子絕句〉並序

少讀《老子》，即愛其言，老而彌甚，未解其玄。近著《老子新繹》一書，叩其兩端，乃作七絕八十一首，藉以消閒。尋章摘句，探本溯源。或撮其要，或摭其譚；或反其意，或詰其難；或出其外，或入其間。詩成示人，豈敢自珍。知我罪我，在所不論。庚寅年春日作，冬十二月定稿。

〈序詩〉

說有談無語太玄，不言還著五千言。欲知道德為何事，萬物朝宗歸一元。

《論老子絕句》之一至八十一，分列於各章經文之後。

〈亂辭〉

青牛西去豈傳經，白馬東來立典型。試問而今知道未，曲終唯見數峰青。

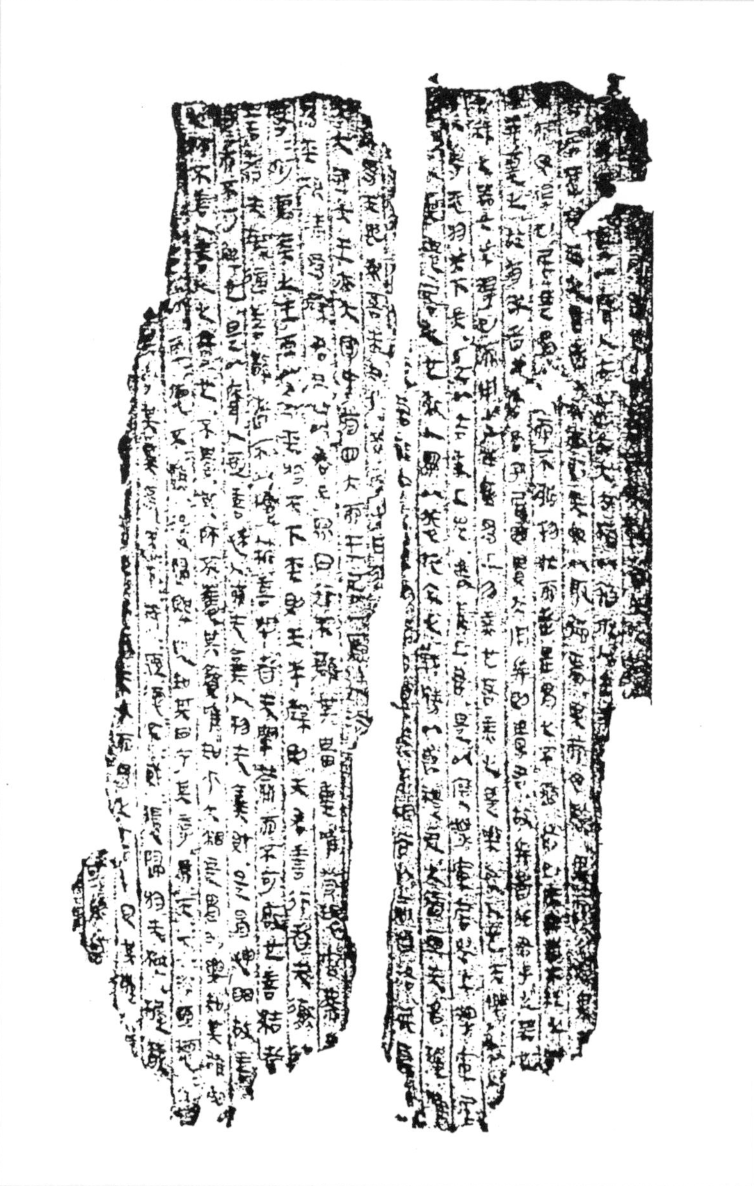

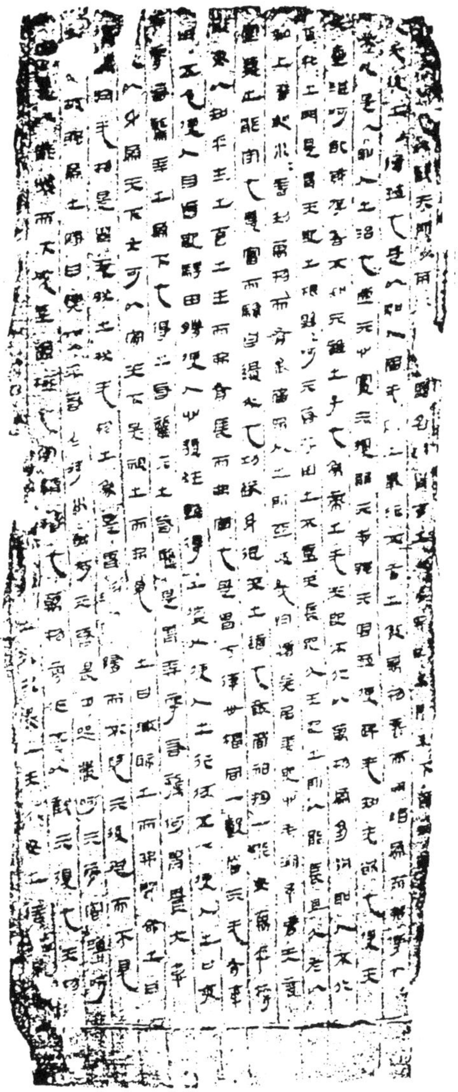

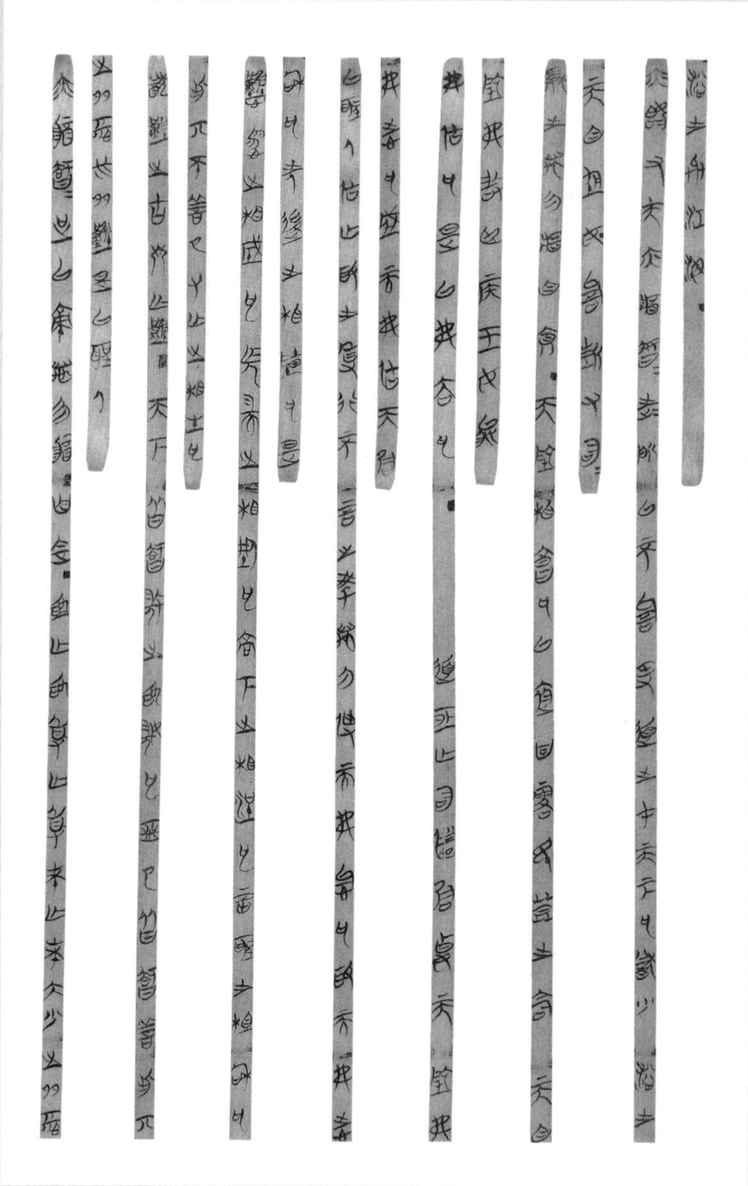

天下皆知美之為美斯惡已皆知善之為善
斯不善已有无相生難易相成長短相形高
下相傾音聲相和先後相隨是以聖人治處
无為之事行不言之教萬物作而不為始為
而不恃成功不處夫唯不處是以不去

不上賢使民不爭不貴難得貨使民不盜不
見可欲使心不亂聖人治虛其心實其腹弱
其志彊其骨常使民无知无欲使知者不敢
不為則无不治

道沖而用之又不盈淵似萬物之宗挫其銳

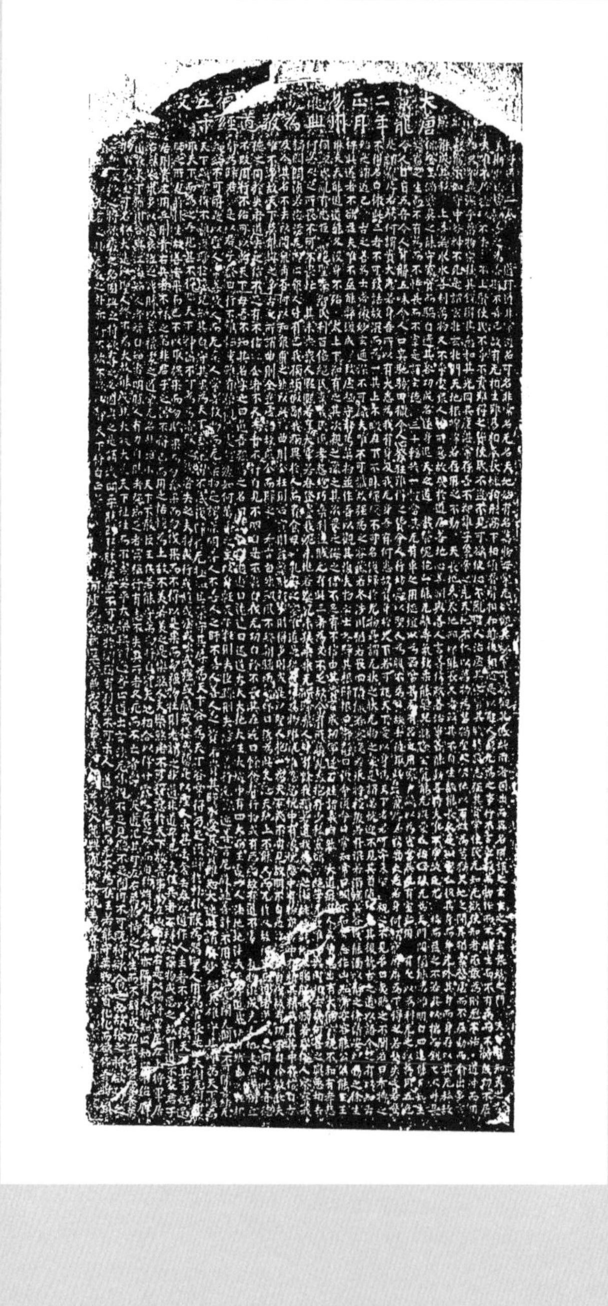

唐景龍二年易州龍興觀老子道德經碑

第1章

道可道，非常道。名可名，非常名。❶無，名天地之始；有，名萬物之母。故常無，欲以觀其妙；常有，欲以觀其徼。❷此兩者，同出而異名，同謂之玄；玄之又玄，眾妙之門。❸

【校注】

❶ 以上四句——帛書甲本作：「道可道也，非恒道也；名可名也，非恒名也。」帛書乙本則有脫文。恒、常二字同義。有人以為此書傳本在漢代避文帝劉恒名，故易「恒」為「常」。河上公本、傅奕本皆同王弼本。也，是語尾助詞，作字句停頓之用，猶如今日的標點符號。

❷ 以上八句——前四句有人斷句為：「無名，天地之始；有名，萬物之母。」歷來據以解說的大有人在，觀其所論，亦言之成理，第三十二章說的：「道常無名」，更足以為據。但筆者以為上文既云「名可名，非常名」，則此不宜再以「有名」、「無名」為說，而且下文又有「常無」、「常有」之辭，故於「無」、「有」下斷句，似較可取。又，「天地之始」，帛書本作「萬物之始也」，亦可通。後四句，帛書本作：「故恒無欲也，以觀其眇；恒有欲也，以觀其所噭。」蓋以「無欲」、「有欲」為讀。這種讀法自亦有據，河上公注：「人常能無欲，則可以觀道之要。」就是如此解讀的。查第三章：「常使民無知、無欲」，第三十七章：「夫亦將無欲」，第五十七章：「我無欲，而民自樸」等等，皆其證。但

就上下文氣論，傳統讀法將「欲」字連下文作助動詞者，似乎仍較可取。例如書中第十五章：「保此道者不欲盈」，第二十九章：「將欲取天下而為之」，第三十六章：「將欲翕之」、「將欲弱之」、「將欲廢之」、「將欲奪之」等等，都是這種用法。噭、徼同音通假。徼，音叫，世德堂本云即「竅」字。說文：「竅，空也。」猶言山谷之洞穴、房室之門戶，與下文「眾妙之門」相呼應。有人以為「妙」同「眇」，有要眇幽微之意，而「徼」同「儌」、「噭」，有邊際向明之意。一暗一明，互為對應。

❸ 以上五句——帛書本作：「兩者同出，異名同胃。玄之有玄，眾眇之門。」「胃」字應為「謂」抄寫之誤。「眇」同「妙」，皆有幽微之意，已見上注。帛書本的「兩者同出」二句，比傳統通行本句子要簡短整齊，都是說「有」與「無」是一體的兩面，是相生相成的。推而衍之，「名」與「道」也是一體的兩面，有形相聲色可以指稱的一面，叫做名或器或物；無形相聲色可以指稱的一面，叫做道或法或德。如此說來，把「無，名天地之始」以下，斷句為「無名，天地之始；有名，萬物之母。」「故常無欲，以觀其妙；常有欲，以觀其徼。」也都可以此解之。「有」、「無」既相生相成，則無名有名、無欲有欲，「無」什麼「有」什麼，也都可以互文見義了。《紅樓夢》有云：「假作真時真亦假，無為有處有還無。」或可移作「玄之又玄」的注解。

【直譯】

道理可以說明的，就不是永恆的道理。名義可以指稱的，就不是永恆的名義。

「無」，指稱天地的開端；「有」，指稱萬物的本源。因此常「無」，想藉此來觀察它的奧妙；常「有」，想藉此來觀察它的訣竅。

「無」、「有」這兩樣東西，同時出現卻有不同的名義，同樣可以稱呼它們為玄妙；玄妙啊它們真玄妙，是所有奧妙的訣竅。

【新繹】

此章是全書或者說是「道經」中的開宗明義第一章，說明「道」是天地萬物的創始者，難以指稱，卻具有永恆的本質和玄妙的變化。要了解它永恒的本質和玄妙的變化，必須先從「有」、「無」二者的概念及其作用說起。

全章可以分為三段：

「道可道」的上個「道」字，是名詞，在《老子》一書中，它指的是一種至高無上的生命狀態。它是宇宙間天地萬物的主宰。天地的形成，萬物的誕生，都與它有關。大自然界的寒暑陰陽、因革變化，人類歷史的古往今來、興亡成敗，彷彿也因它的存在，而具有一定可以遵循的法則。它有如古人之看雞卵，雖然孕育著新生命，卻渾沌一片，令人看不清、摸不著，可是它卻又真真實實的「其中有象」、「其中有物」，存在著一種生命狀態。它可以有形狀和顏色，卻沒有固定的形狀和顏色；它可以有聲音和氣味，卻沒有固定的聲音和氣味；以此類推，總之，它恍兮惚兮，視之不見，聽之不聞，搏之不得。當任何人要稱呼它時，它可以有名義，卻沒有固定的名義。就像《莊子．知北遊篇》所說的：「道不可聞」、「道不可見」、「道不可言」，「道不當名」。它是不可有固定名義的。當它化為無形時，可稱之為道氣；有跡可循時，可稱之為道路；於事稱為道理；於人稱為道士或道人。總之，它是不固定的。

就因為它不固定，所以不可言說。「道可道」下字的「道」，就是動詞的「說」。不可道，就是不可言說，不可用言語道盡，無法用語言文字來完全充分的說明形容。「名」就是言說時所使用的語言文字。就因為不可用言語道盡，無法用語言文字來完整說明形容，所以它雖然一直存在著，卻沒有固定的形相、聲氣和名義。無以名之，只好一仍舊名，稱之為「道」。第二十五章就這樣說：「有物混成，先天地生」，它「獨立而不改，周行而不殆」，「吾不知其名，字之曰道。」所謂「獨立而不改，周行而不殆」，是說它使天地萬物有一定可以遵循的法則，從不斷的變動中，找到了一個不變的規律。在無常之中，找到了一個統攝天地萬物的道理。可是它有萬千端緒，千變萬化，令人不知從何說起，又令人不知其極。《管子．心術上篇》也這樣說：「道也者，動不見其形，施不見其德，萬物皆以德，然莫知其極。故曰：可以安而不可說也。」《韓非子．解老篇》說得更好：「夫物之一存一亡，乍死乍生，初盛而後衰者，不可謂常。唯夫與天地之剖析也俱生，至天地之消散也不死不衰者，謂常。而常者，無攸易，無定理；無定理非在於常，是以不可道也。聖人觀其玄虛，用其周行，強字之曰道。」

也因此，不能不令人感悟：能用語言文字來說明解析的道理，都只是「道」的一端，而不是「常道」，不是恒常不變的「道」的全部。

「道」既不可道，能道者又非「常道」，因此，知者不言，言者不知。然而為了向世人說法，為了「傳道、受業、解惑」，又不能不道，因而只好藉「名」來論「道」。更何況「道」本來的另一意義，就是「說」。

「名」和「道」是對待的詞語，雖然相對待，但卻不是相對立而是相因依的。「道」常常恍兮惚兮，視之不見，聽之不聞，搏之不得，而「名」卻是具體的存在。譬如說，人都有父母和親人，我們一談到父母和親人的名號，他們的形貌、聲音等等，就會自然具體的呈現在眼前。一談到天地，就可以馬上想到天空和土地的實體；一談到古琴和鋼琴、西裝和旗袍等等，我們也都可以馬上從它們的名義上知道它們種種的不同。總而言之，談到任何人或事物，我們都可以從其不同的名字、名分、名號或統稱為名義之中，去辨認其實體存在的意義。即使是抽象的東西，也通常可以從大家為它所取的名稱中，得到若干共識。例如天空、天然、天神的天，有其不同的意義，大家即使不能客觀分析，卻仍然可以感受。

古人說，「名」是聖人為萬物所取的名稱，用來表達萬物不同的概念。這萬物不同的概念，統攝起來，固然有一個無以名之的道，寓乎其間，但它往往是形而上的，如何孕育，如何長成，都恍兮惚兮，難以理解。可是分別來看，萬物仍然各自有其不同的名義可以指稱，而不同的名義，往往又代表了不同的固定的形狀、顏色、聲音、氣味等等特質。因而相對於形而上的「道」，這些可以指認稱呼的天地間的一切萬物，古人認為它們是形而下的東西，就稱為「器物」或「器」。

器或器物，究竟與「道」之間有什麼關係呢？

一器物有一器物之用，因而各有其特定的名稱。每一個器物的名稱，常常因時間空間的不同、語言文字的不同、觀念的不同、種族的不同等等因素，而有所改變；不可能一成不變，也不可能永恒不改，甚至在同一時空、同一種族、同一語文、同一觀念的環境之中，都又有了不同的名義。相傳古代倉頡造文字時，「天雨粟，鬼夜哭」，可見創造文字，為宇宙天地萬物命名定義，是多麼不容易之事，足以驚鬼神而動天地。《管子．心術上篇》說：「物固有形，形固有名。名當，謂之聖人。」可見聖人即是為宇宙萬物取名得當的人。聖，本意是耳聰目明，所以能為萬物命名者，必定聰明而神聖。誰有權力可為萬物命名呢？無疑的，他必然是所謂最高的統治者或領導人。這在《老子》書中，就稱之為「聖人」。可是，不管你多麼聰明神聖，當你為某一器物命名時，它就已經具有了特定的名稱和意義；當它有了特定的名稱和意義，它已經同時又有了一定的限制，無法呈現它原來就具有的全部意義和價值。因此「道」這個字，當你解釋為「道理」時，你已經忽略了它還有其他的很多意義。對於那不可道的常道，更不知如何界定名義了。

例如「天」、「地」等等，幾乎每一個字，當你解釋它的名義時，你會發現無論怎麼詳細解釋都不可能周全，而且用不同的語言文字來翻譯解說時，你更會發現它還有許多有待詮釋的意義。可見任何器物的名義，不管你如何界定，永遠界定不完。這就是所謂「名可名，非常名」。

以上說的是前四句第一段，以下八句第二段主要是說明「無」與「有」二者的概念及其相生相成的作用。

上述的「道」，先天地萬物而長存，雖實有而看似虛無；上述的「名」，依天地萬物而指稱，雖看似實有而實虛無。第四十章說：「天下萬物生於有，有生於無。」這是說天地間的一切萬物，都有其「名」，是有形相聲色等等可以指稱的實體，可是它們是如何誕生的，如何形成的，推究起來，它們其實都來自那先天地萬物而長存的「道」，依一定永恒的法則運行而成。依照《列子．天瑞篇》和《淮南子．天文訓》等等的說法，道原是先宇宙而生的一道元氣，當它運行時，先是清輕者上升為天，濁重者下降為地，而後發生陰陽四時的變化，而後產生日月星辰風雨雷電等等萬物。這道元氣即是「道」的本身，也叫做「一」。《淮南子．原道訓》說得很清楚：「所謂一者無匹，合於天下者也。……是故視之不見其形，聽之不聞其聲，循之不得其身。無形，而有形生焉；無聲，而五音鳴焉；無味，而五味形焉；無色，而五色成焉。是故有生於無，實出於虛，天下為之圈，則名實同居。」既然「名實同居」，也就表示我們可以由「名」以識「道」，而名之「有」、「無」，也就關係到天地萬物的要妙所在了。

「有」與「無」，實存與虛無，是相對的詞語，可是它們不是相對立而是相因依的。這也就是下文第二章所要說的：「有無相生」。這裡的「無」，不是我們平常所說的「零有」，而只是還沒有顯現出它的形相聲色而已，有如風之無形，水之無色。也因此，「無」可以用來稱呼「天地之始」，也可以用來稱呼「萬物之母」。相同的道理，「有」也可以兼攝「天地之始」與「萬物之母」。這四句顯然是互文見義，同樣是合用「無」、「有」二者，來說明天地萬物的開端和生命的起源。《莊子．大宗師篇》有云：「夫道，有情，有信；無為，無形。可傳而不可受，可得而不可見。」說的就是道合「有」、「無」二者的道理。

《老子》第四十章：「天下萬物生於有，有生於無。」郭店楚簡本《老子》作：「天下之物生於有，生於無。」這是單從「有」的方面來說的，拿來和第四十二章所說的：「道生一，一生二，二生三，三生萬物」，道理正相契合。一物衍生一物，終至衍為萬物，這是從實存的「有」來說的，它只是沒有把「有」背後的「無」同時說出來而已。因為假使「道可道」，那就是「非常道」了。

就因為如此，所以我們要常從上述「無」與「有」的概念中，去體察「道」與「名」之間的關係，去體察天地萬物的奧祕和生命的出路。道之用，生天地萬物，而後萬物有其名，而後聰明之人由名以說道。「觀其妙」，是靜觀其內在的幽微要妙；「觀其徼」是瞻望其外在的歸趨出路。一幽一明之間，就是所謂灰色地帶，也就是下文所說的介乎黑白之間的「玄」。至於「玄」是什麼，下文自有分解。

名，也就是字，是說為某人或事物取個稱呼，以便指認辨別。古人名字有別，我們今天卻名字連用，事實上，指的都是一個特定的人或事物。有人從甲骨文去探究「名」的本義，以為「名」原指古代一種盛肉用的禮品，雖然證據不夠充分，但古代確實是常將名與器並稱的。例如《左傳・成公二年》孔子說：「唯器與名，不可以假人。」這裡的器指禮器，名即指名義、名分。名器應該相符，才有意義，但名與器卻常常不相符，例如《論語・雍也篇》中孔子說的「觚不觚」，觚原是飲酒用的禮器，可是孔子所看到的觚，形制用途都已經不是原來的觚了。這可以說是有其名而無其實，所以孔子才會感嘆觚不像觚。這就是名器不符、名不符實的例子。這個例子說的，是具體有形的器物；下面還可舉一個無狀可言的概念，來說明名與實不相符的情況。

我們都知道儒家講禮，講正名。《論語・顏淵篇》中，孔子回答齊景公的問題，就說：「君君，臣臣，父父，子子。」是說君要像君，臣要像臣，不論是什麼名義，都要符合自己的身分。又在同篇章中說：「君不君，臣不臣，父不父，子不子，雖有粟，吾得而食諸？」這些話中的君臣父子，都有兩個字，上面的君臣父子，指的都是正式名義，下面的君臣父子，指的都是名不符實的對象，說不像君臣父子該有的樣子。易言之，名義和實際已不相符合了。

這裡再以君臣為例來作進一步的說明。君字的本義，原是指嘴巴說出的話就要用雙手來執行的人，所以稱為君上；臣，指俯首屈身屈伏在地的人，所以稱為臣下。在古代封建社會裡，君上對臣下可以發號施令，予取予求，而臣下對君上則必須畢恭畢敬，絕對服從。《韓詩外傳》卷五就記載了下面一段故事：孔子有一次侍坐在魯國執政大臣季孫身邊，季孫的家臣來報告說魯君派人來「假馬」（即借馬。假，即借），不知道借不借給他。孔子馬上說：「君取於臣曰取，不曰假。」意思是該家臣只能說魯君來「取」馬，而不應說是來「借」馬。季孫同意孔子的說法。就因為要正名義，魯君來向臣下借馬一用，只能說是「取」而不能說是「借」，所以孔子才說：「正假馬之言，而君臣之義定矣。」這也是說君是君，臣是臣，假使君不像君，臣不像臣，那麼名義和實際就混亂了。

可見儒家非常重視「名」，重視名實或名器是否相符，而老子所說的「名」，則超越這個層次，藉之與「道」並稱。天地萬物創始之初，「道」渾沌一片，無形相可言，既非器物，所以無以名之，只能概稱為「道」或「大」（見下文第二十五章），後人因而稱之為「大道」；等到天地創始、萬物衍生之後，萬物各有其形制，此有彼無，彼有此無，所以也就各有其不同的名義。這從「無」到「有」的過程中，可以說都是由於「有」、「無」二者相生相成的作用。

此章的最後五句，是第三段，說明「有」、「無」二者同出於「道」，而且是同時產生，同時發揮作用。它們雖然名稱不同，但它們必須合在一起，「道」才能發揮其玄妙的功能。下面各章所說的道理，幾乎都由此衍化而出，所以說是「眾妙之門」。

【論老子絕句】之一

名道開篇各擅場，可名可道即非常。有無分合妙何在，我欲談玄不自量。

第2章

天下皆知美之為美，斯惡已；皆知善之為善，斯不善已。❶故有無相生，難易相成；長短相形，高下相傾；音聲相和，前後相隨。❷是以聖人處無為之事，行不言之教。萬物作焉而不辭，生而不有，為而不恃，功成而弗居。夫惟弗居，是以不去。❸

【校注】

❶ 以上四句——楚簡本作：「天下皆知美之為美也，惡矣；皆知善，此其不善已。」帛書甲本作：「天下皆知美為美，惡已；皆知善，訾（宏一按：或抄錄者誤將「此」「言」合為一字）不善矣。」帛書乙本作：「天下皆知美之為美，惡已；皆知善，斯不善矣。」核對其他傳本，內容思想並無差異，不同者唯在於文字之增刪。刪者求其精簡，而所增易者多為虛字，而且多為通假字或異體字，如「已」、「矣」、「之」之類。此觀下文可知。

❷ 以上六句——楚簡本作：「有無之相生也，難易之相成也，長短之相形也，高下之相盈也，音聲之相和也，先後之相隨也。」帛書甲本、乙本與楚簡本相較，除偶有脫文誤字及異體字、通假字之外，其餘相同，唯句首刪去「故」字，而句末多「恒也」二字。核對其他傳本，「有無相生」等六句，每一句都多了「之」、「也」二字。「之」、「也」這些虛字助詞，其作用略等於今天的標點符號，做為語氣停頓之用，

可以幫助讀者了解文意和句型結構。帛書本後加「恒也」二字，是說上述「有無之相生也」等六句所言，是恒常之道。蓋因刪去舊本句首之「故」字，有此二字，語意較足。又，「長短相形」王弼本「形」作「較」，義同。宜作「形」，蓋「形」與「傾」為韻。

❸ 以上八句——楚簡本作：「是以聖人居無為之事，行不言之教。萬物作而弗始也，為而弗時也，成而弗居。夫唯弗居也，是以弗去也。」帛書甲乙本與此相較，除脫文誤字及異體字、通假字之外，文意亦無不同。有的字尾加「也」字，那是語氣停頓之用，說已見上。至於「萬物作焉而不辭」一句，傅奕本作「萬物作而不為始」。宏一按：古代「始」、「辭」二字聲同，而古文「辭（辤）」作「辞」，「始」作「㚸」，形亦相近，故可通。敦煌本「聖人」下多一「治」字，「不辭」作「不為始」，下缺「生而不有」一句，「居」作「處」。又，以上八句，或疑為錯簡，為後人所加。恐未必是。

【直譯】

天下百姓都知道美好的事物是美好的，那麼它就醜惡了；都知道善良的事物是善良的，那麼它就不善良了。

因此，「有」與「無」互相對待才產生，「難」與「易」互相對待才形成；「長」與「短」互相比較才明顯，「高」和「下」互相比較才呈現；「音」和「聲」互相應和才會動聽，「前」和「後」互相跟進才能前行。

所以聰明的聖人只處理「無為」（無所作為）的事務，只執行「不言」（不待言說）的教化。萬物興起了卻不多加解釋，產生了卻不據為己有；做好了卻不自誇其力，事功完成了卻不以功自居。就因為不以功自居，因此功績不會失去。

【新繹】

此章藉「有無相生」等等相生相成的概念，來說明聖人的處世之道，在於「處無為之事，行不言之教」。據《莊子．天下篇》說：「以天為宗，以德為本，以道為門，兆於變化，謂之聖人。」可知聖人配合天地，兼具道德而預知變化，是聰明睿智的理想人物。

做為天地之始、萬物之母的「道」，老子以為它本來是渾沌一體的元氣。可是從天地肇始、萬物衍生之後，聖人上觀天文，下察地理，開始為一切現象取名定義。「道」之體本為「無」，所以亙古長存，卻無形跡可求；「道」之用則為「有」，所以生生不息，化為天地萬物。天地萬物不像「道」之本體那樣恒常處於虛無的狀態，它們已由「無」而變為「有」，變成有形色聲味的東西。因此，聖人在為它們取名定義時，開始注意到天地萬物的一切現象，都是變動的，而且既矛盾而又統一，既相對而又相依。「無」與「有」、「陰」與「陽」、「虛」與「實」、「常」與「變」等等這些相對的概念，也就因而產生了。

第一章是老子為「常道」、「常名」開宗明義，從「常」與「變」、「無」與「有」的相對相依的概念，來說明天地萬物的玄機妙理。而這一章則是老子要把這些相對相依的概念，從大自然界落實到人文社會界來，說明這是一切事物的恒常、普遍的法則。

全章可以分為三大段：首先第一大段，老子要破解說明的是「美」與「惡」、「善」與「不善」的價值判斷的觀念。

在現代人的觀念裡，「美」即美麗，說的是外表；「善」即善良，說的是內含。「美」的相反義，應該是「醜」，「善」的相反義，才是「惡」，為什麼老子卻以「惡」來與「美」相對呢？

事實上，秦漢以前，「美」不一定是指外貌的美麗，而是常指品德名譽而言，因此它常與「惡」相對。例如《論語．顏淵篇》說：「君子成人之美，不成人之惡。」《禮記．大學》說：「好而知其惡，惡而知其美者，天下鮮矣。」《呂氏春秋．去尤篇》說：「知美之惡，知惡之美，然後能知美惡矣。」這些例子，都是美、惡對舉的。因此，「天下皆知美之為美，斯惡已。」說的不應該只是美麗的外表，而應該範圍更廣，更有概括性才對。河上公注解「美之為美」句，說是：「自揚己美，使顯彰也。」注解「斯惡已」句，說是：「有危亡也。」顯然就是把「美」、「惡」用來指德性名譽的是否美好而言。

相同的道理，這裡「善」與「不善」對舉，也說明了老子所說的「善」與「不善」，並非單就內在的品德修養而論。河上公注「善之為善」句，說是：「有功名也」，注「斯不善已」句，說是：「人所爭也」，都足透箇中消息。

那麼，老子為什麼說「天下皆知美之為美」、「皆知善之為善」，就會「惡」會「不善」呢？

相信很多讀者馬上會給個答案，說這是「物極必反」的結果。筆者不敢說這個答案錯了，但必須說只答對了一半，因為把因果顛倒了。假設「物極必反」是結果，那麼它的起因是來自既矛盾而又統一、既相對而又相依的觀念。

可以這樣說：「美」與「惡」、「善」與「不善」這些相對待的價值判斷的觀念，是某人某地某時某種情況下，加之於某一事物的看法。這種看法會因人地時等等條件的不同，產生變化，甚至給予完全不同的價值判斷。而且在判斷的同時，一定有正反兩個不同的觀念存在，才會給予不同的評價。譬如說，當你說某一事物「美」的時候，一定有不美的事物供你做了比較。換句話說，當你有了「善」的觀念，「不善」的觀念也已經同時產生了。這不同的觀念雖然看似相對立，但它們只是一體的兩面，它們其實是相依附的。它們的「美」與「惡」、「善」與「不善」，只有在相對待的關係中，才能互相彰顯出來。

舉個例來說。蘇軾的名詞〈念奴嬌・赤壁懷古〉開頭有這樣的句子：

大江東去，浪淘盡、千古風流人物。
故壘西邊，人道是、三國周郎赤壁。

蘇軾四十七歲遊赤壁時，他所懷念的「千古風流人物」，是三國時代赤壁之戰的周瑜。周瑜當年雄姿英發，但是不是「千古風流人物」，一定會有爭議。同樣是周瑜這個歷史人物，蘇軾說他「風流」，別人未必同意，像《三國演義》寫諸葛亮三氣周瑜，把周瑜活活氣死，就看不出他有什麼「風流」。而且，「風流」該怎麼定義呢？恐怕也言人人殊。

「風流」的意義，古今不同。《論語・顏淵篇》所說的：「君子之德，風；小人之德，草。草上之風，必偃。」把在上位的君子比喻為風，把一般被統治的人民比喻為草，草遇上風，就會隨風披靡。可見先秦的所謂「風流」，是指品性道德而言。蘇軾〈念奴嬌・赤壁懷古〉所說的「風流」，是指周瑜的神態儀度而言。至於現代人所說的「風流」，則不須舉例，大家都已知道是有過於浪漫而近於情色的貶詞了。

可見「風流」一詞，有「美」的含義，也有「惡」的含義。對於一切事物，老子是抱持著如此的想法。同樣的一個人，不論你說他「美」或「惡」、「善」或「不善」，他還是原來的那個人。你前後看他，覺得他變了，那是你的問題；你原來覺得他「美」，後來拿他去跟另一個更美的人比較，又覺得他不「美」了，那也是你的問題。他還是原來的那個人。因此，「美」與「惡」、「善」與「不善」，在觀念上固然相對立，但它們其實是相依附的。「美」與「惡」、「善」與「不善」，只是別人給予的不同評價。就其本體而言，他必然同時具有這兩種看似相反對立的特質，才會有人說他「美」，有人說他「惡」。因此，美與惡必須並存而相較時，才有美與惡之可言。

第二大段承應上文，進一步說明難易、長短等等相因相成的觀念。

「故有無相生」等六句，有的版本沒有「故」字，更有人以為「故」字應該刪去。筆者的看法不一樣。有此「故」字，下面六句才與上文有因果關係，否則，上下文應該是並列關係或沒有關聯，而應該另列一章。筆者以為這個「故」字和下文的「是以」，都是承應上文「天下皆知美之為美」等句的觀念而來，所以都沒有刪去的必要。以下各章還有不少這類的例子。

「有無相生」以下六句，不但承應上文，而且與第一章也互為呼應。就像上文所說，「美」與「惡」、「善」與「不善」是相對待的觀念，看似相對立而實相依附。以下六句的六組對立的觀念詞語：「有」與「無」、「難」與「易」、「長」與「短」、「高」與「下」、「音」與「聲」、「前」與「後」，也都同樣是相依附，相生相成的。上章說過，「有無」的「無」不可解為「零有」，它其實有如風之無形無相，水之無色無味。用色彩來比喻，有人會說白色是無色，其實白色是白色，是色彩中的一種；真正的無色，應該像水一樣，你配上它什麼色彩，它就變成什麼色彩，所以，所謂「無色」的「無」，原來是虛無、虛空的，可是它卻可以成為種種不同的色彩。用味道來比喻也一樣，所謂酸甜苦辣等等味道，都是「有」味的，什麼才是「無」味的呢？人各有所嗜，你喜歡甜的，就會覺得酸苦鹹辣別的味道都索然「無」味，其實不是「無」味，是你認為它「無」味而已。你把喜歡的味道稱為「有」味，你所不喜歡的，其實不是真的「無」味。你會覺得什麼東西索然「無」味，那是因為你已經嚐過很多不同的味道，可以互作比較了。

互作比較，很多相對立的觀念，都是互作比較才產生的。

困難容易、長短大小、高低上下，等等，也都是互作比較才產生的概念。就事情而言，沒有「困難」來做比較，就沒有「容易」可言；就形狀而言，沒有長的大的來比較，就沒有短的小的可言；就方位而言，沒有高上，也就沒有低下可言。根據《禮記．樂記》的說法，人的感情受到外物的刺激，開口自然成「聲」，聲能成調，才叫做「音」，音聲相和，如果還有樂器來配合，那才是所謂「音樂」；又根據《說文解字》的解釋，左腳右腳前後緊相跟隨而成「步」，如此才能前進。不過，此章的「前後相隨」，和「音聲相和」一樣，應該都是指音樂方面的事情。《韓非子．解老篇》說：「故竽先則鐘瑟皆隨，竽唱則諸樂皆和」可證。前後、左右原相對立，可是它們卻在矛盾對立之中，得到了統一與和諧。

老子用上述的這些看似矛盾對立的現象，來說明天地萬物有一個恒常而普遍的運行法則：它們都是變動不居的，往往一體而有兩面，可是它們既矛盾而又統一，既相對而又相依。經文第四十二章說的：「萬物負陰而抱陽，沖氣以為和。」也就是這個道理。

第三大段藉聖人說教，說明功成弗居的道理。

基於上述的道理，老子認為他心目中聰明的聖人，在現實的人生中，應該知道如何取法來立身處世。「處無為之事，行不言之教」，就是聖人立身處世的方法。「無為」是無所作為，「不言」是不必言說，可是做事要人做，說教要人說，而聖人卻要去做「無所作為」的事，行「不必言說」的教，這不是矛盾的說法嗎？老子卻以為不但沒有矛盾，而且還是「玄之又玄」的「眾妙之門」。

聖人立身處世的方法，就是「萬物作焉而不辭」以下幾句。上章的說明裡，說過聖人是萬物的命名者，他既能為萬物命名，想必具有主宰萬物的權力，因此，我們可視之為老子心目中理想的統治者或領導人。孔子、孟子等等儒家所說的聖人，從現實人生出發，重點在德行兼備，人格完美，老子所說的聖人，則不止是人間世中政教等等各方面的統治者或領導人，而且更推而上之，似乎介在天神地祇之間，與天地並立。他所謂聖人的「聖」，已經超凡入聖，臻於神聖的境界。

「萬物作焉而不辭」以下六句，是前二句「聖人處無為之事，行不言之教」的進一步說明。萬物由「作」而「生」而「為」而「功成」，聖人都參與其間，可是他卻自己不多說、不佔有、不自大、不居功。因此他雖然參與其事，有所作為，卻猶如沒有作為。不知道的人，還真以為他毫無作為。這是多麼難能而可貴之事！不但「有無相生」的道理在此得到印證，《老子》書中以下各章所要闡釋的清靜無為、謙讓自退等等的道理，也可以說多已包含其中矣。

其中「生而不有」一句，楚簡本、帛書本都缺此一句，而王弼本、河上公本、傅奕本卻都有此一句，可知此句乃後人所加。王弼本、河上公本、傅奕本，字句往往前後一致，或大同而小異，不獨此章為然，其他章節亦多如是。

最後的兩句，更是老子說明聖人之所以為聖人的道理。真的沒有作為，真的對社會人群沒有貢獻、沒有事功可言的話，那何足以稱為聖人？唯有功成事遂而又謙讓自退的人，才不是常人所能及。

一般人講老子和孔子，常常以為一道一儒，思想不同，所以他們所說的道理，也應有差異。這是不錯的想法，但卻忽略了老子和孔子在思想主張上雖然有所不同，但並不是要事事都站在對立面。像老子講謙讓，孔子又何嘗不講謙讓。《論語．泰伯篇》說：「泰伯，其可謂至德也已矣。三以天下讓，民無得而稱焉。」又說：「巍巍乎！舜、禹之有天下也，而不與焉。」「大哉堯之為君也！巍巍乎！唯天為大，唯堯則之。蕩蕩乎！民無能名焉。巍巍乎！其有成功也，煥乎其有文章。」孔子所極加稱讚的堯、舜、泰伯，他們禪讓帝位的至德，不正是老子《道德經》所標榜的主張！《論語．雍也篇》有一段子貢與孔子的對話：

子貢曰：「如有博施於民而能濟眾，何如？可謂仁乎？」

子曰：「何事於仁！必也聖乎！堯、舜其猶病諸！夫仁者，己欲立而立人，己欲達而達人。能近取譬，可謂仁之方也已。」

從這些話中，也可以知道在孔子的心目中，所謂仁者是「己欲立而立人，己欲達而達人」，而所謂聖人，則是「博施於民而能濟眾」。顯然聖人比仁人的層級還要高。聖人不僅有「欲立」、「欲達」的仁者之心，而且真的能夠經世濟眾。這跟《老子》書中所說的「聖人」，又何嘗沒有相通之處！《周易．文言》說：「知進退存亡而不失其正者，其唯聖人乎！」這裡所說的聖人，或許更能兼攝儒道二者所說聖人的意義。

所以我們談老子和孔子，談不同思想家的主張，固然要注意他們的不同，但也不能忽略他們也必然有共同相通之處。

【論老子絕句】之二

高低難易總相生，前後音聲翕和鳴。莫道「不言」能教化，「無為」底事有功成？

第3章

不尚賢，使民不爭；不貴難得之貨，使民不為盜；不見可欲，使民心不亂。❶是以聖人之治：虛其心，實其腹；弱其志，強其骨；常使民無知，無欲。❷使夫知者不敢為也，為無為，則無不治。❸

【校注】

❶ 以上六句——「不尚賢」，帛書本、敦煌本作「不上寶」，「上」通「尚」。「賢」原有「多才（財）」之意，作「寶」亦通。「使民不為盜」，景龍本「不」下無「為」字。「不見可欲」，「見」同「現」。「使民心不亂」，帛書甲本、河上公本「使」下無「心」字。文字雖有不同，文義則無異。

❷ 以上六句——「是以聖人之治」，景龍本無「是以」及「之」字。「常使民無知無欲」，帛書本「常」作「恒」。御注本「民」作「人」者，應為後世避唐太宗李世民名諱而改。《群書治要》卷三十四引文作：「是以聖人之治，常使民無知無欲」，缺「虛其心」四句。亦足證「常使民無知無欲」句，應屬上讀。

❸ 以上三句——帛書乙本「知者不敢為」下，無「也為無為」四字。而河上公本、傅奕本則同王弼本。上文「知」字，平聲，知識之意，此「知」字，同「智」。

【直譯】

不推崇賢能，使人民不追逐功名；不珍惜難得的物品，使人民不會起偷盜之心；不顯露出討人歡喜的東西，使人民內心不會意亂情迷。

因此聖人治理天下的時候：空虛他們的心靈，填飽他們的肚子；柔弱他們的志氣，強健他們的筋骨；常使人民沒有知識，沒有貪欲。

使那些聰明智慧的人不敢有什麼作為呀，只做無所作為的事，那麼就沒有人不能統治。

【新繹】

這一章已經完全落實到人間世，談到聖人如何統治人民、處理政事。老子以為要先克制物欲，而且想要治國安民的在上位者，必須清靜無為，以身作則，來教化人民。

全章可分三段：

第一段先提出三個與其他政治思想家迥不相同的主張。其他政治思想家一般而言，都會主張「尚賢」，推崇賢明多能的才士。可是，老子一開頭就說聰明的在上位者，不必尚賢，因為你推舉了賢明多能的才士，給他俸祿名位，就會引來其他有志之士的效尤，互相勾心鬥角，彼此爭名奪利。天下本無事，你如果一視同仁，不分賢能與否，就不會有優劣高下之分，可是一旦你說這個人賢明多能，那就表示其他的人都愚昧寡才了。說這個人「有」，那就表示那個人「無」。第二章說的：「有無相生」、「長短相形」、「高下相傾」等等的情況於焉產生。一旦大家爭長短，比高下，難免會有紛爭；而一旦有了紛爭，巧取豪奪、爾詐我虞的現象，也必然因之而起。同樣的道理，在上位者如果珍惜「難得之貨」，見欲思得，貪求無厭，那麼上有所好，下必有甚焉者，如此民心必亂，即使淪為偷盜，也不以為恥了。社會的混亂，政治的不安，都往往肇因於此。

河上公注「不尚賢」二句，說：「不尚者，不貴之以祿，不貴之以官」、「不爭功名，返自然也」。顯然如上文所述那樣，是把「賢」解釋為「賢能」或「賢才」來立論的，但近來有人根據有的傳本「賢」作「寶」，而以為「賢」這個字的本義，是「多財」、「貨貝多於人」的意思，所以「不尚賢」也就是說不貴多財。如此，與下文「不貴難得之貨」都是指物欲方面的問題。多財重點在「多」，難得之貨重點在「難得」。河上公注「不貴難得之貨」也說：「人君不御好珍寶，黃金棄於山，珠玉捐於淵。」顯然把「難得之貨」解釋為黃金珠玉之類的珍寶，所以說是「難得」。依照這個思維方式，「不見可欲」一句，也可以解作不為財貨所惑了。

這樣把三個並列句都解釋為與財貨物欲之事有關，當然講得通，但未必比一些傳統的說法好。傳統的說法，以河上公注為例，「不尚賢」是說不推崇賢能的才士；「不貴難得之貨」是說不珍惜難得的黃金珠寶，這些都已見上述，質之其他的道家思想主張，如：《莊子．天地篇》云：「至德之世，不尚賢，不使能。」也是把「尚賢」與「使能」並提；《莊子．庚桑楚篇》亦云：「舉賢則民相軋，任智則民相盜。」也是把「舉賢」與「任智」相提並論。這些都足證「尚賢」不必解為貴尚多財。而《莊子．胠篋篇》所謂：「絕聖棄知，大盜乃止；擿玉毀珠，小盜不起。」甚至後來如《抱朴子．詰鮑篇》所謂：「尚賢則民爭名，貴貨則盜賊起。」也都足證「不貴難得之貨」，與「尚賢」實為二事。同樣的道理，河上公注「不見可欲，使民心不亂」，說是：「放鄭聲，遠佞人」、「不邪淫，不惑亂也」。也必然有他立論的依據。胡王淫女樂之娛，獻公艷驪姬之美（見《淮南子．精神訓》），這種因聲色男女而失土喪國的例子，在歷史上多的是。所以「不見可欲」二句，應該與上文之尚賢、貴貨不同，而是指所謂聲色犬馬或聲色男女。

第二大段承應上文，說明聖人之治天下，要先以身作則，使人民無知無欲。無知無欲，自然「民不爭」、「民不為盜」、「心不亂」。「虛其心」四句，指聖人而言。聖人既然要不尚賢，不貴貨，不見欲，就必須以身作則。「虛其心」和「弱其志」，是就「無知」而言；「實其腹」和「強其骨」，是就「無欲」而言。在上位者若能清心寡欲，心志空虛柔弱，先求填飽肚子、筋骨強健，其餘暫且不管，無所事事，那麼他就不會去管誰比較賢能，什麼貨品比較貴重，什麼事物比較容易令人意亂情迷。有人把「虛其心」四句解釋為聖人要使人民虛心實腹、弱志強骨，雖然講得通，意思也應當如此，但和上句「是以聖人之治」在上下文氣的承接上，是比較不契合的。至於在上位者以身作則之後，是否希望人民起而效尤，那是另一個問題。

第三大段是為上文作結。前段的「無知」，是說沒有知識，這裡的「知者不敢為」的「知」，是「智」的意思。智慧是天生的，知識則是後天所學，二者名同而實異。聖人只要為「無為」之事，也就是上文所謂「虛其心」等等，又能使一般人民都「無知無欲」，那麼即使有智者賢者，也就無所作為而容易管理了。

【論老子絕句】之三

尚賢去欲是良才，智者無為最可哀。欲使民心不紛亂，何須虛實費疑猜？

第4章

道沖，而用之或不盈；淵乎！似萬物之宗。❶

挫其銳，解其紛；和其光，同其塵。❷

湛兮，似若存；吾不知誰之子，象帝之先。❸

【校注】

❶ 以上四句——「道沖」，「沖」傅奕本作「盅」。《說文解字》：「盅，器虛也。」又：「沖，涌搖也。」涌搖就是洶湧流動的意思。涌，今粵語即音「沖」。或云：「盅」即「沖」之古文。《說文解字》又說：「盈，器滿也。」可見「盅」與「盈」對，一虛一滿。又，「沖」或作「中」，「中」為「沖」之俗字。首二句或斷作「道，沖而用之，或不盈。」「或不盈」一作「久不盈」，帛書乙本作「有（又）弗盈也」。「淵乎」，「乎」一作「兮」，帛書乙本作「呵」。「似萬物之宗」，帛書乙本「似」作「佁」。佁，始也。

❷ 以上四句——或疑此四句與第五十六章重複，此為錯簡，但帛書本卻有此四句，其非錯簡也可知。河上公本、傅奕本均同王弼本，下列各章亦往往如是，不一一贅舉。

❸ 以上四句——「湛兮，似若存」，一作「湛兮，似或存」或「湛常存」。「吾不知誰之子」，帛書乙本則作「吾不知其誰之子也」。文字雖有不同，文義則無別。

【直譯】

道像容器中空，但用它時常常不會滿盈；多麼淵深啊！就像萬物的祖宗。磨光它的銳利，消解它的糾紛；調和它的光耀，混同它的污塵。多麼沉靜啊，似已消亡卻又長存，我不知道是誰的子孫，就像是上帝的先人。

【新繹】

這一章講「道」的作用，和第一章所說的「無」與「有」的道理，互為呼應。這是老子第一次用具體的事物「盅」，中空的容器，用它和水的關係，來說明「道」的體用。

第一大段呼應第一章的「有，名萬物之母。」當「道」起作用時，它創造了天地萬物。當萬物有「名」可以指稱時，它的作用似有而無，似實而虛。「道」之為體，就像「盅」一樣，它是中空的容器，是有外殼形狀的東西，可是它起作用時，卻是中間虛空的。就因為中間虛空，所以用它來盛水或液體的東西，儘管灌注沖湧不止，它卻永遠不能填滿；即使填滿了，也仍然可以繼續灌注沖湧，而不改原樣。因此可謂永遠沒有盈溢之時。「盅」一作「沖」，前者是名詞，後者是動詞，二者音義相通。《管子．水地篇》說：「水者，何也？萬物之本原也，諸生之宗室也。」因為萬物之中，水性最為自然，遇方則方，遇圓則圓，與時遷徙，應物變化，隨物而賦形，利物而不爭，所以老子及先秦諸子常以之喻道。此章即以水之沖湧而不盈，來說明「道」之作用。「或不盈」的「或」，是疑然之詞，等於我們口頭的「時」或「常」。就像第二章所言「有無相生」，「有」、「無」是「道」的兩面，虛、實也是一體的兩面，沒有絕對的，因此「時」、「常」

也就具有普遍性、恒常性，有了相同於「永久」、「永遠」的含義。

第二大段「挫其銳」四句，說明「道」所以用之不盈的道理。因為它像水之沖虛一樣，可方可圓，可繁可簡，可高可低，可明可暗。與時遷移，應物變化，所以妙用無窮。

當「道」起作用時，它原來的銳角已被磨圓了，變得圓融了；它原來的繁盛糾纏已被簡化了，變得簡單了；它原來的光芒已被調和了，變得柔和了；它原來的污黑已被混同了，變得同化了。它原來的形狀已經改變了，消失了。它似銳似圓，似繁似簡；它明似天光，又暗如泥塵。它形狀雖變而實質不改。它適用於萬物。這四句可謂上承「萬物之宗」，下啟「象帝之先」。

第三大段總結上文，說「道」像中空的容器，看似無限澄澈，但又沖之不滿，視之不清，若亡若存。所以老子說：我也不知道這「道」是怎麼產生的，說不定在天帝（即造物主）之前，它早已存在了。在老子的心目中，「道」是如此的「玄之又玄」。

【論老子絕句】之四

道似中空盛水器，器虛水注固恆容。和同挫解緣何事，竟使盅成萬物宗？

第5章

天地不仁，以萬物為芻狗；聖人不仁，以百姓為芻狗。❶

天地之間，其猶橐籥乎？虛而不屈，動而愈出。❷

多言數窮，不如守中。❸

【校注】

❶ 以上四句——帛書本等各種傳本，除偶有通用或脫誤字外，並無差異，故不具引，下同。芻狗，古代祭祀時，用草梗綑紮成犬羊形狀的祭品，作祈福之用。狗，這裡是牲畜的通稱。百姓，指百官而言。因為古代貴族才有姓氏，所以百姓和一般人民的意義仍有差別。

❷ 以上四句——「其猶橐籥乎」，楚簡本「乎」作「與」。與，同「歟」。橐籥，分而言之，橐是有出口的袋子，籥是一種竹製管型中空的樂器。合而言之，是指古代冶煉熔鑄時，用來噓氣熾火的器具。橐，指外殼；籥，指內管。其作用約等於後世的風箱。這種器具，中間空虛無物，所以可以吹噓成風，運作不盡，用來吹動爐中之火。虛，同「噓」，與下句「動」同義。

❸ 以上二句——帛書本作：「多聞數窮，不若守於中。」數，屢、常的意思，也有人認為它應解為疾、速，或解為天數、天命。中，即盅。

【直譯】

天地沒有同情心，把萬物當做祭品；聖人沒有同情心，把百姓當做祭品。在這天地的中央，大概就像風箱吧？空虛卻無窮無盡，雖活動卻更有勁。多話常常惹煩惱，不如守住中空道。

【新繹】

這一章承接上一章的「道沖，而用之或不盈」，說明「中空為用」的道理。上一章說的是中空之道的本質，這一章說的是道之用於天地萬物和聖人治國。上一章把道比喻成中空的容器，任憑水如何沖涌搖動，它仍然「淵乎！似萬物之宗」、「湛兮，似或存」，永無盈滿之時；這一章則把道比喻成橐籥、風箱，任憑風生火起，它仍然中空而活動。

全章分為三段：

第一段說明天地以萬物為芻狗，聖人以百姓為芻狗。天地稟承道之陰陽而生，它們沒有意志和感情。《禮記．樂記》即云：「陰陽相摩，天地相蕩，鼓之以雷霆，奮之以風雨，動之以四時，暖之以日月，而百化興焉。」天地有如水盅之周圍、風箱橐籥之外物，當它們摩蕩鼓動時，萬物是生生不息的。對天地而言，萬物的生死，只是自然而然的變化，所以天地對萬物不會有任何親近偏私之情。當生則生，當死則死，如此而已。「天地不仁」的「不仁」，其實就是「無心」，是說沒有偏私之心，不會對什麼事物特別親近慈愛。《莊子．天運篇》說：「夫芻狗之未陳也，盛以篋衍，巾以文繡，尸祝齋戒以將之。及其已陳也，行者踐其首脊，蘇者取而爨而已。」可見芻狗是古代祭祀時，尸祝等祭者持以敬天之物，用完即棄。有人因此以為「天地不仁，以萬物為芻狗」，有天地對萬物殘而不仁之意。這其實是誤會了。這些話的意思是：芻狗可以持以敬天，也可以棄而為爨，一切自然而然。

人為萬物之靈，畢竟仍是萬物之一。人世的統治者，大家稱之為王。王，即天地之間，人之大者。王有聖王，有不聖之王。老子所說的聖王或聖人，是理想中的聰明之主，他可以與天地並立。所以王弼注說：「聖人與天地合其德。」河上公注也說：「聖人愛養萬民，不以仁恩，法天地，任自然。」可見聖人和天地一樣，必然依道而行，純任自然。他在率領百姓、統治萬民時，也一樣公平無私，不會有所偏愛。老子所講的仁道，和孔子有所不同。仁，是由同情心而引發的，講的是人與人之間的相處之道。在孔子心目中，它是道德修養的最高境界，它可由「己所不欲，勿施於人」，推而「己欲立而立人，己欲達而達人」，只有聖人仁君才做得到。可是在老子心目中，仁雖有同情慈愛之心，但它未必純任自然，多少有偏私之情，不合乎「中空」之道。中空之道，應大公無私，聽由萬物自然生成變化。老子本章所以說：「天地不仁」，第三十八章所以說：「失道而後德，失德而後仁。」都是基於這個道理。

第二段，就天地而言。天地就像水盅的周圍、風箱的槖籥，當「道」起作用時，就像水之沖注，雖源源不絕，卻無盈溢之時；就像風之鼓動，雖生生不息，卻「虛而不屈，動而愈出」。為何能夠如此？就是因為天地之間，像盅和風箱的中間，都是虛空的。這也就是所謂中空的道理。孔子說的「中」是「中正」、「中庸」，老子所說的「中」，則是「中空」。中空是虛靜而又靈活的。

第三段，就聖人而言。老子論道，通常由道而天地而萬物而聖人，所謂聖人，上文已經說過，他也就是人世間最高的統治者。他是老子理想中的人間聖王，包括政治軍事思想教化等等方面。第二章說的「處無為之事，行不言之教」，第三章說的「不尚賢」等等，都是指此聖人的作為。這裡所說的「多言數窮」，和第二章的「行不言之教」道理相同。有的傳本「多言」作「多聞」。「多言」是由己而出，「多聞」則是由人而入。一出一入，雖似不同，但都有過分、干預而違反自然之意。「不如守中」的「中」，和上一章所說的「盅」或「沖」的道理，也是相通的。儒家所說的中正或中庸之道，講的是不偏不倚的德性，老子所說的「中」，則是中空之道，是一種虛空之中沉靜而又活動的狀態，更確切地說，它說的是一種隨機應變、以靜制動的處世態度和方法。

【論老子絕句】之五

誰言橐籥如天地，萬物往來近似風。百姓居然比芻狗，聖人未免太懵懞。

第6章

谷神不死，是謂玄牝。❶
玄牝之門，是謂天地根。❷
綿綿若存，用之不勤。❸

【校注】

❶ 以上二句——帛書本、河上公本「谷」作「浴」。或云「谷」當作「穀」，故有「養」之義。牝，音「聘」，母牛，泛指一切雌性動物。《說文解字》：「牝，畜母也。從牛，匕聲。」匕的字形，像雌性的陰部，又從匕得聲，故可與「死」押韻。河上公注：「玄，天也，於人為鼻。牝，地也，於人為口。」此蓋漢養生家之言。

❷ 以上二句——「天地根」，帛書本、傅奕本等皆作「天地之根」。河上公釋「玄牝之門」為鼻口之竅，謂此乃呼吸喘息、元氣往來之所。可備一說。

❸ 以上二句——「綿綿若存」，帛書甲本作「綿綿呵若存」，帛書乙本作「綿綿呵其若存」。「呵」同「也」，皆語氣停頓之用。「勤」，帛書本皆作「堇」。堇，有「少」、「盡」的意思。

【直譯】

幽谷神靈不會死，此即所謂玄妙母。
玄妙之母的門戶，此即天地的本部。
綿綿不絕似長存，用起它來無窮盡。

【新繹】

此章老子仍然藉谷神、玄牝等名物，來說明「道」的意義。「道」如可道，就非「常道」，但老子為了向世人說「道」，又不能不道，所以他再三以具體的事物，來詮釋「道」像什麼。上文第四章他已經嘗試過用「盅（沖）」來形容，第五章用「橐籥」來形容，這一章又用谷神和玄牝來形容。這些事物有一個共同點，它們都是「中空」的東西。

全章分為三段，每兩句為一段。

第一段先說「道」像不死的谷神。什麼叫「不死」呢？《大戴禮記．本命篇》說：「化窮數盡，謂之死」，因此，「不死」就是說造化無窮，命數未盡。換句話說，就是生生不息。那麼，什麼叫「谷神」呢？有人說谷神為一物，也有人說谷與神應分為二。經文第三十九章有云：「神得一以寧，谷得一以盈。」故似以後者為是。

有人說谷指溪谷，在群山眾嶺的包圍之中，通常有水在中間蜿蜒而流，源源不絕，滋養周圍草木鳥獸；四時行焉，百物生焉，冥冥之中，若有神靈存乎其間。春去秋來，周而復始；草木枯榮，死而復生。代謝不已，可謂充滿了盎然的生機。這就好像水之沖盅，風之吹橐籥，因為盅器中間虛空，橐籥外橐內管，管內也是中間虛空，因此可以沖之不盈，用之不竭。老子這些譬喻，是把天地四方比為盅的外圍、橐籥的橐，比為溪谷的澗壁，而「道」的作用，就在它們「中空」即中間虛空的地方運行。盅、橐籥、溪谷都是有形制有名義的物體，可是中空的作用卻是無形制而難以名之的道法。道法無窮，陰陽難測，是一種自然的規律，所以說「谷神不死」。

再從「谷」字的本義來說，《說文解字》說「谷」是「水注川」，意思是山澗中的水，涓涓而流，注入河川，最後匯入大海，因此它可謂為河海的源頭。又因它沿岸滋養萬物，造福人類，因此又可稱為萬物的本原。《管子．水地篇》說土地是萬物的本原、眾生的根基，又說水是地的血脈，也是萬物的本原，更是諸生的宗室。而谷，正是山中有水可以注川之地，也因此，老子說它「不死」。

有人從人類學、民俗學的觀點，說「谷」即「穀」，「谷神」即穀神后稷，甚至從造字結構去推尋「稷」或「夋」的本義，說它是指雄性的生殖力，父為天帝，母為地母，具有「種子」一般「死而復生」的能力。又有人說，穀神是一個長生的母親，她與澤被萬物的大水域有關。（見《老子道德經新研》，北京昆侖出版社，二〇〇二年）這些說法新穎有趣，頗有參考的價值。它和下文的「玄牝」也可以互為呼應。不過，因為《老子》書中所談的「谷」，都指山谷的谷，所以筆者這裡仍採谷為溪谷之說。

另外有人認為「谷」與「神」為二事，「谷」形容「道」的形狀，「神」說明「道」的作用。例如嚴復《老子道德經評點》就說：「以其虛，故曰谷；以其因應無窮，故稱神；以其不屈愈出，故曰不死。」顯然是結合上文前兩三章來說的，但所要闡釋的道理，並無不同。關於「谷神」可分為二的解釋，筆者在第三十九章裡還會有進一步的說明。

「玄牝」的本義，指雌性動物的生殖力，「玄」形容其幽深玄妙。它和幽谷一樣，和盅、橐籥一樣，外有殼囊，內則中空，因此生機勃勃。它可以生一生二生三，可以知雄守雌，真是變化無窮。所以老子藉之來形容「道」的形狀和特質。

第二段進一步藉「玄牝」來說明「道」是天地的根源。山谷、牝牡不過是萬物之中的一小部分，但從「玄牝」入門去探求，仍然可以推究天地的根本所在。第一章說過：「常有，欲以觀其徼。」「有」指「有名」，即有名義可求，如谷、牝之類。「徼」同「竅」，猶山谷之洞穴，「玄牝之門」，即幽深山谷的洞穴。第一章結云：「玄之又玄，眾妙之門。」此段所說的道理，就是告訴我們，從「玄牝之門」，一樣可以去探求天地的根本。由牝可以想到牡，由溪谷可以想到山川，推而衍之，可以由「有名」而想到「無名」，對「有無相生」等等的道理仔細推究，就可以進而去推求那「天地之始」、「萬物之母」的「常道」了。

第三段說明「道」之為物，若有若無，若存若亡。「綿綿」既形容其連續不斷，又形容其危欲斷。斷與不斷間，叫人費思量！「用之不勤」，指「道」的作用，也若有若無，若存若亡。只要你能體會應用，它就可以「用之不勤」，它就是「有」，它就是「存」；如果你不能體會應用，那麼這同一個「道」，就會是「無」，會是「亡」。易言之，「道」是一直存在的，也一直在運行之中，重點在於你能不能參透而已。老子所說的「道」，玄妙就在這裡。

【論老子絕句】之六

玄牝比方天地根，谷神不死頗難言。欲將源頭說雌性，又恐後生不入門。

第7章

天長地久。天地所以能長且久者，以其不自生，故能長生。❶

是以聖人後其身而身先，外其身而身存。❷

非以其無私邪？故能成其私。❸

【校注】

❶ 以上四句——第二句「天地」下，帛書本有「之」字。第三句「不自生」下，帛書本有「也」字。第四句「長生」，唐景龍本等皆作「長久」。作「長生」與第三句押韻，作「長久」與第一、二句押韻，皆可通。至於多「之」、「也」者，諒亦供讀者語氣停頓辨識之用而已。此乃古代楚人之習慣。

❷ 以上二句——「後其身」帛書乙本作「退其身」。二者皆言聖人教人謙讓，俱通。

❸ 以上二句——「非以其無私邪」帛書本作「不以其無私與」，一作「以其無私」，意無不同。

【直譯】

天長地久。天地所以能夠長而且久的原因，是因為它們不獨自生存，所以能夠長久生存。

也因此聖人把自己放在後頭卻反而自己領先，把自己置之度外卻反而自己保全。

這不就是因為他沒有私心嗎？所以才能夠成就他自己的命運。

【新繹】

這一章說明聖人取法天地的自然法則，沒有私欲，所以能夠保身全性而領袖群倫。

全章分為三段：

第一段說明天地不自私，有天就有地，有地就有天，相因相成，所以能夠陰陽協和，上下得宜，運行而無阻，也因此能夠天長長、地久久。老子先藉此來說明無私無欲的重要。

第二段說明聖人明白天地無私反而長生的道理，而且取法它，所以他處理任何事情，都知道要謙讓自退，以別人為優先，把自己的利益置之度外，結果是聖人得到了大家的擁護，同時保全了自己的性命。這也就是所謂「謙受益」。經文第六十六章說：「欲先民，必以身後之」，第六十七章說：「不敢為天下先，故能成器長」，都可拿來合讀同參。這是老子思想中一種「持後而處先」的主張。

第三段是小結。「非以其無私邪」，一作「不以其無私與（歟）」，這些都是反詰式的疑問句，正面的說法，當然是「以其無私」。就因為天地無私，所以天地能夠長長久久；也因為聖人無私，所以聖人才能夠領袖群倫，統治萬民。「成其私」是說成就他自身的利益，包括性命、名位等等。

無私無欲和謙讓自退，是老子學說中的要點。

【論老子絕句】之七

都道無私肯讓賢，甘心居下莫爭先。天長地久非長久，只為人心久不全。

第8章

上善若水。水善利萬物而不爭，處眾人之所惡，故幾於道。❶居善地，心善淵，與善人，言善信，政善治，事善能，動善時。❷夫唯不爭，故無尤。❸

【校注】

❶ 以上四句——「若水」，帛書甲本作「治水」，乙本作「如水」。「治」、「如」音近。「不爭」，帛書甲本作「有靜」，乙本作「有爭」。「靜」、「爭」音同，於義則「有爭」不合章旨，與下文「夫唯不爭」不能相應。此外，帛書本「處」作「居」，「幾於道」下多「矣」字。幾，音「基」，近、庶幾。帛書本之不同，每似聽人講解《老子》，各有所記，故多音近形似之誤，以及句讀停逗之辭。

❷ 以上七句——「與善人」，帛書乙本作「予善天」，諒亦記錄者之誤。「人」一作「仁」，「政」一作「正」，古皆通用。

❸ 以上二句——「不爭」帛書甲本作「不靜」，音近而誤。

【直譯】

最高明的好尚，像水一樣。水喜好幫助萬物卻不爭拗，停留在大家所厭惡的地方，所以最接近於道。

居處喜好低下，心意喜好沉靜，交往喜好仁人，言論喜好誠信，為政喜好安定，辦事喜好才能，行動喜好時運。

就因為不與物爭拗，所以沒有怨咎苦惱。

【新繹】

此章老子藉水的特性教人處世之道。水的特性，至少有下列幾點：一、水是柔弱的，但有時候卻極堅強，經文第七十八章就說：「天下莫柔弱於水，而攻堅強者，莫之能勝」；二、水是與時遷徙的，順乎天時，周而復始，冬季河山結冰時潛流，春天渙然冰釋而始流，夏日水勢豐沛而湧流，秋天百川入海而泛流，其大小洪細，完全配合季節的變化；三、水是隨地賦形的，沒有固定的形狀，遇方則方，遇圓則圓，它的清濁緩急，完全配合環境的變化；四、水是往低處流的，即使藏污納垢，也在所不辭。這些特性都與老子所說的「道」和「自然」，有相通之處，所以老子常常藉之言道。

全章分為三段：

第一段說明水的特性，說它「善利萬物而不爭」，又說它「處眾人之所惡」。第六章老子曾把「道」比為「谷神」、「玄牝」，這是形容淵谷洞穴是地勢低窪幽暗之地，可是水自它汩汩而出，涓涓而流，一切順乎自然，卻能沿岸滋養萬物。利萬物而不爭，居卑下而不辭，這種特性用之於現實政治社會，實有可以借鑑之處。《淮南子．原道訓》說水之為物：「上天則為雨露，下地則為潤澤；萬物弗得不生，百事不得不成；大包群生而無所私，澤及蚑蟯而不求報；富贍天下而不既，德施百姓而不費。」這可以說是為此章「水善利萬物而不爭」作了最好的詮釋。

第二段「居善地」等七「善」句，都是承應上段「水善利萬物而不爭」的「善」而來。這裡的「善」，不是名詞，它指的是喜愛、好尚，是「樂於」，作動詞用。「善地」、「善淵」、「善時」，還可以說與水的特性有關，實際上，它們與其他的「善人（仁）」、「善信」、「善治」、「善能」等句，都已明顯推衍到現實的政治社會之中，涉及上文所說的「聖人」所為。聖人取法自然，取法大道，所以他有下列的七「善」。這裡的「善」，不應譯作「善於」。喜愛、好尚，或者說「樂於」，都是出乎自然，「善於」則已有機心。以「居善地」、「與善人」與「事善能」為例：「居善地」是說水愛往低處流，並不意味著水以低處為尊，所以在山上在地下都無所謂，一切順乎自然而已；比之人事，則是指居高位也不驕傲，在下層也怡然自得。只是下屬者居大多數而已。同樣的道理，與人交往，樂於交往一般人民，而不會唯利是圖、只交結權貴；做事也會欣賞有才幹的人，但不會「尚賢」，特別標榜誰賢明。所謂交結權貴，所謂標榜賢明，那都已有爭競之心，有違老子所說的自然之道了。再回頭以水為喻，水性柔弱，但能攻堅摧強，那是它自然的本性，而不是說水存有攻堅摧強之術。不期然而然，叫自然；欲其然而然，那就叫機心。上章說聖人「後其身而身先，外其身而身存」，那也是自然而然，而不是說聖人在「後其身」、「外其身」時，早已有預期「身先」、「身存」的機心。因此，這裡所說的七「善」，是「愛好」，是「樂於」，不宜講成「善於」。俗話說：「一生愛好是天然」，庶幾近之。但用「愛好」、「樂於」實際去語譯「居善地」等七句時，卻覺得有些格格不入，反而不如「善於」順暢。所以有人把

「善」譯為「善於」，我也贊成。這真是語言本身也有其一定的限制。所謂「名可名，非常名」，也就是這個道理。

第三段呼應第一段的「不爭」。水善利萬物而不爭，聖人也樂於取法自然，處下而不自卑，善利百姓萬民而不自高，因此別人對他沒有怨咎，他自己也就沒有煩惱了。

校後補記：在郭店楚墓和《老子》甲乙丙三書竹簡同時出土的，還有另一竹簡《太一生水》的古抄本。它的形制、書體，都和《老子》丙書相同。竹簡《老子》甲乙丙三書，論述聖人修身治國之道，《太一生水》則專述自然之道。它的內容主旨，主要是說明：太一即道。道「藏於水，行於時」，依次生成天地、陰陽、四時、萬物，所以是「萬物母」。侯才《郭店楚墓竹簡校讀》一書校讀比對，以為竹簡《老子》未見「太一」的概念，但《莊子・天下篇》和《文子》卷三、卷九卻都曾引用老子「主之以太一」或「帝者體太一」之言，所以他主張《太一生水》可視為竹簡《老子》的丁書，一樣源出於老子。《太一生水》中有言：「天道貴弱」，這和本章開頭所說的「上善若水」，道理頗相契合，故附論於此，供讀者參考。

【論老子絕句】之八

水利眾生因不爭，與物變化善其行。沿途隨物多沾溉，何以洪澇有惡名？

第9章

持而盈之，不若其已；揣而銳之，不可長保。❶金玉滿室，莫之能守；富貴而驕，自遺其咎。❷功遂身退，天之道。❸

【校注】

❶ 以上四句——帛書乙本作：「植而盈之，不若其已；短而兌之，不可長葆也。」植與持、短與揣，葆與保，意義相同。揣，一作「喘」，捶、擊的意思。兌，為「銳」或「棁」之假借，形容金屬或木杖尖利的部分。又，「揣而銳之」楚簡本作「湍而群之」，「湍」有淬礪之意，與「揣」可通；「群」有聚集之意，與「盈」可通。

❷ 以上四句——「滿室」敦煌本作「滿堂」，帛書本、楚簡本皆作「盈室」。或云「盈」改為「滿」，係因避漢惠帝劉盈名諱。

❸ 以上二句——「功遂」之「遂」，帛書甲本、楚簡本皆作「述」，或形近而誤，或作「功名可以傳述」解。傳奕本則全句作「成名功遂身退」。文義並無不同。

【直譯】

把持卻讓它滿溢，不如它適可而止；捶打而讓它尖銳，不能長久保堅固。

金銀珠寶堆滿室，沒有人能守得住；有錢有勢卻驕奢，自己留下那罪責。

功成名遂自謙退，才是上天的法則。

【新繹】

此章旨在說明過猶不及、物極必反的道理。上一章說的是「謙受益」，這一章說的是「滿招損」。

全章分為三段：

第一段概括說明箇中道理。任何事物，如果想要佔有它，或者搶鋒頭，貪得而無厭，得意而忘形，就會「滿招損」，所以必須知道適可而止。

第二段舉世間人人所追求的榮華富貴為例，說明金玉財物庋攢再多也沒用，因為「及至多時眼閉了」，而且在既富且貴時，如果「驕且吝」，就會招來許多禍殃。

第三段，由物質享受進而說到精神世界。功成名遂，是說不但得到榮華富貴，可以列鼎而食，選聲而聽，使家益昌而族益盛，而且功業完成了，聲名也可以傳之後世了，這時候就要懂得謙讓自退之道。否則一樣會「滿招損」，遭受無妄之災。

第二章說過：「生而不有，為而不恃。功成而弗居。夫惟弗居，是以不去。」第十五章也說：「保此道者不欲盈，夫唯不盈，故能蔽不新成。」說的也都是這個道理。

【論老子絕句】之九

莫貪富貴愛金銀，珍重自由現在身。試問古今名利客，功成自退有幾人？

第10章

載營魄抱一，能無離乎？專氣致柔，能嬰兒乎？滌除玄覽，能無疵乎？❶
愛民治國，能無知乎？天門開闔，能無雌乎？明白四達，能無為乎？❷
生之，畜之。生而不有，為而不恃，長而不宰，是謂玄德。❸

【校注】

❶ 以上六句——「載營魄抱一」，帛書乙本「載」作「戴」，「魄」作「柏」，傅奕本「抱」作「袌」，義皆可通。或疑「載」為語尾助詞，屬上讀，連「天之道」為句，同「哉」或「夫」，不可從。營，一作「熒」，或云即「魂」之借字。《楚辭．遠遊》：「載營魄而登遐兮」，王逸注：「抱我靈魂而上升也」，足證「載營魄」為古代楚地語言。「抱一」，即「守身」，亦即「守道」之意。指老子所說的「道」。「能無離乎」，帛書乙本「無」作「毋」，義同，下文不贅論。河上公本無「乎」字；下文雙數句，至「能無為乎」，皆同，亦不贅述。

「專氣致柔」，帛書乙本「專」作「摶（槫）」，「致」作「至」。「滌除玄覽」帛書乙本作「修除玄監」。監，臨水照影之意，與「鑑」、「鑒」、「覽」等字古皆通用。

❷ 以上六句——「能無知乎」，傅奕本「無」下有「以」字。「知」同智，一作「為」。「天門開闔」，天門，歷來多解為天然器官，指耳目鼻口等等而言，筆者則以為此句指天地之道，天概括天地。「開」帛書

本作「啟」，或避漢景帝名諱而改。「能無雌乎」，帛書乙本、傅奕本等「無」皆作「為」，似可從。唯此章皆反問式之疑問句，故「能無知乎」與「能無雌乎」，意皆同為「能為知」、「能為雌」之謂。

❸ 以上六句——帛書乙本無「為而不恃」一句。「能無為乎」，帛書乙本作「能毋以知乎」，傅奕本作「能無以為乎」。

【直譯】

載著靈魂與體魄合抱為一，能夠不分離嗎？團聚精氣達到柔順的境地，能夠像嬰兒嗎？洗淨玄妙的心鏡外觀，能夠沒有瑕疵嗎？

愛護人民，治理國家，能夠沒有巧智嗎？天地門戶，開開合合，能夠沒有吐納嗎？光明燦爛，四通八達，能夠沒有造化嗎？

生產它，培養它。生產了卻不佔為己有，培養了卻不自滿自得，長大了卻不加以宰割，這，就叫做玄妙之德。

【新繹】

這一章是文字較為費解的一章。老子起先用反問式的疑問句，共六組十二句，來說明聖人如何修身處世。反問式的疑問句，像「能無離乎」、「能嬰兒乎」，反過來說，其正面的意義，就是肯定式的「能無離」，「能嬰兒」。底下數句，以此類推。也因此歷來各種傳本，常因一二字之異，而生很多歧說，實在大可不必。

全章分為三段。前兩大段是用反問句提問，第三大段是用肯定句說理。第一段前三組六句，提出有關修身的三個問題，來提醒大家魂魄身心應該統一和諧。精神和形體應該柔順純淨。

第一組「載營魄抱一」二句，說的就是魂與魄應該合而為一，不可分離，這就叫「抱一」。經文第二十二章說：「是以聖人抱一，為天下式。」抱一，就是守身，亦即守道。聖人必然知道守清靜無為之大道，知事物相生相成之理。第二十二章的「曲則全，枉則直；窪則盈，敝則新；少則得，多則惑」等句，說的也是宜將曲全、枉直、盈缺、新舊、多少、得失等等正反兩面，視為一體。

同樣的道理，古人視生命中的魂魄，可分為二物，魂為陽為氣，魄為陰為形，雖然可分為二，但它們必須合在一起才能產生作用。所以第四十二章的經文才說：「道生一，一生二，二生三，三生萬物。萬物負陰而抱陽，沖氣以為和。」所謂「負陰而抱陽」，和此章開頭所說「載營魄」，應該是同一個意思；而「沖氣以為和」，和此章所說的「抱一」，應該也是同一個意思。魂魄一體，精神與形體合一，這才是老子所說的「道」。否則，魂魄相離，精神離形體而去，生命也就失去了意義。

「專氣致柔」二句，是從魂魄的精氣推衍出去，說人之修身，當如嬰兒、赤子一般。第二十章經文說：「我獨泊兮其未兆，如嬰兒之未孩。」意思是說：我獨自守著大道，柔順純潔，無欲無求，就像初生的嬰兒一樣，連咳笑都還不會。經文第五十五章也說：「含德之厚，比於赤子。」又說赤子是「精之至」、「和之至」。「專氣」的「專」，一作「槫」，當係「摶」之誤。摶，有團搓而聚之的意思，當然和上面的「抱一」一樣，都是指形神的合一而言。「致柔」的「柔」，是和順的意思。像初生嬰兒那樣純潔天真，又那麼自然和順。也因此，老子又從嬰兒純潔天真推衍出去，把人的心靈比成清洗淨盡的銅鏡，希望它沒有塵垢，沒有污斑，只見一片空明，一點都沒有瑕疵。「滌除玄覽」的「玄覽」，指的就是用來形容心靈的銅鏡。「覽」一作「監」，借為「鑑」或「鑒」，即鏡子。古人用銅鏡照影，常須磨洗，才光可照人。老子這裡借鏡子比喻心靈，和《六祖壇經》把心比喻為「明鏡臺」，真有異曲同工之妙。神秀所說的：「身是菩提樹，心如明鏡臺。時時勤拂拭，莫使有塵埃。」也正與老子所說的「能無疵」同一機杼。「玄覽」的「玄」，是幽暗的顏色，說它是指銅鏡上的污斑固無不可，但說它是指老子常說的「玄妙」，似乎更貼切。經文第一章說：「玄之又玄，眾妙之門」，又說：「故常無，欲以觀其妙；常有，欲以觀其徼。」都可以拿來與此對照合觀。老子說「道」，常以「有」、「無」對舉，它們看似相反，實則相成。從第二章以下，老子反復說明這個道理。因此，此章前面兩大段六組十二句中「能無離乎」等句的「無」，事實上也可以從反面的「有」去看。

第二大段自「愛民治國」以下三組六句，提出有關處世治國的三個問題。聖人處世之道，包括治國安民，在老子看來，是修身之道的衍申，因此，像魂魄相依一樣，愛護人民和治理國家是合為一體的，要治國就必須先愛人民，而且要使人民純潔如嬰兒如明鏡，必須先要求自己無知無欲，不弄權術智巧。經文第六十五章有云：「古之善為道者，非以明民，將以愚之。民之難治，以其智多。」第十九章也說：「絕聖棄智，民利百倍。」說的都是這個道理。

「天門開闔」二句，承應上文「專氣致柔」二句，說明天地萬物的自然之道，在於致柔守雌。致柔才能克剛，守其雌才能知其雄。柔剛、雌雄也都是相反而實相成的對待詞。前人注解「天門」一詞，所以常解之為天然的器官，如耳目口鼻等等，就是因為認定它上承「專氣」講精氣、下啟「玄覽」講心靈的緣故。事實上，這裡的「天門」，已由身心的修養推衍到治國安民的處世之道上，所以它所說的已不止是人類或動物的天然器官，而是包括天地萬物的「玄牡之門」。經文第六章說：「谷神不死，是謂玄牝。玄牝之門，是謂天地之根。」老子以溪谷地穴、雌性陰部來比喻「道」之所生，即「道」的本源所在，這裡又以「天門」的一開一合、一吐一納，來說明天地萬物的生生不息、玄妙運作，用意就在於說明處世治國之道，必須「專氣致柔」，知其雄而守其雌。經文第二十八章說：「知其雄，守其雌，為天下蹊。為天下蹊，常德不離，復歸於嬰兒。」成克鞏《御定道德經注》：「知，有運用之意；守，有主宰之意。」恰好與本章所言，可以互參。

「明白四達」二句，承應上文「滌除玄覽」二句，是說處世治國，必須光明通達，心靈就像淨盡污斑的明鏡一般，沒有疵垢，這樣才能參與天地萬物的造化。「滌除玄覽」，是去污除垢，回復自然空明的工夫，「明白四達」則已是污垢淨盡之後，一片光明燦爛、普照天下的景象了。

第三段總結上文，說明何謂「玄德」。德，是「道」的具體表現，老子這裡列舉了若干條目，和經文第二章末段所說的，如出一轍。第二章列這些條目於「聖人處無為之事，行不言之教」之下，正說明了此章「生之，畜之」以下數句所要說明的道理，就是「處無為之事，行不言之教」。無為、不言，看似容易卻極難徹底做到，看似淺顯卻極難真正了解，可是一旦參悟了，卻又妙用無窮，所以說是「玄德」。

【論老子絕句】之十

魂魄無離還抱一，滌除玄覽似嬰兒。愛民治國等閒事，應是天門開闔時。

第11章

三十輻共一轂，當其無，有車之用。❶
埏埴以為器，當其無，有器之用。❷
鑿戶牖以為室，當其無，有室之用。❸
故有之以為利，無之以為用。

【校注】

❶ 以上三句——「三十輻共一轂」帛書乙本作「卅楅同一轂」。輻，車輪中連接輪圈和車轂的木柱。轂，車輪中心的圓木，中有圓孔，可以插入車軸。「當其無」，「無」指中空的地方。「有車之用」，與下文「有器之用」、「有室之用」等句下，帛書本皆有「也」字。此乃供語氣停頓之用，已見上文注中，不贅論。

❷ 以上三句——「埏埴以為器」，「埏」，一作「埏」，或作「挻」，帛書甲本作「然」，帛書乙本作「撚」，並於「有」下多一「埴」字。埴，黏土。埏、挻、埏皆有揉、摶之意，是揉和黏土使之成形；然（燃）、撚是指用火燒成陶器。這些動作都是陶土成器的過程。下二句，已見上注。下同。

❸ 以上三句——帛書乙本無「以為室」三字。古代高原居民或有闢山洞而居的，所以破崖壁為門窗，稱之為「鑿」。

【直譯】

三十根直木湊集於一個車轂，當它中間空虛時，才有車輪的用處。

揉和黏土來做器物，當它中間空虛時，才有器物的用處。

開鑿門窗來做居室，當它中間空虛時，才有居室的用處。

所以有實體時才可以有價值，無實體時才可以有用處。

【新繹】

此章舉例說明「有」與「無」相依相成的關係以及相互為用的道理。老子舉了三個實例，分別是行、食、住三方面的例子，都是古人日常生活不可或缺的事物。

第一個例子是車輪。古人陸上交通主要靠車子，車子的跑動主要靠車輪。古代車輪的形制，用三十根直木作輻，來連接輪圈和軸心。軸心用圓木製成，就叫做轂，外承輻木，中間有孔，可以容納車軸插入。就因為軸心中空有孔，可以插軸，才能使車輪轉動，車子也才能跑動。因此，老子借此為喻，說輻和轂是車輪的實體，光憑它們是無法行動的，必須與車輪中其他空虛無物的空間配合起來，車輪才能運轉，車子才有代行的便利。這空虛無物的地方就叫「無」，它與車子的其他實體部分是相互為用的。

同樣的道理，第二個例子，舉陶土成器為例，說陶器在製成的過程中，要揉土成泥，摶土成形，要入窯火燒，然後才能製成不同形狀的器皿。製成陶器後，也才能拿來裝水盛物。形狀儘管有所不同，但它們有一個共同點，都必然有中空的地方。中間空虛無物，所以才能用來裝水盛物，盃盤瓦罐莫不如此。否則，全是實體，就容不下物了。所以從實體看，不同的器皿有不同的形制、價值和用途，但如果沒有中空的部分，就失去它的效用。

第三個例子，以居室為例。此章說「鑿戶牖」，頗能反映古人居室的概況。古人半門單扇叫戶，穿壁交窗叫牖，這是一般人家居常見的設備。但這裡稱之為「鑿」，可以想見原有實物（如崖壁之類），所以才需要鑿之使空，以便裝設門窗，便於出入觀瞻。鑿空之後，居室內外的空間和實體配合起來，也才能採光通風，有居室的用處。

最後的兩句，是歸納以上三個例子，來概括說明「有」與「無」相互為用的道理。在老子的思想裡，「有」、「無」是相生相成的（見第二章），而且經文第一章早就說過：「常無，欲以觀其妙；常有，欲以觀其徼。」上述三個實例中的「無」，就是指車輪、器皿、居室之中空虛無物的部分，它們真的是「妙」用無窮，而其實體的部分，也就是所謂「有」，它們用什麼材料製成，形制、價值、用途究竟如何，也都各有各的「徼」限。實體部分是可以看得到、摸得著的，所以可以別其形制，定其價值，知其效用。至於中空的部分，它是配合實體的部分而起作用的，假使沒有實體的部分，它就沒有作用；但一旦有了實體，它就能隨實體的不同，而起了不同的作用，而且，它看不見，摸不著，因而妙用無窮。可是，一般人看事物，只看到「有」的實體部分的形制、效用和價值，卻不了解「無」的中空部分的用處。因此老子在本章裡用三個實例，來說明箇中的道理。

像經文第一章談「有」、「無」時一樣，此章的「當其無，有車（器、室）之用」等句，有人斷句為「當其無有，……」或「當其無、有，……」，雖然也講得通，但文氣不順，故不取。

至於有人說「三十輻共一轂」這種車輪形制起於戰國時期，此一說法則有待作進一步的考定。不過，《老子》的著者如果真是太史儋的話，這也就不成問題了。

清代袁枚《隨園詩話》有云：「凡詩文妙處，全在於空。譬如一室內，人之所游焉息焉者，皆空處也。若窒而塞之，雖金玉滿堂而無安放此身處，又安見富貴之樂耶？」很明顯他的思想也可能受了老子此章的影響。

【論老子絕句】之十一

有之為利無為用，車轉都因轂有空。陶土開窗作器室，當其無處有其功。

第12章

五色令人目盲，五音令人耳聾，五味令人口爽。❶馳騁田獵，令人心發狂；難得之貨，令人行妨。❷是以聖人為腹，不為目。故去彼取此。❸

【校注】

❶ 以上三句——「目盲」帛書甲本作「目明」，盲、明，皆言色彩奪目。「令」作「使」，下同。五色，青、黃、赤、白、黑。五音，宮、商、角、徵、羽。五味，酸、甜（甘）、苦、辣（辛）、鹹。「五音」、「五味」二句，帛書本列於「令人行妨」句之後。五，原是錯雜之意，重點不在五種。

❷ 以上四句——「馳騁田獵」，「田」一作「畋」，音義俱同。「獵」帛書本作「臘」，誤。行妨，行為失常。

❸ 以上三句——「是以聖人」下，帛書本有「之治也」三字。「為腹」、「去彼」下，帛書乙本多「而」字。文字雖異，文義則無不同。

【直譯】

五種色彩使人眼花繚亂，五種音調使人聽覺受傷，五種味道使人口感失常。

策馬奔競，圍獵禽獸，使人心靈放蕩發狂；不可多得的金銀珠寶，使人行為乖張不當。因此聖人只管為肚腸，不為眼前的聲色容光。也因此不要那眼前而寧取這肚腸。

【新繹】

這一章老子說明聖人「為腹，不為目」的理由。為腹，即為了果腹，填滿肚子，這是最起碼的內在的生活需求；為目，即為了眼前的事物，包括各種感官的刺激與滿足，指外在的物質欲望。經文第三章說過：「是以聖人之治：虛其心，實其腹；弱其志，強其骨」，而且又說要「使民無知無欲」，使人知道欲望無窮會傷害身心的健康，所以他才主張「不尚賢」、「不貴難得之貨」、「不見可欲」。實其腹、強其骨，就等於此章的「為腹」。但求果腹強身，而對身外之物，則「無知無欲」，不動貪念，不存非份之想。經文第九章也說：「持而盈之，不如其已；揣而銳之，不可長保。金玉滿室，莫之能守；富貴而驕，自遺其咎。」這是告訴我們凡事適可而止，物質欲望不可太強，否則過則為殃，流弊必多。此章即在這些基礎之上，進一步來說明物質享受、過則為殃的道理。有人根據此章說老子反對物質享受，那是錯誤的。因為老子並沒有反對物質享受，例如經文第八十章他都還贊成「甘其食，美其服」，他反對的是過度。口腹之欲、聲色之娛，本是人之常情，適度是不成問題的，問題在於是否過度。宋代理學家邵雍有詩云：「爽口物多終作疾，快心事過必為殃。」所謂「爽口物多」、「快心事過」，也就是闡述老子此章「過則為殃」的道理。

全章分為三段：

第一段說口腹之欲、聲色之娛，如果過度了，就有害身體。「五色」、「五音」、「五味」的「五」，指的是錯雜紛亂，不一定是說恰好五種。過於斑斕的色彩，令人眼花繚亂，反而看不清楚了，有如目盲一般；過於紛繁的音樂，或者變化太大，或者震耳欲聾，使人覺得嘈雜，反而不能欣賞了；過於濃烈的味道，五味雜陳，苦甜並進，使人覺得味道變了，反而不能享受飲食的樂趣。這裡的「口爽」，不等於我們今天所說的「爽口」。「爽口」是好吃，是享受，這裡的「口爽」，與上文的「目盲」、「耳聾」並舉，是口感失常之意。爽，前人注解為亡、喪、傷、病等等，都是說味道太多太強，反而敗壞了口味。

以上分別從視覺、聽覺、味覺的口腹之欲、聲色之娛，來說明過則為殃的道理。質之人類的五官，說的是眼、耳、口，沒有提到鼻和心。《莊子．天地篇》說：「失性有五：一曰五色亂目，使目不明；二曰五聲亂耳，使耳不聰；三曰五臭薰鼻，困惾中顙；四曰五味濁口，使口厲爽；五曰趣舍滑心，使性飛揚。此五者，皆生之害也。」說的就比《老子》此章要詳細些。鼻之嗅覺，或可併入口之味覺，而趨捨之動心，使性飛揚，則與下文老子所說的「心發狂」、「行妨」有關。

第二段老子進一步從心靈和行為兩方面，來說明畋獵和寶貨對人身心的傷害。古代帝王常按季節帶隊舉行田獵活動，一則鍛鍊身體，一則如同舉行軍事演習。驅馬奔馳，圍獵禽獸之時的快感，是古人常加描寫的，充滿了刺激，令人心靈奔放，像發狂一般。金銀珠寶等等「難得之貨」，也是古代帝王之家所常有，老子也以為那會令人貪得無厭，傷身敗德。上文的「五色」、「五音」、「五味」，說的只是對自身的傷害，這一段所說的，則已由內而及外，由己而及人，無論是策馬圍獵，或是收藏寶貨，都難免會勞師而動眾、損人而害己。對主張清靜無為的老子來說，「馳騁田獵」和「難得之貨」本身，就是「過則為殃」的不可為之事。

第三段是總結，點出上文所述，全是「聖人」之事。能夠享受「五色」、「五音」、「五味」等等口腹之欲、聲色之娛的人，非在上位者莫屬；能夠享受「馳騁田獵」之樂、擁有「難得之貨」的人，亦非在上位者莫屬。聖人是最高的在上位者，所以更要體察上述種種「過則為殃」的道理，以身作則，實其腹，強其骨。「為腹」不止是這個意思，它還與「不為目」相對。「不為目」是說不為眼前外物所惑，指上述的「五色」、「五音」、「五味」以及「馳騁田獵」、「難得之貨」等等外在的物質欲望，而「為腹」則指最起碼的內在的生活需求。聖人之治民化物，正是要人民先滿足最起碼的生活需求，先求果腹強身，再說其他。否則，為外界的聲色榮華所惑，而忘了自我身心的充實，最後吃虧的，還是自己。

【論老子絕句】之十二

五色迷人目欲盲，五音亂耳使人狂。聖人為腹應無欲，何必酸甜論短長。

第13章

寵辱若驚，貴大患若身。❶

何謂寵辱若驚？寵為下，得之若驚，失之若驚，是謂寵辱若驚。❷

何謂貴大患若身？吾所以有大患者，為吾有身。及吾無身，吾有何患？❸

故貴以身為天下，若可寄天下；愛以身為天下，若可託天下。❹

【校注】

❶ 以上二句——此應為上古聖人遺言，老子藉此教人。帛書甲本「寵」作「龍」、「患」作「梡」，帛書乙本「寵」作「弄」，下文亦同，疑皆音近而誤。二句「若」字，義皆同「者」。驚，有惶恐、緊張之意。

❷ 以上五句——「何謂寵辱若驚」二句，河上公本等無「若驚」二字，「寵為下」，作「辱為下」。有人疑二句有奪誤，應作「何謂寵辱若驚？寵為上，辱為下」，如此方可接應下文「得之若驚，失之若驚」。

❸ 以上五句——各本句末或有「者」、「也」、「乎」等字，其他如「吾」作「我」、「及」作「苟」，皆於義無改，不贅論。

❹ 以上四句——各本句末或多「者」、「矣」等字，無關宏旨。「託」帛書甲本作「𨑹」，乙本作「橐」，皆音近而誤。若，順、則，「如此則」的語氣。《尚書》常有這種用法。

【直譯】

寵幸和侮辱都同樣令人驚惶，重視大禍患就像在我們自己身上。

什麼叫做寵幸和侮辱都同樣令人驚惶？寵幸是（提升，侮辱是）下降，得到它時會驚惶，失去它時會驚惶，這即所謂寵幸和侮辱都同樣令人驚惶。

什麼叫做重視大禍患就像在我們自己身上？我們所以有大禍患的原因，是因為我們有自身榮辱的私心。等到我們忘記了自身，我們還有什麼好擔心？

所以重視把自身獻給天下的人，如此即可寄託天下給他；愛惜把自身獻給天下的人，如此即可寄託天下給他。

【新繹】

此章一開頭先標舉「寵辱若驚」和「貴大患若身」兩句話，然後逐句加以解釋。這兩句話，應該是老子以前就有的古語遺訓，老子借之來說明寵辱皆忘和忘身無私的道理。老子曾任周朝守藏室的史官，他一定看過很多古代文獻，所以引用古人的格言教訓，來闡述道理，不足為奇。《老子》書中這樣的例子不少，我個人以為這可能就是老聃舊作的部分原稿，其他的文字才是太史儋引用後加以申論的。

什麼叫「寵辱若驚」？寵愛和侮辱是相反對立的詞語，一般說來，得寵則喜，受辱則怒，此乃人之常情，但老子卻說人得寵和受辱時，都要像馬受驚駭時那樣，有立即的反應。因為得寵或受辱都非常態，不是「過」就是「不及」，有違老子清靜無為的主張。按常理說，得寵則喜，是正常的反應，受辱則怒，也是正常的反應，但老子卻以為「喜」和「怒」，只是情緒上的反應，事實上，得寵和受辱的背後，都潛藏著一些危機。達不到規定和要求的標準，因而受辱，因而被處罰，因而驚怒，這是一般人可以了解的，但為什麼得寵也有危機，甚至得寵還比受辱更要自我警惕呢？那是因為得寵一定是達到了或超過了規定和要求的標準，令人滿意，所以被寵愛，被獎賞。如果得寵者也有意外的驚喜之感，那就是所謂寵幸了。寵幸本身就是危機，因為它非常態，等到得寵的原因一消失，它並非回到常態，跟一般人一樣，而是有比一般受辱者更強烈的感覺。這一次達到了或超過了規定和要求的標準，下一次自己或別人的要求會更高，心中的負擔會更重，而一旦有了閃失，不但前功盡棄，甚至會被棄若敝屣，貶得一文不值，那就不是一般的所謂受辱而已。所以老子說：「寵為下」，得寵比受辱還要更嚴重一些。也因此，老子以為受寵有如受辱，得寵時和失寵時都要注意，得失之間，都要有順其自然的心理準備，不必過於緊張。《莊子·逍遙遊》中說宋榮子「舉世而譽之而不加勸，舉世而非之而不加沮」，這種寵辱皆忘、逍遙自在的境界，才是老子所標舉的理想。

什麼叫做「貴大患若身」？大禍患、大災難都是人人避之唯恐不及的，何貴之有？這裡的「貴」，是說要注意，要重視，就像重視我們自身一般。這有兩個問題要先解決，一是何謂「大患」，一是何謂「身」。「大患」當然指大的禍患災難，就人事而言，它指的是榮辱得失的問題；就天災而言，它指的是生死存亡的問題。面臨大的禍患災難，不管是人禍或天災，大家都希望不要降臨在自己身上，所謂「身」，就是指自己本身。天災難免，所謂生死有命，興亡由天，暫且不論；對於人事上的榮辱得失，則端賴我們自己如何去看待，去處理。有人把榮辱得失看得很重，比生死存亡的問題還重，換言之，比自己的身體、自己的生命還重，所以有人可以為了榮辱得失之事，犧牲生命也在所不惜。這就使榮辱得失都成為自身大患了。老子說：「吾所以有大患者，為吾有身。」道理在此。「有身」就是處處想到自己，念念不忘自己。如果能夠忘記自身的利害，不去計較榮辱得失，那麼，再大再嚴重的問題，都可以不去擔心了。老子說：「及吾無身，吾有何患？」其道理亦在於此。

那麼，老子所說的有身則有大患，無身則有何患，究竟是主張貴身或主張忘身呢？歷來卻有不同的看法。有人舉經文第三章的「虛其心，實其腹」等句為例，說老子主張貴身。但那些句子說的是身心，是身體，和此章所說的「身」，意義不同。還有人舉經文第二十六章的「奈何萬乘之主，而以身輕天下」等句為例，說老子主張貴身。事實上，「奈何萬乘之主，而以身輕天下」是反問句，意思正好相反，此「身」亦非彼「身」，不足為訓。

經文第七章說過：「是以聖人後其身而身先，外其身而身存。非以其無私邪？故能成其私。」從這些話中，可以看出老子是主張忘身無私的，和此章旨趣正好相同。上文的「及吾無身，吾有何患」，說的是無身忘己乃可寵辱皆忘，而下文的「故貴以身為天下」數句，說的是無私乃可寄託天下。

「故貴以身為天下」以下四句，分為兩組，一貴一愛，互文見義，說的都是能「以身為天下」的人，才值得貴重、愛惜，也才可以把天下寄託給他管理。這樣的人，文中雖然沒有指明是誰，但讀者一定知道那是老子常常提到的聖人。

【論老子絕句】之十三

寵辱皆驚得失間，及吾無欲有何患？此身是否託天下，端賴虛心長得閒。

視之不見，名曰夷；聽之不聞，名曰希；摶之不得，名曰微。此三者不可致詰，故混而為一。❶其上不皦，其下不昧。繩繩不可名，復歸於無物。是謂無狀之狀，無物之象。是謂惚恍。❷迎之不見其首，隨之不見其後。執古之道，以御今之有。能知古始，是謂道紀。❸

【校注】

❶ 以上八句——帛書甲本作：「視之而弗見，名之曰微；聽之而弗聞，名之曰希；捪之而弗得，名之曰夷。三者不可至計，故混而為一。」帛書乙本同甲本，唯「名」作「命」，「混」作「緒」。夷、希、微，皆極為幽微之意，蓋可互用。名與命、混與緒古代音同，可通用。捪，撫，與「摶」義近。又，「夷」傳本一作「幾」，二字草書形近，「幾」亦有「微」意。「摶」，一作「搏」。

❷ 以上七句——帛書乙本作：「一者，其上不謬，其下不物，尋尋呵不可命也，復歸於無物。是謂無狀之狀，無物之象。是胃沕望。」多通假字，「是胃沕望」，即「是謂惚恍」。不贅論。「無物之象」，傳本一作「無象之象」。皦，音義同「皎」。惚恍，一作「恍惚」。惚恍，可與上文「狀」、「象」協韻。

❸ 以上六句——帛書乙本作：「隋而不見其後，迎而不見其首。執今之道，以御今之有，以知古始，是胃道

紀。」亦多通假字。胃，即「謂」。「有」，指萬有，即萬物。或以為通「或」，即「域」之古字。

【直譯】

看它卻看不見，就叫做「夷」；聽它卻聽不到，就叫做「希」；摸它卻摸不著，就叫做「微」。這三樣東西不可追根究柢。本來就混同而合為一體。

它的上面不明亮，它的下面不暗淡。連綿不斷，不可名狀，又回歸到沒有物象。這就叫做沒有形狀的形狀，沒有物象的物象。這就叫做惚惚恍恍。

迎接它不見它的開頭，跟隨它不見它的後頭。掌握古往的道理，來控管當今的實際。能夠明白古往的創始，這就叫做大道的綱紀。

【新繹】

此章說明「道」的形體和作用。經文第一章說「道可道，非常道」，第四章又說「道」之為體「淵乎似萬物之宗」、「湛兮，似若存」、「象帝之先」，第六章則說「道」之作用「綿綿若存，用之不勤」。這些主張，都可以拿來與此章合觀並讀。

全章可分三段：

第一段正說「道可道，非常道。名可名，非常名。」老子以為統攝天地萬物的「道」，是「玄之又玄」，不可指實道盡的，它彷彿有形狀，卻視之不見；它彷彿有聲音，卻聽之不聞；它彷彿有實體，卻摶之不得。它是用感官觸覺都看不見、聽不到、摸不著的東西，好像是抽象的概念，可是卻又彷彿具體的存在著。「夷」、「希」、「微」和「幾乎」的「幾」一樣，都有幽微不彰、若有若無的意思。老子用它們來形容「道」的存在。它們分開說時，很難說得詳盡，但是混合成為一體的時候，卻可以說是「道」的化身。所謂「道生一」，「一」即「道」，就是這個道理。也因此，「夷」、「希」、「微」這些字是可以混用的，視之不見可以叫「夷」，也可以叫「微」，以此類推。「摶之不得」的「摶」，一作「搏」，搏有拍打之意，摶有搓摸之意，也都可以互通。宋代道士陳摶，所以字「希夷」，其道理亦在於此。

第二段進一步說明「道」的形象。上一段說「道」渾然一體，幽微不彰，若有若無，這一章則以視覺為例，作一步的描述，以概其餘。「其上不皦」指陽，「其下不昧」指陰，二句互文見義，是說「道」之為體，可分陰陽，是半明半暗，幽微不彰，以呼應上文的「夷」、「希」、「微」。「繩繩不可名」二句，也同樣呼應上文，「繩繩」言其若有若無，卻綿綿不絕，「復歸於無物」，不是真的無物，只是更為幽微不彰而已。所以又稱之為「無狀之狀，無物（象）之象」，稱之為「惚恍」，就是恍恍惚惚。「惚恍」是為了與「狀」、「象」押韻用。第四章說的「湛兮，似若存」，第六章說的「綿綿若存」，也都與「惚恍」同其義。

老子所說的「道」之為物，是有形生於無形，與萬物之物不同。《莊子．大宗師篇》說：「夫道，有情有信，無為無形，可傳而不可受，可得而不可見。自本自根，未有天地，自古以固存。」《韓非子．解老篇》說：「道者，萬物之所以成也。」〈主道篇〉又說：「道者，萬物之始」、「道在不可見，用在不可知」。還有《淮南子．原道篇》說的：「夫道者，覆天載地」、「包裹天地，稟受無形」。這些理論都是承衍老子之說，認為「道」雖無形，卻非無物。它是實有，而非空無。它分開講，可分為三，即希、夷、微；合為一體，即稱恍惚。《周易．繫辭傳》有云：「形而上者謂之道，形而下者謂之器。」其是之謂乎？

第三段說明「道」的作用。第四章說的「淵乎似萬物之宗」、「象帝之先」，第六章說的「用之不勤」，也都在這裡作了進一步的發揮。「迎之不見其首」二句，再次強調「道」的無狀無象，恍惚而不可究詰，因此可以瞻之在前，忽焉在後，也可以視若無物。明白這「有」、「無」二者的道理，也就可以明白何謂「天地之始」、「萬物之母」。「道」似有似無，可實可虛，而時有古有今，古曾是今，今亦將成為古。「執古之道」，帛書本作「執今之道」，正是古今一體的佐證。能夠明白箇中的道理，即可以古御今，亦可推今知古，這也就進入「玄之又玄」的「眾妙之門」，懂得老子「道」的綱紀、體系了。

【論老子絕句】之十四

何謂希微何謂夷，視聽又摶太神奇。迎隨不見前與後，象狀難名即道基。

第15章

古之善為士者，微妙玄通，深不可識。夫唯不可識，故強為之容：❶

豫焉若冬涉川，猶兮若畏四鄰；儼兮其若客，渙兮若冰之將釋；敦兮其若樸，曠兮其若谷。混兮其若濁。❷

孰能濁以澄？靜之徐清；孰能安以久？動之徐生。保此道者不欲盈，夫唯不盈，故能蔽不新成。❸

【校注】

❶ 以上五句——「古之善為士者」，楚簡本句前有「長」字。帛書乙本、傅奕本等「士」作「道」。此「士」即指得道之人、有道之士，故此譯為「道士」，非指後世所謂之「道士」。「玄通」，楚簡本、帛書乙本等作「玄達」。或云「達」當作「造」。「故強為之容」句下，帛書本有「曰」字。

❷ 以上七句——皆言上述有道之士深不可識之狀。各本「豫」或作「與」，「焉」或作「兮」，「兮」或作「呵」，「冰之將釋」或作「凌釋」，「樸」原作「朴」，「混」或作「渾」，以及句中「兮」、「其」之有無，等等，皆多通假字，字異而義同，不贅引。《六祖壇經》第二章記述六祖惠能賣柴聞經之事，即借朴木以喻道。《景德傳燈錄》卷十四記有和尚問石頭希遷：「什麼是道？」希遷答：「木頭。」此與本章及第十九章所說的「樸」，頗相契合。

❸ 以上七句——「孰能濁以澄」四句，楚簡本作：「孰能濁以靜者？將徐清；孰能安以往者？將徐生。」帛書乙本則作：「濁而靜之徐清，女（安）以重（動）之徐生。」王弼本原無「澄」字，或據河上公本補「止」字。傅奕本則「止」作「澄」，「清」作「靖」。「澄」意似較長，故據以補之。「保此道者不欲盈」盈字上，楚簡本有「尚」（當）字。末句「蔽不新成」，各本「蔽」或作「敝」，「不」或作「而」。

【直譯】

古代善於當道士的人，微言妙旨，玄覽通識，深邃細密不可測知。就因為深邃不可測知，所以勉強來為他描述：

謹慎哪像冬天渡河川，戒懼啊像怕四周危險；莊嚴啊他像貴賓一般，放鬆啊像冰的將溶散；敦厚啊他像原木質樸，曠放啊他像深山邃谷。混同啊他像流水藏污。

誰能使污濁變成不髒？安靜它心境就會慢慢變清；誰能使安定變成長久？起動它事功就會慢慢產生。保持此道者不想盈滿，就因為不盈滿，所以能夠舊的也不做新的看。

【新繹】

此章是對古代得道之士的描述，用一些具體的形象來形容他的「微妙玄通，深不可識」。言下之意，當然是希望供後世統治者參考。

全章可分三段來說明：

第一段開宗明義，說古代得道之士「微妙玄通，深不可識」。老子首先強調，以下所說，都是「古」之善為士者，故有借古諷今之意。「善為士者」的「士」，一作「道」，核對河上公注此句說：「謂得道之君也。」似乎更切合本旨。但作「士」也自有其道理。因為古代的士，介乎貴族與平民之間，是替貴族來管理人民的階級，所以這裡說的「善為士者」，應該是指善於管理人民的士，或者是指善於領導士的在上位者。「善為」的「為」，本來就有當、做、處理等義。這樣的人，當然是有道之士或得道之君。後世稱得道之士或學道之人為「道士」或「道人」，義即本此。道教興起之後，「道士」或「道人」的意義縮小了，有所限制，那是後來的事。也因此，筆者這裡以「道士」來譯解老子的「士」，希望讀者不要誤會。

「微妙玄通，深不可識」二句，是老子對古代得道之士的概括形容。經文第十章說的：「滌除玄覽，能無疵乎？愛民治國，能無知乎？天門開闔，能無雌乎？明白四達，能無為乎？」與此二句，若合符契，所說都是微言妙旨，有關玄覽通達之事，也都與「愛民治國」有關。可是，說得太微妙深奧了，玄之又玄，令人不可測知，所以老子在此又作了進一步的形容描述。

第二段全是對古代得道之士的種種不同的形容描述。七句之中，前六句分為三組，「豫（與）」與「猶」、「儼」與「渙」、「敦」與「曠」，兩兩相對相成，第七句「混兮其若濁」，綜合前六句三組，承上而啟下，套用經文第十四章的用語，「此三者不可致詰，故混而為一。」

「豫焉若冬涉川」與「猶兮若畏四鄰」相對。「豫」與「猶」原來都是獸名，性皆多疑戒懼，因而古人因物取義，將二字合為一詞，凡是行為遲疑不決的，都叫猶豫。但是，對照下面二組的「儼」與「渙」、「敦」與「曠」，似乎河上公注本「豫焉」作「與兮」，更為合適一些。「與」與「豫」雖然音同義近，都是徐行的意思，但「與」又有參預之意，它不是遲疑不前，只是前進時特別小心謹慎而已。像冬日河川結冰，渡過時要特別小心，這叫如履薄冰，重點在前進；像四周強鄰環伺，要提防他們侵犯欺陵，這叫如畏強鄰，重點在退守。葉夢得《巖下放言・上篇》說：「先事而戒謂之豫，後事而戒謂之猶。」至少這樣解釋，有一前一後之相對相成，才可與下文合拍。

得道之士不僅在行為活動上，要能「與」能「猶」，知所進退，得其先後，在容儀態度上，也要能「儼」能「渙」，像當貴賓時那樣莊嚴肅敬，又像春雪溶化時那樣輕鬆渙散；在心性修養上，更要能「敦」能「曠」，像木石原料那樣的質樸厚實，又像深山邃谷那樣的曠遠空虛。它們都是兩兩相對，而又相因相成。滙合起來說，它們就像一條大河川，源自深谷，「谷神不死」，「用之又不盈」，滙眾流而成河。經文第八章開頭說的「上善若水」，就是這個意思。河川是混同清濁的啊，不辭細流土石，故能成其大，不辭泥沙污濁，故莫測高深。「混兮其若濁」，也就是用這樣的比喻，來說明得道之士渾化包容的德性。

第三段承「混兮其若濁」一句而來。上一段用種種不同的形象，來描述得道之士的行為、容儀和心性，而以「混兮其若濁」作結，這一段則就水濁的比喻上，作更進一步的描述。

「上善若水」，水「處眾人之所惡」，「利萬物而不爭」，所以不分清濁，俱納其中，不捨晝夜，沾溉萬物。「孰能濁以澄」四句，傳本歧異頗多，最簡者如帛書乙本的「濁而靜之徐清，女以重之徐生」，只作二句，「女」當為「安」之誤，「重」當為「動」之誤；比較詳細的傳本，如楚簡本的「孰能濁以靜者？將徐清；孰能安以往者？將徐生。」如傅奕本的「孰能濁以澄？靖之而徐清；孰能安以久？動之而徐生。」對照來看，字句雖有繁簡詳略，但意思卻是一致的。清與濁，動與靜，相對相反，卻又相因相成。濁者靜之能清，靜者動之能生，重點都在一「徐」字。徐徐緩緩，才能使相對相反者，相因相成，而渾同合為一體。不但清與濁、動與靜如此，上述的「豫」與「猶」、「儼」與「渙」、「敦」與「曠」，也都如此。

最後，老子又把這些道理，用盈虛新舊的譬喻作結。經文第四章說：「道沖，而用之或不盈」，不盈之道，在於中空，在於能虛；經文第九章說：「持而盈之，不若其已」，說的也是這個意思，說盈已包括虛。「蔽不新成」，或作「能弊復成」、「敝而不成」。蔽、弊、敝可相通假，皆有「舊」義，與「新成」的「新」對。「舊」與「新」，按老子之說，本來就相反而實相成。「成」則是上述渾化、混同，有合而為一之意。易順鼎以為「蔽不新成」，當作「蔽而新成」，「不」乃「而」之誤。《淮南子．道應篇》引《老子》云：「服此道者不欲盈，夫為不盈，是以能弊而不新成。」可見王弼本作「蔽不新成」者原就沒錯。更何況老子本來就常常「正言若反」！我們今天說的「好不新鮮」，不是也有好新鮮的意思嗎？

【論老子絕句】之十五

善道玄通不可識，若冬涉水若冰溶。誰能動靜言其貌，混沌從來無影蹤。

第16章

至虛，極；守靜，篤。萬物並作，吾以觀復。❶

夫物芸芸，各復歸其根。歸根曰靜，是謂復命；復命曰常，知常曰明。不知常，妄作，凶。❷

知常容，容乃公，公乃王；王乃天，天乃道，道乃久。沒身不殆。❸

【校注】

❶ 以上六句——楚簡本作：「至虛，恒也；守中，篤也。萬物方作，居以觀復也。」「守中」一詞，見經文第五章。中，同「盅」，有空無清靜之意。「守靜篤」以下，帛書甲本作：「守情，表也。萬物旁作，吾以觀其復也。」帛書乙本「篤」作「督」。可從。傅奕本「靜」作「靖」，「觀」字下亦有「其」字。

❷ 以上九句——「夫物」楚簡本作「天道」。「芸芸」，各本或作「員員」、「云云」、「耘耘」等等，皆形容眾多紛繁的樣子。「是謂復命」，各本多作「靜曰復命」。「是謂復命」，雖與上下文例不合，然「是」指「歸根」，與「復命」對，自亦有理。

❸ 以上七句——「容乃公」以下五句「乃」字，一作「能」。「公乃王，王乃天」的「王」，有人疑為「全」之誤。「全」可解作周遍，又與「天」協韻。實則「王」借為「旺」，神旺則形全也。

【直譯】

達到虛空的境界，是極致；守住安靜的狀態，要篤實。萬物同時興起成長，我藉以觀察往復興亡。

那萬物啊紛紛紜紜，各自又回歸到它們的根本。回歸根本就叫做安靜，這也就叫做恢復天性；恢復天性就叫做恒常，知道恒常就叫做聰明。如果不知道恒常的道理，胡作非為，就會不吉利。

知道恒常的道理才能包容，能包容才能公正，能公正才能旺盛；能旺盛才能自然，能自然才能合道，能合道才能長遠。終身至死也不危險。

【新繹】

此章所說，是得道之人一種極為虛靜的境界。《莊子．天道篇》說：「夫虛靜恬淡、寂寞無為者，天地之平，而道德之至。」河上公注此章首句亦云：「得道之人，捐情去欲，五內清淨，至於虛極也。」這種虛極靜篤之道，強調的是無為無欲，歸根復命，恢復天性，順應自然。

全文分為三段：

第一段先標舉出來「虛」、「靜」為命意所在，並且說這是觀察萬物並作、往復循環的變化過程而得。道家以為「物之生也，若驟若馳」，宇宙萬物無時不在變化之中，始則由無而有，由初萌而茁壯，由極盛而漸衰，由剝落而終歸於消亡；然後又剝而能復，終而復始，如此往復無窮，循環不已。此即《莊子．齊物論》所說的：「方生方死，方死方生。」就因為宇宙萬物既有作始，必有結束，終而復始，有其規律，因而老子主張清靜無為，恬淡自得。

第二段老子說明他的觀察過程。芸芸眾生，從其興起創始，至其枯萎剝落，終而復始，「周行而不殆」，是循環往復的，最後可以找到一個恒常的規律。《莊子．在宥篇》說：「萬物云云，各復其根。各復其根而不知，渾渾沌沌，終身不離；若彼知之，乃是離之。無問其名，無闚其情，物固自生。」《莊子．秋水篇》也說：「道無終始，物有死生。不恃其成，一虛一滿，不位乎其形。年不可舉，時不可止。消息盈虛，終則有始。是所以語大義之方，論萬物之理也。」這個恒常的規律，就是「物固自生」，也就是老子此章所說的「歸根」、「復命」，簡稱為「靜」。能夠明白這個規律，就可以「語大義之方，論萬物之理」，也就是老子此章所說的「知常」，簡稱為「明」。這個規律，這個道理，可以推衍到一切事物上去，《韓非子．解老篇》所說的「故定理，有存亡，有死生，有盛衰」，應亦即指此而言。清人龔定菴詩云：「落紅不是無情物，碾作春泥更護花。」亦同此意。

以下老子分別從正反兩方面來說明他的觀察所得。先從反面說，並為以上的推論作結。他說如果學道之人「不知常」，不明白上述的恒常的規律，而妄作主張、胡作非為的話，那麼就會遇災禍而逢不祥。

第三段承接上文的「知常」，推而廣之，從「知常」的人必定能「容」能「公」說起，最後說到通天、合道。「公乃王，王乃天」二句的「王」，論者以為是「全」字之誤，並且引王弼注「周普」為證，以為作「全」才講得通，也才與下句「天」押韻。其實，「王」與上文「常」「明」等俱屬「陽」部，本已押韻，而其義可通假為「旺」，本來就可以講得通的。

【論老子絕句】之十六

萬物芸芸如復命，致虛守靜識常容。沒身不殆惟天道，王者豈非如稚童？

第17章

太上，下知有之；其次，親而譽之；其次，畏之；其次，侮之。❶

信不足焉，有不信焉。❷

悠兮其貴言。功成事遂，百姓皆謂我自然。❸

【校注】

❶ 以上八句——「太」一作「大」，太、大古通用。「太上」，舊注多以為指太古之時，例如三皇五帝之世，今人則多以為即「至上」、「最佳」之意。古人崇古卑今，所以認為時代愈古，世風愈好。「下知有之」，「下」一作「不」。「親而譽之」，「而」一作「之」。「其次，畏之」四句，一作：「其次畏之侮之」，似頗可取。

❷ 以上二句——楚簡本、帛書乙本等作：「信不足，安有不信。」傅奕本作：「故信不足，焉有不信。」可見上句「焉」字，有人以為當屬下讀，有「於是」的意思。

❸ 以上三句——「悠」楚簡本、帛書乙本作「猷」，河上公本作「猶」，一作「由」。「猶」、「猷」、「由」義同，都兼有尊尚和謹慎的意思。

【直譯】

最上等的君王，下民只知道有他；其次，是親近而且讚美他；其次，是畏懼他；再其次，是侮辱他。

誠信不夠的話，就會有不信任的哪。

慎重啊他應該重視言論。功業完成了，事情妥當了，百姓卻都說：我們本來就是這樣。

【新繹】

中國古代以農立國，人民通常觀念保守，普遍有崇古卑今的觀念，儒家祖述堯舜，憲章文武，道家更推而上之，認為唐虞以前，三皇五帝的時代，世風愈古愈淳。所謂淳，是指政治上無為而治，人民鑿井而飲，耕田而食，日出而作，日入而息，生活上自給自足，覺得「帝力於我何有哉！」後來世風日下，時代愈晚，淳樸的風氣愈差；後代的帝王愈來愈暴虐，人民的生活也就愈來愈痛苦了。上古道德淳厚的君王，無為而治，人民自給自足，不知要稱頌什麼；後來像西周初年，文武之治，推行德政，所以受到人民的愛戴；後來諸侯執政，多行機詐，政治敗壞，世風日下，人民不堪其苦，起而反抗，所以君王及執政者就使用刑罰，人民有的害怕，不得不依照法令，有的則公開批評、辱罵。因為有這樣的觀念，所以古代的思想家，常常主張「復古」，而且愈古愈好。《老子》書中一再提到的「古之聖人」，究竟在什麼時代，雖未明言，但有的比孔子所推崇的堯舜禹湯等等要早，則應無疑義。老子此章所要闡述的崇古尚淳的思想，也顯而易見。

全文的寫作觀點，係對統治百姓的君王而發，可分為三段：

第一段把君王分為幾等。我們所採用的王弼本子，分為四等。第一等的稱為「太上」，王弼注：「大人在上，居無為之事，行不言之教。」核對經文第二章「是以聖人處無為之事，行不言之教」，可以知道王弼所說的「大人」，即指「聖人」而言。「聖人」之治天下，「垂衣貴清真」，功成而弗居，這是老子理想中的最高境界。河上公注說得更明白：「謂太古無名之君也。」受到王弼、河上公的影響，一直到今天，還有不少人採用這種說法。認為時代愈古，風氣愈淳；時代愈晚，世風愈下。所以有人解釋以下「親而譽之」、「畏之」、「侮之」等等，都配合商周以下的時代先後次序來說。說第二等的「親而譽之」，指西周初年的盛世；第三等的「畏之」，指春秋時代；第四等的「侮之」，則指戰國時代。不過，近代以來的學者，愈來愈多人以為按時代先後為序來比附，並不切合史實，所以主張「太上」只是等級之分，無關時代的早晚，所以解之為「至上」、「最好」。這樣的解釋比較合理，也比較合乎史實。最上等的時代，最理想的統治者，「下知有之」即可。「下」指百姓，泛稱人民。他們只要生活安樂，自給自足，只要知道他們的君王叫什麼名號即可，是不需要多了解統治者的事情的。有的本子「下」作「不」，說百姓「不知」有其上，似乎更切合章旨。

另外，有人根據河上公注本及紀昀的說法，以為應該分為三等。「其次，親而譽之」當作「親之譽之」；「其次，畏之；其次，侮之」，當作「其次，畏之侮之」。這樣相對為文，更為理想，也比較符合古人以「三」概括多數的習慣，錄此備考。

第二段承接上文，說明百姓何以對君王「畏之」、「侮之」的原因，重點在一個「信」字。「信不足」是說君王有了私心，不夠誠信，常用欺騙和強迫的手段來對待人民；「有不信」是說百姓為了應付君王的貪婪和暴虐，也開始不信任君王的法令措施，因而權詐機變之巧生，社會風氣也就因之而日益衰敗了。

第三段呼應首段所說的政治理想。治國安民，是執政者的責任，要得到百姓的親近讚美，首先要自己先有誠信。所謂「貴言」，就是說要重視誠信。信言不美，美言不信。《論語》說的「民無信不立」，似乎也適用於此。君王所講的話，所頒布的法令，都必須慎重其事。否則，人民就會評量是非，「畏之」、「侮之」。「悠兮」或作「猶兮」、「猷兮」，既說這道理意味深長，又有告誡慎重之意。

「功成事遂」二句，既遙應開頭的「太上，下知有之」，同時也點明這是「悠兮其貴言」的重點所在。經文第二章說的「聖人處無為之事，行不言之教」、「生而不有，為而不恃，功成而弗居」，經文第九章說的「功遂身退，天之道」，都可移此作注。經過比對，可以看出來：所謂「貴言」的「言」，原來就是「行不言之教」的「不言」；「百姓皆謂我自然」的「自然」，原來就是「天之道」，也就是「太上，下知有之」。治國安民，功成而弗居，事遂而不言，身退而人不知，這是一種多麼至高無上的境界！

【論老子絕句】之十七

功成事遂宜歸去，親譽後來畏侮隨。信不足時將不信，空言太上令人疑。

第18章

大道廢，有仁義；慧智出，有大偽。❶
六親不和，有孝慈；國家昏亂，有忠臣。❷

【校注】

❶ 以上四句——句首楚簡本、帛書本皆有「故」字。「有仁義」、「有大偽」二句前，楚簡本、帛書本皆有「安」字，傅奕本則作「焉」。「安」、「焉」如屬下讀，則「安有仁義」、「焉有仁義」為疑問句。「慧智」一作「智快」或「知慧」。「智」，帛書本、范應元本皆作「知」。

❷ 以上四句——「有孝慈」、「有忠臣」二句前，楚簡本、帛書本皆有「安」字，傅奕本則作「焉」。「安」、「焉」如屬下讀，則「安有孝慈」、「焉有孝慈」為疑問句。「忠臣」，楚簡本作「正臣」，帛書本、傅奕本則作「貞臣」。六親，一說父子兄弟夫婦，一說父母兄弟妻子。「孝慈」有人以為專指「孝子」，與「忠臣」對。

【直譯】

大道廢弛了，才會有仁義的行為；智慧出現了，才會有種種的虛偽。
六親之間不相和睦，才會有慈孝的子孫；國家上下昏暗混亂，才會有堅貞的忠臣。

【新繹】

上一章說最理想的時代，最理想的社會，是執政者無為而治，百姓安居樂業，人民對統治者既無稱美，亦無批評。次等的，是執政者必須推行德政，講求仁義，使百姓知所遵循，這樣才能贏得人民的親近和讚美。再次等的，已是德不足以服之，執政者多行詐偽，用法令來規範百姓，用刑罰來威嚇人民，因此上下交攻，世風敗壞，政治、倫理等等方面，都脫軌失序了。到這時候，人民畏其法之威者有之，罵其君之昏者有之，種種亂象，隨之產生。仁義與虛偽、忠孝與奸逆，等等，紛紛對立起來。此章承續上一章就此作進一步的發揮。楚簡本、帛書本等，章首有「故」字，足透箇中消息。

此章原可不分段，但為了解說方便，仍分兩段來略加說明。

第一段是原則性的理論歸納。「大道」就是老子所標舉的各種主張的總稱，猶如今日所說的「真理」。它與經文第一章所說的「常道」意義並不相同。「常道」的「道」，指構成宇宙萬物的本體及其作用，此章「大道」的「道」，則指人世間執政者所應遵循的「無為之事」、「不言之教」，也就是上一章開頭所說的「太上，下知有之」，那種至高無上的無為而治的政治理想。這種最高等級的政治理想一旦廢棄不用了，就是「大道廢」，有如由大同社會進入帝王時代，由「天下為公」降為「天下為家」，由羲皇上人變成禹湯文武，開始講仁民愛物，講德政義理，只希望得到百姓的認同；等而下之，等到世風日益趨下，君臣互相欺詐，上下互相攻伐，各種權謀詐偽的事情紛紛產生，例如春秋戰國之世，那也就是所謂「慧智出，有大偽」的時代了。

老子以為宇宙萬物都是相對待的，所謂「有無相生」、「高下相傾」等等，都是他常說的道理。上一章「下知有之」、「親而譽之」以及「畏之」、「侮之」的不同等級，就是「高下相傾」的一個例證。而「大道廢，有仁義」、「慧智出，有大偽」，也就是「有無相生」的另一番說明。因為有不仁不義來相比較，才顯現出來有仁有義的可貴；就因為強調聰明才智的重要，所以有仁有義的人，可以表現智慧才幹，來得到別人的稱許。而不仁不義的人，則為了沽名釣譽，一樣可以靠他的聰明才智，玩弄手段，欺上矇下，表面上得到了稱許，實際上卻做了傷天害理的事情。楚簡本、帛書甲本「慧智」作「智快」，快者，反應快速，一樣是聰明有才幹的意思。因此，一正必有一反，一得必有一失。如果是「太上」之世，在上位者「為無為」，垂拱而治，「不尚賢，使民不爭」，在下者自給自足，「無知無欲」，那麼，還需要標榜什麼仁義？如果在上位者「不貴難得之貨」、「不見可欲」，人民哪裡還會賣弄聰明才智，使用欺詐手段，去做種種傷天害理的事情？

第二段講的是同樣的道理，但落實到現實生活來。「六親不和」二句，講的是家庭倫理；「國家昏亂」二句，講的是政治倫理。孔子講倫理，是正面講，教人遵守；老子講倫理，是反面講，有所質疑。六親，不論解為父子兄弟夫婦，或父母兄弟妻子，說的都是家庭中有血緣關係的親人。這些親人之間，如果說其中哪一個比較孝順或慈愛，那就表示另外有人不孝順或不慈愛。否則，何必特別標舉出來？同樣的，只有在諸侯邦國、卿大夫家族上下之間，發生變亂的時候，才會去分辨誰忠貞、誰叛逆。老子以上所說，都指非「太上」之世而言，而其用意，也正是希望能使大家回到那清真無為的「太上」之世。

最後，應該補充說明，本章的「慧智」，有的本子作「知慧」，有人以為在《老子》書中，知、智二字，意義不同。知，指知覺、知識；智，指智慧、智巧，用法不同。東漢許慎所編的《說文解字》，查無「智」字，可見東漢以前，知原兼知、智二義，這也可證明《老子》一書，應該經過後人不斷的增刪或修改。

【論老子絕句】之十八

智慧出焉藏大偽，國家昏亂見忠臣。正言若反宜何解，真作假時假亦真。

絕聖棄智，民利百倍；絕仁棄義，民復孝慈；絕巧棄利，盜賊無有。❶此三者，以為文不足，故令有所屬：見素抱樸，少私寡欲。❷

【校注】

❶ 以上六句——楚簡本作：「絕智棄辯，民利百倍；絕巧棄利，盜賊亡有；絕偽棄慮，民復孝慈。」核對王弼本，楚簡本顯然不提仁義等字。帛書甲本「聖」作「聲」，「智」作「知」，「倍」作「負」，「孝」作「畜」。有人以為《老子》一書談「聖」、「仁」者不少，並不反對「仁」、「義」，所以認為楚簡本比較可採。這種說法，有待商榷。

❷ 以上五句——「此三者」二句，傅奕本作「此三者，以為文而未足也」。楚簡本、帛書本「三者」作「三言」。「文不足」，楚簡本「文」作「史」。「故令有所屬」楚簡本作「或命之，或呼囑」。「樸」帛書本等原作「朴」。又，楚簡本、帛書乙本將下一章首句「絕學無憂」繫於此章之末，可與上文對照，似可從。

【直譯】

斷絕聰明，廢棄智巧，人民獲益會增加百倍；斷絕虛仁，廢棄假義，人民又會恢復孝順慈悲；斷絕機巧，廢棄功利，強盜小偷才不會興起。

以上這三組言論，拿來做為文飾還不足夠，所以教人要心有依託：重視潔白，保住質樸，減少私心，清除貪欲。

【新繹】

此章承上章而來，上一章說：「大道廢，有仁義；慧智出，有大偽。六親不和，有孝慈；國家昏亂，有忠臣。」這一章說：「絕聖棄智」、「絕仁棄義」、「絕巧棄利」，正是前後呼應。這裡所呈現的，是老子學說中重要的部分，但因為「正言若反」，所以歷來解釋頗為紛歧。

這一章可分為兩段來說明：

第一段包括三個分組。「絕聖棄智」的「聖」、「智」，指人的稟賦才性。聖者「無所不通」，智者「無所不知」，合而言之，都是指最高的聰明才智而言。有人把這裡的「聖」，和《老子》一書中的「聖人」等同視之，是值得商榷的。《老子》書中，「聖人」一詞，據統計，出現三十二次，都是指正面讚美稱譽的對象，和此章所說的要對「聖」絕而棄之，顯然不合。因此有人看到新出土的楚簡本首句作「絕智棄辯」，馬上採而用之，據以改訂傳本，認為老子所說的「聖人」沒有反對「聖」的道理。事實上，所謂「聖」、「智」是屬於知識範圍，與「聖人」之屬於道德修養的層次，有所差異，不應等同視之。任何事物的名義，都有其一定的限制，所以經文第一章才說：「名可名，非常名。」「聖」固然是指「無所不通」的聰明，但這與「聖人」具有最高的「無所不通」的聰明，卻主張棄聰明而不用，反而主張「虛其心，實其腹，弱其志，強其骨」、「使民無知無欲」（以上見經文第三章），主張「聖人不仁，以百姓為芻狗」（見經文第五章），都可以沒有牴觸。這跟有財富權勢的人，提出反對財富權勢的主張，看似矛盾，卻反而顯出其人品格的高貴，是一樣的道理。

《莊子．胠篋篇》說：「故絕聖棄知，大盜乃止」，《莊子．在宥篇》也說：「絕聖棄知，而天下大治」，可見莊子的理解，和《老子》此章章旨相合。河上公注云：「絕聖制作，反初守元。五帝垂象，蒼頡作書，不如三皇結繩無文。」顯然他也以為所謂「絕聖棄智」等等，就是上文第十八章「大道廢，有仁義」等等所要闡述的道理，也可以說就是指上文第十七章所說的「太上，下知有之」的理想社會。《呂氏春秋．任數篇》說：「至智棄智，至仁忘仁」，《韓非子．詭使篇》說：「聖智成群，造言作辭」，說法雖有不同，道理皆亦與此相通。唯有如此理解，才能明白下面經文第八十章為什麼老子要主張「使民復結繩而用之」。

至於聖人之安民治國，在「絕聖棄智」之後，為什麼能使「民利百倍」呢？這與上文所述「太上」之世的無為而治有關。明主能配應天地自然，不伐其功，不私其利，使人民耕織以時，自給自足，不慕榮名，生活安樂，其利益當然千百倍於「國家昏亂」的時代。

同樣的道理，在上位者不特別標舉「仁」、「義」，人民也就不會假仁假義，沽名釣譽；一切會順乎自然，順乎天性而為。父慈子孝，本來就是天性，順其自然即可。所謂「父不父，子不子」，都是因為受了外在環境的影響。「仁」與「義」屬於精神方面，是行為上的規範；「巧」與「利」屬於物質方面，是生活上的需求。經文第五十七章說：「民多利器，國家滋昏；人多伎巧，奇物滋起；法令滋彰，盜賊多有。」可以拿來與此對照。也由此可見此處所謂「巧」與「利」，正指伎巧、利器而言。在上位者愈重視新的技術器物，人民就愈易生盜賊之心。因此明主不可尚巧崇利，經文八十章所說的：「使有什伯之器而不用」、「雖有舟轝，無所乘之；雖有甲兵，無所陳之。」都可作如是觀。有、無相生，利、弊也是相生的。可能只有回到那「結繩無文」的「太上」之世，絕聖棄智，絕仁棄義，絕巧棄利，一切順乎自然，清靜無為，才可以泯去一切的是是非非。

第二段緊接上文，說以上的三組言論，都可供執政者參考，借古以鑑今。上面所說的三個事項，並不是說要人徹頭徹尾反對「聖」、「智」、「仁」、「義」、「巧」、「利」等等，而是強調具備了這些聰明才智、德行技能之後，不能唯此是尚，而應該更求而上之，追求更真淳純樸的境界。所謂「絕」、「棄」，是表示原來已有，只是要斷而棄之而已。

「以為文不足」二句，是說明上述三個事項所欲闡釋的道理，要真正體會並不容易，以之做為禮教文飾，來教育人民，也不易達到目的，所以，老子為了教人牢牢記住，心有歸宿，因此又再將上述道理，歸納為下面的「見素抱樸」、「少私寡欲」兩句話。近二、三十年來，因為帛書本、楚簡本《老子》的先後出土，帛書乙本和楚簡本都將下一章首句「絕學無憂」，與此章抄錄在一起，因此頗有些學者以為「絕學無憂」一句，當移繫此章之末。第一段所分述者有三，加上「絕學無憂」這一句，也正與「見素抱樸」、「少私寡欲」二句並列為三，前後相對應，似乎很有道理。

另外，朱謙之《老子校釋》說：《群書治要》卷三十四引「盜賊無有」下，即接「以為文不足，見素抱撲，少私寡欲」，無「此三者」與「故令有所屬」八字，疑此為旁記之言，傳寫者誤入正文。我也以為說得很有道理，故並錄於此，供讀者參考。

【論老子絕句】之十九

少私寡欲自無疑，見素抱真亦足師。三絕如何又三棄，歷來解讀最分歧。

第20章

絕學無憂。唯之與阿，相去幾何？善之與惡，相去何若？人之所畏，不可不畏。❶荒兮其未央哉！眾人熙熙，如享太牢，如春登臺；我獨泊兮其未兆，如嬰兒之未孩。儽儽兮若無所歸，眾人皆有餘，而我獨若遺。❷我愚人之心也哉！沌沌兮！俗人昭昭，我獨昏昏；俗人察察，我獨悶悶。澹兮其若海，飂兮若無止。眾人皆有以，而我獨頑似鄙。我獨異於人，而貴食母。❸

【校注】

❶ 以上七句——首句「絕學無憂」，頗有些學者以為當繫於上章之末，以承應「絕聖棄智」。此說雖頗有道理，但王弼等本子，傳世已久，「絕學無憂」一句與下文亦非無關係，故仍其舊。「唯之與阿」、「善之與惡」二句，楚簡本、帛書本皆無「之」字。「阿」一作「呵」，皆與「唯」對，有訶責之意。「唯」是敬答之辭，「呵」是怒斥之聲。「不可不畏」，帛書乙本作「亦不可以不畏人」。

❷ 以上九句——「荒兮」帛書乙本作「望呵」。太牢，原指用活的全牛做成的祭品，一說指用牛豬羊三牲做成的美食。「我獨泊兮其未兆」，「泊」字河上公本、傅奕本等，或作「怕」、「魄」。《說文解字》：「怕，無為也。」固可採。「魄」亦與「泊」字聲訓通。未兆，沒有跡象、沒有預兆。「孩」一作「咳」，小兒笑。儽，同「儡」，音「蕾」，疲倦貌。

❸ 以上十二句——「沌沌」等等，帛書本亦多用「湷湷」等等通假字。不贅舉。「兮」字，帛書本多作「呵」。飂，音「聊」，風強大的樣子。有以，有作為。「頑似鄙」，傳奕本作「頑且圖」，帛書乙本作「頑以鄙」。「頑似鄙」之「似」，應為「且」、「㠯（以）」形近之誤。食母，乳母，指生養萬物之「道」。

【直譯】

斷絕學問，沒有煩惱。允諾之與訶責，相差究竟多少？美善之與醜惡，相差又像什麼？人家所畏懼的，也不能不畏懼。

荒遠啊還沒有停息吧！大家熙熙攘攘，和和樂樂，如同享用太牢做成的美食，如同春天登上樓臺去眺望景色；我卻獨自淡泊啊沒有什麼看頭，如同嬰兒那樣的還不知笑咳咳。勞累啊像是沒有歸宿，大家都豐盛得有盈餘，而我卻獨自像被遺棄有所不足。

我是愚拙之人的想法吧！渾渾沌沌啊！世人明明白白，我卻獨自昏昏沉沉；世人仔仔細細，我卻獨自憨憨笨笨。深遠啊它就像海洋遼闊，飄渺啊就像沒有盡頭。大家都有所作為，而我卻獨自頑固而且鄙陋。我獨自不同於人家，只重視吃母乳那樣的純真笨拙。

【新繹】

此章老子以自述的口吻，敘說「道」與「學」的不同，易言之，說明「聖人」與「眾人」、「俗人」的不同。經文第四十八章說：「為學日益，為道日損」，可以說就是此章所要闡明的內容旨趣所在。有人說這一章寫的是老子憤世嫉俗的牢騷話，似乎是把老子看小了。

首句「絕學無憂」，重點在「學」。學是學習、倣效的意思。看到人家有長處，就要倣效他；遇見不懂的地方，就應該請教別人。求學的目的，原來是為了充實學識，學習技能，但學識廣大無邊，技能層出不窮，任何人都永遠學不完。因此，往往學得愈多，覺得困惑愈多。有人雖然學得不多，卻自賢自滿，因而常常惹是生非，那更是自尋煩惱。也因此，老子認為根本解決之道，在於「絕」學。斷絕了學問之道，不問不學，就不會有煩惱了。此章最後兩句是結語，說：「我獨異於人，而貴食母」，據王弼注：「食母，生（民）之本也。」河上公注：「食，用也。母，道也。」事實上，《韓非子．解老篇》早就說過：「母者，道也。」又說：「道者，萬物之所然也，萬理之所稽也。」可見此章最後仍然歸結到「道」上。即用「聖人」之道，重視生民之本。中間的一、二十句，分為若干組，用「人」與「我」的比較，來說明「學」與「道」之間的差別。

全文可分為三段：

第一段從「絕學無憂」說起。「學」是為了充實學識，學習技能，同時也為了能取人之長，捨己之短，因此不能不分辨是非，區別善惡。一般人，像孔子等儒家所講的「學」，都是如此。但老子以為宇宙萬物是相對待的，有無相生，正反相成，因此有是即有非，有善即有惡，一旦要明辨是非、區別善惡，也就違反自然，破壞了原有的自然之道。「唯之與阿」、「善之與惡」，都是相對的詞語，「唯」是唯唯諾諾，遵命稱是。「阿」是大聲訶責，怒言相斥；有人說「阿」是阿諛，刻意討好別人。可見無論如何解釋，「唯」與「阿」畢竟是不同的。「唯之與阿」的「之」，作語氣停頓之用，也可以說是「唯與阿之（際）」的倒文。「善」與「惡」對，不待贅言，但核對經文第二章「天下皆知美之為美，斯惡已」等句，可知老子所說的「善」，包含了

「美」，「惡」包含了醜，而且，一旦大家都知道「美之為美」，「美」的也就反而變成「惡」的了。此章所謂「相去幾何」，正說明了允諾與訶責、美善與醜惡，是一體的兩面。由此推衍，當然「人之所畏」，也就「不可不畏」了。也因此，老子以為學問愈好，愈肯學習，是非就愈多，困惑也就愈多。「知識增時只益疑」，老子有感於此，所以他主張「絕學無憂」。不問不學，就沒有困擾。

以下兩大段，老子用近乎抒情嗟嘆的口氣，來說明「我」、「愚人」，也就是他自己甘於淡泊清靜，與「眾人」、「俗人」之「人」，大不相同。第二段的「如享太牢」、「如春登臺」，說的是眾人；「獨泊兮其未兆」、「如嬰兒之未孩」，說的是自己。「未央」、「熙熙」、「皆有餘」，說的是眾人；「未兆」、「未孩」、「若無所歸」，說的是自己。第三段「我愚人之心」以下，承「我獨若遺」而來。「我」與「眾人」對，「愚人」與「俗人」對。「俗人」好學的結果，明辨是非善惡，所以「昭昭」、「察察」，「我」則渾沌不分，所以「昏昏」、「悶悶」。「眾人皆有以」的「以」，意思是「用」，即作為、作用；也可以解為「因」，即原因、動機。眾人講求學問，喜歡分辨什麼有用無用，什麼是因是果，也因此而熙熙攘攘，紛紛擾擾；「我」則不問不學，一切順其自然，像「頑似鄙」的「愚人」一樣，心「澹兮其若海，飂兮若無止」。這跟上文所說的「我獨泊兮其未兆，如嬰兒之未孩」等句，是前後相呼應的。

最後的兩句，是總結上文。說自己「獨異於人」，異於「眾人」、「俗人」。綜觀《老子》此章全文，所謂眾人、俗人，自指一般人民或在下位者而言，而「我」則為守拙之「愚人」，指「見素抱樸」、「絕學無憂」的「聖人」。這是老子理想中的以德化民的統治者。「貴食母」，上文已經解說過，它即表示用「聖人」之「道」，亦即重視「生民之本」，一切順應自然，清靜無為。「食母」，與上文的「如嬰兒之未孩」，也是前後相應的。像初生嬰兒之食母乳，連咳笑都尚未知，那真是一片純然天機啊！

【論老子絕句】之二十

唯阿善惡去何如，道似混沌實亦虛。俗眾昭昭我悶悶，春台盛祭正愁予。

第21章

孔德之容，唯道是從。道之為物，唯恍唯惚。❶惚兮恍兮，其中有象；恍兮惚兮，其中有物。窈兮冥兮，其中有精；其精甚真，其中有信。❷自古及今，其名不去，以閱眾甫。吾何以知眾甫之狀哉？以此。❸

【校注】

❶以上四句——孔，大。容，動靜之貌。「道之為物」，帛書本無「為」字。「唯恍唯惚」，帛書甲本作「唯望唯忽」，帛書乙本作「唯望唯沕」，傅奕本作「惟芒惟芴」。恍、望、芒，惚、沕、芴等，皆通假字。不贅述。

❷以上八句——「兮」帛書本皆作「呵」。「其中有精」，「精」帛書本作「請」，音近而訛。《管子‧內業篇》：「精，氣之極也。」《莊子‧德充符篇》：「夫道，有情有信，無為無形，可傳而不可受，可得而不可見。」精、情古通用。

❸以上五句——「自古及今」帛書本等作「自今及古」。「閱眾甫」，帛書本作「順眾父」。甫，同「父」，根源。「吾何以知」句，帛書本「狀哉」作「然也」，傅奕本則作「奚以知眾甫之然哉？」文義並無不同。

【直譯】

大德的動靜容貌，全是跟隨著大道。道的生而為物，全是抽象的恍惚模糊。惚惚啊恍恍啊，其中有個影像；恍恍啊惚惚啊，其中有個實體。幽微啊冥暗啊，其中有個精氣；那精氣極真實，其中有個信息。

從古代到今日，它的名義不曾消失，藉以觀照萬物的源始。我用什麼來推知萬物源始的情狀呢？就是根據這個「道」字。

【新繹】

此章旨在說明「道」與「德」的關係。經文第一章說「道」是不可言說的，能言說的就不是恒常之道。經文第十四章又說：「道」是視之不見、聽之不聞、搏之不得的「無物」之物，「無狀之狀，無物之象。是謂恍惚」。此章則在說明：「道」雖然不能言說，恍恍惚惚，但恍惚之中，卻有象有物，有精有信，可謂虛中有實。虛者是「道」，實者為「德」。「德」是「道」的功用。它的運行顯現，完全依「道」而行。

全章分為三段：

第一段說明孔德唯道是從。孔，是「大」的意思。孔德，就是大德。「德」是外在行為的規範，「德」古字作「悳」，從「直」從「心」，而且貴在實踐力行。大德有如德經之首第三十八章所說的「上德」，它完全依「道」而行，「得」事之宜。所以「德」可通「得」。《韓非子．解老篇》就說：「德者，內也；得者，外也。」又說：「德者，得身也。凡德者，以無為集，以無欲成，以不思安，以不用固。」所謂無為無欲、不思不用，都是「道」的表現，因此這裡說「孔德之容，唯道是從」。「容」即容貌，指外在的動作行為而言。

「道之為物」，帛書本作「道之物」，有「為」字較佳。老子以為「道」生陰陽，這一陰一陽如經文第十四章所說：「其上不皦，其下不昧。繩繩不可名，復歸於無物。」這裡所說的「無物」，不是說真的一無所有，它指的是恍惚模糊之中，其實有實體的存在，只是不能指稱出來而已。它是無狀之狀、無象之象，無物之物。「道之物」指的，就是無物之物。這是靜態的說法。「道之為物」，則是動態的說法。「道」生陰陽，陰陽配合才生德，有德才生萬物。「為」字正說明「道」起作用、德合陰陽而生萬物的過程。它不但和第二段的恍惚窈冥大有關係，和第三段的「以閱眾甫」等句，也互相呼應。

第二段承「唯恍唯惚」，進一步說明「道之為物」，虛中有實。「惚兮恍兮」、「恍兮惚兮」、「窈兮冥兮」等等，是形容「道」在起作用時那種恍惚模糊的形狀。它雖然視之不見、聽之不聞、搏之不得，可是它實際上是有影像有實體存在的；它雖然極為微小，似有似無，可是它確實是有「精」有「信」的。「精」本來就指極微小的事物，《管子．內業篇》說：「精，氣之極也；精也者，氣之精也。」所以有人釋之為「精氣」。精氣本極微小，又與下文「眾甫」的「甫」（即「父」）相應，可以說明陰陽配合之德，因此可以採信。另外有人根據《莊子．德充符篇》的：「夫道，有情有信，無為無形，可傳而不可受，可得而不可見」，認為莊子所說的「有信」，等於此章下文的「其中有信」，因此莊子所說的「有情」，就相當於這裡所說的「有精」。情、精古代通用，情有「實」之意，用今天的話來說，就是「情資」。「信」就是訊息，有訊息就有憑證。

「精」和「信」一樣，都是極細微而具體存在的事物。「唯恍唯惚」，它也就是上文所說的「孔德之容」。小中見大，虛中見實，反過來說，大中見小，實中見虛，也可以。

第三段說明如果能知道上述道理，即可推知一切萬物的因由情狀。經文第十四章說：「執古之道，以御今之有。能知古始，是謂道紀。」與此章末段所言，如出一轍。都是說古今一理，可以「道」一以貫之。「自古及今」，一作「自今及古」，意義全同，不勞分辨。「以閱眾甫」，就是「執古之道，以御今之有」。「眾甫」帛書本作「眾父」，「甫」，有「始」的意思，古通「父」。父與母對，經文第一章說：「無，名天地之始；有，名萬物之母。」眾甫，呼應上文的精氣信息，屬於虛無的「無」，即指「天地之始」。它與「萬物之母」的「有」，正好相對相成。經文第二十五章說：「有物混成，先天地生。寂兮寥兮，獨立不改，周行而不殆，可以為天下母。」既然可以獨立不改，周行不殆，當然也就可以觀照順應萬物的各種情態了。

【論老子絕句】之二十一

孔德之容道是從，其中物象影重重。窈冥恍惚無邊際，精信可能早已溶。

曲則全，枉則直；窪則盈，敝則新；少則得，多則惑。是以聖人抱一，為天下式。❶不自見，故明；不自是，故彰；不自伐，故有功；不自矜，故長。❷夫惟不爭，故天下莫能與之爭。古之所謂「曲則全」者，豈虛言哉？誠全而歸之！❸

【校注】

❶ 以上八句——「枉則直」，帛書甲本「直」作「定」，帛書乙本及傅奕本作「正」。「是以聖人抱一，為天下式」，帛書乙本「抱」作「執」，「式」作「牧」。抱一，守道。牧，法。式，法則。意皆可通。

❷ 以上八句——帛書乙本作：「不自視，故章；不自見也，故明；不自伐，故有功；弗矜，故能長。」自見、自視，皆「自現」之意。字句雖異，旨意則同。

❸ 以上五句——最後三句或係後人評語。「所謂『曲則全』者」，非止指「曲則全」一句，而應包括「曲則全」以下六句。

【直譯】

委曲才會圓滿，彎屈才會直伸；低凹才會充盈，破舊才會更新；減少才會獲得，貪多才會迷惑。因此聖人抱持一個原則，做為天下的楷模。

不自我表現，所以稱賢；不自我肯定，所以成名；不自我誇獎，所以有功；不自我矜持，所以長榮。

就因為不競爭，所以天下沒有人能與他競爭。古人的所謂「曲則全」等等的格言，難道是空話嗎？實在是圓滿而且該遵循它們的啊！

【新繹】

此章承接經文第二章美惡、有無等等相反相成的辯證方法，來說明「曲則全」等等的道理。第二章說的是長短相形、高下相傾；此章說的是「曲則全，枉則直」等等，一樣是日常生活中度量衡的問題，但前者重在破除比較的觀念，後者重在說明善用物極必反的道理。第二章的結論是：「是以聖人處無為之事，行不言之教。」此章的結論則是：「是以聖人抱一，以為天下式。」抱一就是守道，就是「不爭」，也就是無為、不言。當然，這些跟經文第七章的「聖人後其身而身先，外其身而身存」，第八章的「上善若水」、「夫唯不爭，故無尤」，第九章的「持而盈之，不如其已」、「功遂身退，天之道」等等，道理也都是前後呼應、互相契合的。既然強調這是「聖人」之事，也當然與治國安民有關。

全章可以分為三段：

第一段列舉了三組六個各自有辯證關係的句子，每一句都關係著物極必反、相反相成的觀念。「曲則全，枉則直」是一組。曲，是彎而不圓；全，這裡是「周」的意思，是圓而周，是圓滿。枉，是彎而不直；直，是不彎而正。有的版本「直」作「正」，正可互訓。這一組說的是曲圓彎直的道理。老子以為宇宙萬物都是相對相生、相反相成的，不圓的才會變圓，不直的才會變直，假使原來就是圓的、直的，就沒有變圓變直的道理，反而可能變得不圓不直了。

同樣的道理，老子以為「窪則盈，敝則新」，原來是低窪的、破舊的，才可能變得充盈和更新。經文第十五章說的「保此道者不欲盈，夫唯不盈，故能蔽不新成」，是一樣的道理。「蔽」同「敝」，亦足見盈缺新敝是一組。第三組是「少則得，多則惑」，這也就是「滿招損，謙受益」的意思。經文第五章的「多言數窮，不如守中」，第十九章說的「見素抱樸，少私寡欲」，皆當作如是觀。

老子藉以上三組六句的辯證，歸納出一個原則：萬物變動不居，要「全」要「直」等等，必須守住「常道」。其實，「一」可說即道。「道可道，非常道。」這「常道」是難以言宣的，也是不可說死的。「曲則全，枉則直」等等，固然說明了曲而後全、枉而後直的道理，但得「全」得「直」之後，又當如何呢？第十六章說：「知常曰明。不知常，妄作，凶。」為了教人知常，老子為此提出了下面第二段的一些主張。

第二段，從上文原則性的辯證中，落實到人間世的為人處世來。「聖人」教人要從上述的辯證，體會「曲則全」等等的道理，自己要先退守到「曲」的位置，才能「全」。易言之，自己必須謙虛退讓，才能得全保泰。不自見、不自是、不自伐、不自矜，都是謙退的表現。你先須如此，別人才不會嫉妒你，陷害你。否則就是「不知常，妄作，凶」。第二章說：「生而不有，為而不恃。功成而弗居。夫惟弗居，是以不去。」不也就是這樣的道理？

第三段歸納上文，特別強調處世之道，在於「不爭」。剛才說，人須明白謙退之道，才能曲而後全、枉而後直，但得「全」得「直」之後，又當如何呢？老子告訴大家，「聖人」教人「不爭」。你還是要謙虛要退讓，這樣才又有得「全」得「直」的機會。不爭，和無為、不言一樣，都是老子學說中的重要主張。下面經文第六十六章的結語：「以其不爭，故天下莫能與之爭」，第八十一章的結語：「聖人之道，為而不爭」，都再三的強調。

最後的三句話，有人說可能是誤收後世讀者的評注之語，這是合理的推斷。揆其語氣，實在不像《老子》一書的原文。假設是原文，那麼「古之所謂『曲則全』者」云云，就是老子引述古語了。如果是引述古語，前面已多所論列，這裡又何必加上「豈虛言哉」以下這兩句話呢？因此，這是一個值得商榷的問題。

校後補記：《尚書．大禹謨》云：「汝惟不矜，天下莫能與汝爭能；汝惟不伐，天下莫能與汝爭功。」這些話與本章所言：「不自伐，故有功」等四句，意義全同。視之為老子演繹《尚書》之言以為教訓，並無不可。如此則末三句亦可視之為皆引古人之語了。

【論老子絕句】之二十二

不自矜持更守中，聖人抱一識窮通。曲全枉直能勘破，何翅快哉萬里風。

希言，自然。故飄風不終朝，驟雨不終日。孰為此者？天地。天地尚不能久，而況於人乎？❶

故從事於道者，道者同於道，德者同於德，失者同於失。同於道者，道亦樂得之；同於德者，德亦樂得之；同於失者，失亦樂得之。❷

信不足焉，有不信焉。❸

【校注】

❶ 以上八句——傅奕本「希」作「稀」。帛書本無「故」字，「驟」作「暴」。「孰為此者」以下四句，帛書乙本作：「孰為此？天地而弗能久，又兄（況）於人乎？」其中「天地而弗能久」，或可斷為「天地。而弗能久」。字句雖異，文義則皆可通。

❷ 以上十句——各種傳本字句頗有歧異。帛書本作：「故從事而道者同於道，德者同於德，失者同於失。同於德者，道亦德之；同於失者，道亦失之。」傅奕本「德」皆作「得」。高亨則以為「失」者皆為「天」之訛字。

❸ 以上二句——已見第十七章，帛書本亦無此二句，故頗有人疑為錯簡。以上問題，【新繹】中皆有說解。

【直譯】

謹慎言談，才順乎自然。所以旋風不會刮整個早晨，暴雨不會下一整日。誰造成這種情況的？是天地。天地都還不能長久，更何況是在人間世呢？

所以從事於大道的人，得到道的歸同於道，得到德的歸同於德，得不到道德的歸同於毫無所得。歸同於道的，道也樂於配合他；歸同於德的，德也樂於配合他；歸同於沒有道德的，沒有道德也樂於配合他。

（君王）誠信不夠的話，（人民）就會有不信任的啊！

【新繹】

上一章說「道」是「不爭」，這一章說「道」是「自然」。這裡所說的「自然」，不是指自然界，而是指自然而然的「自然」。經文第二十五章說：「人法地，地法天，天法道，道法自然。」可見「自然」從字面上看起來，是比天道還要崇高的法則。就因為在一般讀者心目中，「自然」似乎比「道」的地位還高，所以有些人在解釋它時，說得「玄之又玄」。其實，「自然」就是「本自如此」，自然而然。它仍就自然界的現象取法而來。它其實就是道的本身，《荀子．勸學篇》說：「施薪若一，火就燥也；平地若一，水就濕也。草木疇生，禽獸群居，物各從其類也。」火往乾燥的地方燒，水往低濕的地方流，草木禽獸，各從其類，就是自然。這與《易經．乾卦．文言》所謂「同聲相應，同氣相求」，說法正契若鍼芥。能夠體會這種道理的，就叫得道。《莊子．讓王篇》說：「古之得道者，窮亦樂，通亦樂。所樂非窮通也。道得於此，則窮通為寒暑風雨之序矣。」莊子所說的窮通，也正可與此章所說的「道」、「德（得）」、「失」三者相對照。有人以為「失」不宜與「道」、「德」並舉，但《老子》經文第三十八章，即德經首章有云：「故失道而後德，失德而後仁，失仁而後義，失義而後禮。」可見老子所說的「失」，是失中有得的，得失二者，相生相成。因此，「失」與「道」、「德」之有無，可以並舉。得之於內的，叫做「道」；得之於外的，叫做「德」。「德」是「道」的外在表現，有行為可以指稱，例如仁義禮信等等，所以「德」、「得」古代可以互通。此章從「希言，自然」說起，說到道德得失之道，和第十七章所說的：「悠兮其貴言。功成事遂，百姓皆謂我自然。」可謂前後呼應，互可參證。

全章分為三段：

第一段重點在「希言，自然」。「希言自然」，不是說很少談到自然，而是說要慎重言談，才合乎自然之道。河上公注云：「希言者，謂愛言也。」這和經文第十七章所說的「貴言」意思一樣，都是說要愛惜、慎重言談。這裡的「希言」，不是說絕不可說，而是說話要少說，不止是要自己少說，而且也要少聽別人的「多言」。經文第五章說「多言數窮」，第十四章說「聽之不聞，名曰希」，都包含了這兩層意思。多言多敗，多事多患，因此老子以為言談不能不慎重，評論是非優劣尤其不可輕忽。所以他舉「飄風不終朝，驟雨不終日」來做比喻。飄風就是旋風，俗稱龍捲風，它和暴疾的驟雨一樣，都非風雨的常態，因此都不能持久。寒暑風雨，都是天地陰陽醞釀而生，飄風驟雨雖是其中一種失序的現象，不是常態，但畢竟還是秉承天地陰陽二氣而生。老子就以此失序的現象，來說明連天地之間的一些特殊現象，都不能長久，更何況是人事上變化無常的問題呢！《列子．說符篇》說：「飄風暴雨不終朝，日中不須臾。」寓意正同。

這裡說的「天地尚不能久」一句，和第七章的「天長地久」似乎互相矛盾，可能會使有些讀者感到困惑。事實上，這裡的「天地」所指的，是指上文天地之間所產生的飄風驟雨等等特殊現象。經文第五章又說：「天地不仁，以萬物為芻狗；聖人不仁，以百姓為芻狗。」當天地失常失序時，會起旋風下暴雨，同樣的，當「聖人」治國安民時，也難免有時候會失常失序，有違「常道」，因而有的人就失道而只能講德，甚至失道失德而只能講仁義禮信等等了。

第二段是承接上文，對「道」、「德（得）」、「失」三者，作進一步的比較和說明。「聖人」教人追求自然之道，有的人得之於心，「無為」而「不言」，這自然契合於「道」；有的人行之於外，功成事遂，所得有德，這自然契合於「德」；有的人則達不到「道」或「德」的境界，只能在求仁行義、守禮益智等等方面努力，所以稱之為「失」。這裡的「失」，與「得」相對而言，只是說達不到「道」、「德」的境界，而不是說一定是「非」道「非」德之人，或窮凶極惡之輩。也因此，文中的「失者同於失」、「同於失者，失亦樂得之」都講得通，可謂文從而字順。有人認為「失者」怎麼可以「樂得之」？又可能覺得此段文字冗複，所以臆斷刪改者，不乏其人。其實都大可不必。

高亨說「失」當作「天」，形近而訛，還說老、莊特重「道」、「德」、「天」三字，故此文並舉之，並引《莊子．天下篇》：「以天為宗，以德為本，以道為門，兆於變化，謂之聖人。」以為佐證。其說雖似有理，但《老子》此章的「失」，與「得」相對，本來就講得通，似不必多此一舉。

第三段的兩句話，與第十七章重出，有人疑為錯簡。事實上，《老子》一書，重出複見的語句不少，說是錯簡，當然有可能，但也可以解釋為：這是作者有意的安排，故意重出，使之前後呼應，以期更能增進閱讀的效果。

至於這兩句話的意思，說已見前，茲不贅述。但它說明治國安民、道德仁義的道理，和開頭所說的「希言，自然」，都從謹言誠信著眼，則可一脈相通，殆無可疑。

【論老子絕句】之二十三

飄風驟雨不長久，大道希言順自然。修德通真無閃失，同參天地效先賢。

第24章

企者不立，跨者不行。❶
自見者不明，自是者不彰，自伐者無功，自矜者不長。❷
其在道也，曰餘食贅行。物或惡之，故有道者不處。❸

【校注】

❶ 以上二句——「企」河上公本作「跂」，二字古通用，皆「舉踵」之意，即踮起腳後跟。帛書本「企」作「炊」，不知何義，或釋為「吹噓」，未必是。「立」唐景龍本作「久」。跨，張開大腿超越前進。帛書本並無「跨者不行」句。

❷ 以上四句——帛書本「自是者不彰」句在「自見者不明」句前。唐景龍本、御注本四句皆無「者」字。

❸ 以上四句——餘食，殘羹剩飯。「贅行」之「行」，通「形」，指多餘之肉瘤。《莊子·駢拇篇》云：「附贅懸疣，出乎形哉，而侈於性。」「故有道者不處」帛書本作「故有欲者弗居」。「處」、「居」義同。又，此章帛書本列於第二十一章「孔德之容」之後，在「曲則全」一章之前。

【直譯】

踮起腳跟的站不穩，跨步前進的走不順。

自我表現的人不聰明，自我肯定的人不著名，自我誇耀的人沒功勞，自我矜大的人不長久。他們對於道來說啊，都可說是剩飯贅瘤。萬物有的討厭他們，因此得道者不這麼做。

【新繹】

此章帛書本列於王弼本第二十一章之後，第二十二章之前，主要的原因，應該與文中有「自見者不明」等四句彼此旨趣相同有關。《老子》一書中，重出複見的語句不少，多散見各章之中，後人為了解析老子學說，將其旨趣相同者連繫在一起，自有其道理，卻不必引以為據。

經文第十七章結語說：「悠兮其貴言。功成事遂，百姓皆謂我自然。」貴言，就是上章所說的「希言，自然」，而功成事遂，亦即暗示「功成」之後必須「身退」，如此才能「功成而弗居。夫惟弗居，是以不去」，這也就是本章所要闡述的道理。

全章可分三段：

第一段就近取譬，說明違反自然常道的，就不能長久。踮起腳後跟來瞻望，不是常態，所以跂立時不能持久；張開雙腿來跨越前進，也不是常態，所以邁步時也不能持久。對照經文第十三章等等，這兩句也可能是老子引用既有的古語來開端說法，說明爭強好勝，過猶不及，都違反自然的法則。上一章說「希言」，是告誡多言必失；這一章就跂立跨越不能持久，是告誡多事必敗。

第二段四句所言，與第二十二章的第二段旨趣完全相同，但一從正面說，一從反面說。雖然都是概括性的說理，但顯而易見，說的都已是學問人事上的是非得失。「明」、「彰」都是明顯、顯著的意思，大致指才智學識而言；「功」、「長」都是講長治久安，大致指功名利祿、榮華富貴而言。經文第九章說過：「金玉滿室，莫之能守；富貴而驕，自遺其咎。」老子以為只有「不爭」，才能「無尤」；只有「生而不有，為而不恃，功成而弗居」，才能持盈保泰。所以第九章的結語才說：「功遂身退，天之道。」因此自我標榜的人，容易引起別人的反感，而身受其殃。第三段即承此而來。

第三段講的「道」，當然是天之道，自然之道。上文說天之道，在於「功遂身退」。一個人功成名遂之後，如果自己居功，不肯急流勇退，繼續爭強好勝，別人就會反感，就會嫉妒陷害。甚至鬼神都會厭惡他。唐詩「高明逼神惡」，意即在此。所以老子勸人要「不爭」，「夫唯不爭，故無尤。」在老子看來，富貴功名就好像吃不完的剩飯殘羹，多出來的駢枝贅疣，得道之人都知道那是多餘的累贅，棄之不可惜。

最後一句「故有道者不處」，是說得道之人，不會處於上文所謂「自見」、「自是」、「自伐」、「自矜」的那四種境地，所以他不會招尤遭殃。此句帛書本作「故有欲者弗居」，「處」、「居」義同不說，但「有欲者」則與「有道者」意義相反，揆之全文，當以傳本為正。有人以為此「有欲者」之「欲」，可讀為「裕」，據揚雄《方言》云：「裕，道也。」則「有欲者」與「有道者」意亦可通。

其實「有欲者弗居」照字面講，也是講得通的。有欲者雖然不是得道之人，但他也知道不可處於「物或惡之」的「餘食贅行」之中，換句話說，他也懂得上述過猶不及等等的道理。「有無相生」，真正得道的人，知道「有」中有「無」，「無」中有「有」，不會偏執一方的。

【論老子絕句】之二十四

跨者不行跂者偏，贅形餘食盡前愆。自矜自是自遺患，莫怪他人相棄捐。

第25章

有物混成，先天地生。寂兮寥兮，獨立不改，周行而不殆，可以為天下母。❶吾不知其名，字之曰道。強為之名曰大。大曰逝，逝曰遠，遠曰反。故道大，天大，地大，王亦大。❷

域中有四大，而王居其一焉。人法地，地法天，天法道，道法自然。❸

【校注】

❶ 以上六句——「寂兮寥兮」，楚簡本作「敓繆」，敓，「奪」之古字；繆，同「穆」。二字或作「芴穆」。莊子以「芴穆」作「無形」解，與「混成」、「寂寥」同義。帛書甲本作「繡呵繆呵」，乙本作「蕭呵漻呵」。「兮」、「呵」古音相近。「周行而不殆」，楚簡本、帛書本俱無此句。「周」有二義，一是周全，二是循環。周全與上文「獨」對，循環與下文「反」應。「可以為天下母」，「天下」帛書本等作「天地」，似可取。

❷ 以上十句——「逝」帛書乙本作「筮」。筮，逝也。音近而訛，下同。「反」一作「返」，呼應上文「周行」。「王亦大」，「王」傅奕本、范應元本作「人」。「道大」等句，楚簡本作：「天大，地大，道大，王亦大」，次序不同。

❸ 以上六句——首句楚簡本作「國中有四大焉」。「域」帛書本亦作「國」。「域」、「國」二字古通。

【直譯】

有個東西渾沌形成，先在天地之前產生。寂靜啊，寥闊啊，獨自存在而不變更，循環運行而不歇停，可以當做生育天地萬物的母親。

我不知道它的名號，稱呼它小名叫做「道」。後來勉強為它取名叫做「大」。「大」就是一往無際，「逝」就是遙不可及，「遠」就是循環不已。所以道大，天大，地大，王也大。

宇宙範圍之中有四大，而王佔了其中之一哪。人效法地，地效法天，天效法道，道效法自然的原貌。

【新繹】

經文第一章說：「無，名天地之始；有，名萬物之母。」這一章就此發揮，說明「道法自然」的道理。

全章分為三段：

第一段說明「道」先天地而生，所謂「天地之始」。起先它渾沌一片，視之不見，聽之不聞，搏之不得，所以說它「混成」、「寂兮寥兮」。「寂兮寥兮」，帛書甲本作「繡呵繆呵」，帛書乙本作「蕭呵漻呵」，當皆古音相近而訛。楚簡本作「敓繆」，亦似「芴穆」一音之轉。《莊子．天下篇》云：「芴穆無形，變化無常。」則「芴穆」者，蓋亦形容混然一體之物，無具體固定之形狀也可知。這是從「無」的一面來說的。「混」有大、濁的含義，而「寂」者靜而無聲，「寥」者動而無形，都是用來說明「道」之為物，可有可無，可靜可動，不可測量。它既可獨立存在，也可周行不殆。「不改」是說它可以恒常不變，「不殆」是說它可以周而復始，生生不已。天地萬物都因之而生，所以可以稱之為「萬物之母」。「天下母」的「天下」，包括天地萬物。帛書本「天下」作「天地」，正是此意。這是從「有」的一面來說的。

第二段也和經文第一章的「名可名，非常名」有關。上述的「有物混成」，可以字之為「道」，亦可名之為「大」，甚至也可稱之為「逝」、「遠」、「反」。「大」當然是廣大無邊；「逝」是往，一去無蹤跡；「遠」是遙不可及；「反」同「返」，不但有返回之義，而且也有循環不已的意思。這些都和「道」有相通之處。「道」既可指人生該走的路，也可指人生該遵循的法則。這就是所謂「非常名」。名義是很難固定的，很難一成不變。古代嬰孩出生三月，先字後名，用以表德尊稱，把這渾沌之初稱為「道」或「大」等等，也只是用以表德尊稱而已，並沒有固定的名義。因此，結語才會又提出「自然」一詞。「無，名天地之始；有，名萬物之母」，本來就可以斷句為：「無名，天地之始；有名，萬物之母」。「大」、「逝」、「遠」、「反」等等，有了名義之後，名義雖有不同，道理卻可相通。它們都是「道」的一偏。同樣的，「天」、「地」、「王」，古人所謂「三才」，名義雖有不同，也都是「道」的一偏。它們都可通於「道」。「道」可「有」可「無」，亦可大可小。只要得「道」，那麼既可「獨立不改」，亦可「周行而不殆」。《老子》一書中，很多章節都在闡釋「聖人」之道。「聖人」是人中之聖，亦即人中之王，他可以參天地而化萬物。天可覆蓋萬物，地可承載萬物，人中之王亦可化育萬物，所以並立為三，都通於「道」。也因此，「道大，天大，地大，王亦大」。次序不同，沒有關係，反正都大，都合乎道。「王亦大」一作「人亦大」。作「人」作「王」都沒關係，反正這裡指的都是人中之王，亦即老子常常提到的「聖人」。

第三段歸結上文，先呼應第二段，說聖人，即人中之王，和天、地、「道」一樣重要。因為有他來領導百姓，統治人民，化育萬物，才可配天地而參造化。如果沒有他，天地失序，「道」亦失常，都起不了作用。因此說他是宇宙之間的四大之一。然後歸結到第一段的「獨立不改，周行而不殆，可以為天下母」。這裡主詞是「人」，即聖人，人中之王。他必須效法地的承載、天的覆蓋、「道」的自然，這樣才可以真正的「治國安民」。「國」是「範圍」的意思，小可指鄉里，大可指宇宙，所以「域中有四大」的「域」，有的傳本作「國」。同樣的，「民」也不止指人民，它也可泛指萬物。

「道法自然」的「自然」，當然不是光指今天所謂自然界的「自然」。這裡的「自」指自己，「然」是「如此」，指樣貌而言。所以老子的所謂「自然」，是說自然而然，順乎天地而應乎人，與「道」並行。火就燥，水就濕，固然是自然界的現象，但老子所取者不在火與水，而在於其自然而然、不得不然的趨勢。也因此，在老子的學說裡，「自然而然、不得不然」等於「道」，甚至其作用被一般人認為還在「非常道」的「道」之上。

【論老子絕句】之二十五

域中四大人其一，法地法天法自然。大道從來知逝返，周行不殆任方圓。

第26章

重為輕根，靜為躁君。❶

是以聖人終日行，不離輜重；雖有榮觀，燕處超然。❷

奈何萬乘之主，而以身輕天下？輕則失本，躁則失君。❸

【校注】

❶ 以上二句——此二句或為老子引述之古語。「輕」，《說文解字》：「輕，輕車也。」則「重」當為重車。「靜為躁君」的「君」，皇侃《論語義疏》引作「本」。傅奕本「靜」作「靖」，帛書乙本「躁」作「趮」，皆音近而訛。

❷ 以上四句——「聖人」帛書本等作「君子」。終日行，猶言長途行旅。輜重，古代行旅隊伍後面的廂車，遮以帷幕，藏放著器械糧草等等後勤物資。「榮觀」帛書本作「環官」，或作「榮館」，皆指榮華享受而言。「超然」帛書本作「昭若」。超、昭音同，然、若義同，但「然」可與「觀」字押韻。

❸ 以上四句——「奈何」帛書本作「若何」，傅奕本作「如之何」。「失本」河上公本作「失臣」，《永樂大典》本則作「失根」。本、根二字義同，臣、君二字相對。

【直譯】

穩重是輕忽的根本，沉靜是躁動的主人。

所以聖人整天的長征遠行，不能離開輜重後勤的供應；雖然有華麗的宮觀可供遊賞，卻安然自處，超然不為所動。

為什麼有一萬輛兵車的君王，卻因為自身而忽略天下百姓？輕忽就會失去根本，躁動就會不像主人。

【新繹】

《老子》一書所說，多為原則性的理論，言簡而意賅，因此讀者體會各有不同。有的從物理上去闡發，有的從人事上去申論。像這一章，有人就以為與征戰之事有關。開頭「重為輕根」二句，王弼從物理上去闡發，注解的是：「凡物，輕不能載重，小不能鎮大。不行者使行，不動者制動。」河上公從人事上去申論，注解的是：「人君不重則不尊，治身不重則失神。」而另外有人則根據《說文解字》的「輕，輕車也」，來推論此「輕」應為輕車，「重」應為重車。如此解釋，下文的「輜重」、「萬乘之主」等句，也就前後有了呼應，都與戰事有關了。各有各的體會，也各有各的道理。

全文可以分為三段：

第一段，「重為輕根，靜為躁君」二句，似是老子引用既有的成語，來比較重與輕、靜與躁何者重要。在此之前，老子已經對美醜、善惡、有無、難易、長短、高下、音聲、前後以及寵辱、曲全、枉直、窪盈、敝新、多少等等相對性的概念，有所破解，說明它們看似相對相反而實相生相成。依此說法類推，那麼此章的輕重、靜躁，也應該重在說明相反相成才對，但老子在這裡卻不同以往，反而有所軒輊，作了主從優劣的比較。看起來，老子的說法似乎是前後矛盾的。這是一個值得討論的問題。

筆者以為，如果能分別從物理和人事兩方面來看，或許可以講得通。從物理上看，輕重、靜躁和美醜、善惡等等，都是互相比較然後才產生的觀念，就物之理言，物體本身本來是無所謂輕重、靜躁等等不同的；但從人事上看，一落實到現實的人生中，這些本來相對相反的概念，一回到事物的本體，仍然會隨人的不同，而各有不同的價值判斷。例如從物理上講，五色五音五味等等，各有各的特色滋味，不必強人所同，但一落實到實際生活來，則各人必然各有自己的嗜好。經文第一章說：「常無，欲以觀其妙；常有，欲以觀其徼。」輕重、靜躁和美醜、善惡等等，這些都是屬於「有」的部分，是「可名」、「有名」的，所以是「非常道」，也因此需要破解。破解之後，才能認識「常道」。「常道」有「有」的一面，也有「無」的一面。老子以為「有」是從「無」中產生的，所謂「無中生有」，因此「無」為「有」之本，「自然」為「道」之本。就因為有此體察，所以老子主張「無為」、「無欲」、「無私」，「不爭」、「不盈」。懂得這個道理，也才了解老子為什麼要標舉「重為輕根，靜為躁君」這兩句話。

從「輕」字從「車」旁、本義為「輕車」來看，把「重為輕根」二句解釋為：出征行列中，重車是輕車的根本，是非常貼切的。輜重是指有帷幕遮蔽的廂車，放置器械糧食等等貴重物品，所以叫重車。古代軍隊輕騎在前，輜重在後；將士兵馬排成行列，每輛戰車，車上三人，帶領七十二步卒在前方攻防，而運送器械糧草的重車則押在後面，這是常制。沒有後面的重車載運器械糧草做為後勤，前方的將士是難以為繼的。即使是一般商旅結隊成行，通常也是輜重在後。因此說「重為輕根」。「靜」同「重」，指後面的重車，即後文所謂「輜重」；「躁」同「輕」，指前方的輕車，即輕騎或奔馳作戰的士兵，他們行動往往失之輕忽急躁。「君」，即君主、主宰，和上句的「根」同義。

以上是從「輕」即「輕車」的本義來說的，如果不囿於征戰之事，而從人事修為上去講，那麼揚雄《法言．修身篇》所說的一段話，頗可與此章互參。他說一個修身重德的人：「重言、重行、重貌、重好。言重則有法，行重則有德，貌重則有威，好重則有觀。」意思是說重視言論、行為、外貌、風度的人，就會有法度、品德、威嚴、神采。此章所謂「重」、「靜」、「榮觀」、「超然」，似乎都與此有關。《韓非子．解老篇》也說：「眾人之用神也躁，躁則多費。多費之謂侈。聖人之用神也靜，靜則少費。」從這些例子看，「重為輕根」這兩句話，原來是有立論背景的：人有「聖人」和「眾人」的不同，聖人「重」、「靜」，他守後持重，以靜制動，而眾人則「輕」、「躁」，他們輕身躁進，聽命行事。下文即從「聖人」的觀點來申論。

第二段舉例來正面說明聖人必然知道「重為輕根」這兩句話的道理。有的傳本，像帛書本等，「聖人」都作「君子」，《韓非子．喻老篇》也引作「君子」，因此有人以為當以「君子」為是。事實上，老子的所謂「聖人」，既可同於「君子」，亦可等同下文的「萬乘之主」，並不互相牴觸。有地位有品德的「君子」，可以治國、可以全身的「萬乘之主」，都不妨其成為「聖人」。

「終日行」，是說長途跋涉。「終日」藉其時間之長來說明其路途之遠。就因為路途遙遠，所以才需要有輜重廂車在後。古代不但征戰如此，商旅結伴而行，雇請保鏢者，亦復如是。重要的物品或所要保護的主人，通常就藏在後面的重車內。因此，需要終日行者，「不離輜重」。

「雖有榮觀」二句，主詞仍是「聖人」。「聖人」能夠把握重點，以靜制動，因此即使有「榮觀」或宴飲之樂，他也不會迷惑。「榮觀」，一作「環官」或「榮館」，「燕處」有人解為宴居之樂，指的不外榮華富貴之類的享受或誘惑。經文第二十章說的：「眾人熙熙，如享太牢，如春登臺」，就是指此而言。對於「聖人」來說，這些居室宴飲之樂，都不能打動他，引誘他，因為他超然物外，懂得如何自處。他是聰明無比的，所以才被稱為「聖人」。

第三段從反面來說明聰明的萬乘之主，不會因「輕」、「躁」而失本誤國。「奈何」，一作「若何」或「如之何」，意義相同，但口氣不一樣。有人以為「奈何」是評注的口氣，可能是後人所竄入。這個推測有其道理，卻不一定可以為據。「萬乘之主」，是擁有一萬輛兵車的國家，這在古代，已是大國。這種大國的君王，當然要懂得如何修德全身，保全自己的性命，也要懂得如何治國安民，不可因一己而誤天下。換句話說，要知道把握重點，以靜制動，否則，輕忽不穩重，急躁不沉靜，就會失去做人的根本，也會失去主宰國家的權力。

【論老子絕句】之二十六

不離輜重須終日，燕處尊榮能幾時。萬乘以身輕社稷，常因靜躁易根基。

第27章

善行，無轍跡；善言，無瑕讁；善數，不用籌策；善閉，無關楗而不可開；善結，無繩約而不可解。❶

是以聖人常善救人，故無棄人；常善救物，故無棄物，是謂襲明。❷

故善人者，不善人之師；不善人者，善人之資。不貴其師，不愛其資，雖智大迷，是謂要妙。❸

【校注】

❶ 以上十句——帛書本於「善行」、「善言」、「善數」、「善閉」、「善結」下，皆有「者」字，「不可開」、「不可解」下，皆有「也」字。轍，車印。跡，一作「迹」，馬或人的足印。瑕讁，瑕疵、指責。籌、策，都是古人計數時常用的竹製或木製的器具。關楗，門門的橫木和直木。約，束、結。

❷ 以上五句——帛書本「常」作「恒」，「襲」作「曳」或「愧」，古音同，皆有「習」義。傅奕本「無棄人」上有「人」字，「無棄物」上有「物」字。襲，因循。知常曰明。襲明，就是遵循常道。

❸ 以上八句——「不善人之師」帛書乙本無「不」字，義亦可通。「資」帛書甲本作「齎」。末二句，帛書乙本作「雖知乎大迷，是胃眇要」。甲本「雖」作「唯」，「迷」作「眯」，字多音近而訛。要妙，指大道、至道。

【直譯】

善於行走的，沒有車輛或足跡；善於言論的，沒有瑕疵或指責；善於計算的，不用籌碼或計策；善於關門的，沒有鎖鑰不能打開；善於捆綁的，沒有繩結不能鬆解。

所以聖人常常善於救濟別人，也因此沒有廢棄不用的人；常常善於救濟事物，也因此沒有廢棄不用的物品，這就是所謂遵循常道的「襲明」。

因此「善人」這種人，是「不善人」的模範；「不善人」這種人，是「善人」的借鑑。不重視那模範，不珍惜那借鑑，即使是智者也會非常迷惑，這就是所謂幽渺玄遠。

【新繹】

這一章旨在說明為人處事要了解事情的重點，把握事情的關鍵，不但承接上一章「重為輕根，靜為躁君」所說的道理，和經文第八章所說的「上善若水」等等，也遙相呼應。

全文可分為三段：

第一段先舉「善行」、「善言」、「善數」、「善閉」、「善結」這五種事例，來說明所謂「聖人」者如何善於為人處事，來做為下段立論的基礎。「善行」者常以車馬代步，可是他的車馬奔馳過處，沒有轍跡可尋；「善言」者常發表言論，可是他的意見完美如玉，沒有瑕疵可議；「善數」者工於心計，計算數量多寡時，不必用到籌碼算盤之類的工具，就了然於胸；「善閉」者他一旦關了門，就再也找不到門閂鎖鑰之所在，無法再打開；「善結」者他一旦打了結，就再也找不到繩索束結之所在，無法再鬆解了。後面的兩個事例，也可以完全按照字面，解釋為：善於關門的，一旦關上門，如果沒有鎖鑰，是打不開的；善於捆綁的，一旦打了結，如果沒有繩結，是解不了的。意思看似不同，實則道理一樣。都是說：一切言行作為，原來都是「有」跡可尋的，可是所謂「善」者，卻可以由「有」而「無」，由「有」形而變成「無」形，由「有」言而變成「無」言，由「有」為而變成「無」為。經文第二章說：「聖人處無為之事，行不言之教」，所謂「無為」，其實是「有為」，只是看似「無為」而已。所謂「不言」者，亦非不言，只是已言而似無言而已。這就是老子的所謂「善」。做為動詞的「善」，這裡譯解為「善於」，是不得已的作法。「善於」一詞，其實還是有跡可尋的，是落實的，是有意的，與老子「常道」所主張的虛靜無為，終隔一「塵」。不過，老子所說的「常道」，本來就可會之於心，而難宣之於言，所以這裡也只能譯解為「善於」了。經文第一章早就開宗明義說過：「名可名，非常名。」

第二段點出上文所舉的五個事例，是「聖人」之事。《老子》一書常以「古之聖人」來教導今之君子，所以這裡的「聖人」，只是示範的作用，不必論定是古是今。所謂「襲明」，其實也就是這個意思。聖人常救人救物，而無棄人棄物，符合由「有」而「無」的常道，所以稱之為「善」。「善救人」、「善救物」的「善」，如上所述，固然有「善於」之意，但實際上它更貼近於自然而然的原善。也因此，下文的「善人者」、「不善人者」，所指並非一般所謂好人或壞人，它是有「善於」了解重點、把握關鍵的意義在內。

第三段歸結說明「善」就是「要妙」。「要妙」即幽渺，高遠難測之意。一般所謂「智」者，都知道要揚善棄惡，學習善的好的，消除惡的壞的，可是，老子告訴大家「襲明」所要遵循的常道，卻是有「救」而無「棄」。對於「善人」，固然要以之為模範；對於「不善人」，卻也要以之為借鑑。前者可供學習，後者可為警惕，所以都一樣值得重視和珍惜。能夠了解這一點，對於經文第二章所說的「萬物作焉而不辭，生而不有，為而不恃」、第八章所說的「居善地，心善淵，與善人，言善信，政善治，事善能，動善時」，也才更能進一步體會它們內在的含義。

【論老子絕句】之二十七

若道善行無轍跡，聖人何以聖人名。若言不善堪資取，善救因何稱襲明？

第28章

知其雄，守其雌，為天下蹊。為天下蹊，常德不離，復歸於嬰兒。❶
知其白，守其黑，為天下式。為天下式，常德不忒，復歸於無極。❷
知其榮，守其辱，為天下谷。為天下谷，常德乃足，復歸於樸。❸
樸散為器，聖人用為官長，故大制不割。❹

【校注】

❶ 以上六句——「蹊」帛書本作「谿」或「溪」，音同義通。「常」帛書本作「恒」。

❷ 以上六句——前人多疑此六句為後人竄入之語，恐非《老子》原文。式，法則、楷模。忒，差錯、違失。

❸ 以上六句——「榮」帛書乙本作「白」。此六句帛書本在「知其白，……復歸於無極」六句之前。辱，有「黑」義，與「白」相對。樸，原木。「樸」一作「璞」，指未經切磋琢磨的玉石。

❹ 以上三句——「用為官長」傅奕本作「用之則為官長」，義似較長。《說文解字》釋「守」為「官」，可見「官長」應與上文「守其雌」之「守」義近。「不割」帛書本等作「無割」。

【直譯】

知道它的剛強，保留它的柔弱，成為天下溪流源頭。成為天下溪流源頭，恒常的大德不離開，又回到嬰兒的狀態。
知道它的潔白，保留它的污濁，成為天下的楷模。成為天下的楷模，恒常的大德不會錯，又回到沒有邊界盡頭。
知道它的榮耀，保留它的羞辱，成為天下源頭淵谷。成為天下源頭淵谷，恒常的大德才充足，又回到木石的原始。
原始木石切割成為器物，聖人卻用來做為官長的印信，所以重要的形體不割除。

【新繹】

《老子》一書，常藉相對待的事物來說明道理。這一章所說的雄與雌、白與黑、榮與辱，都是相對待的詞語和觀念。一般人講《老子》，往往說老子主張守雌、守黑、守辱，卻忽略了老子原來是兼取兩端的。嚴復說：「今之用《老》者，只知有後一句，不知其命脈在前一句也。」這是說老子以為知雄與守雌、知白與守黑、知榮與守辱，都是相生互補的，不可偏執一端。經文第四十二章就說：「萬物負陰而抱陽，沖氣以為和。」只有陰陽二氣合和生成，才是恒常之道。

全章分為四段：

第一段以雌雄為喻。雌雄原指自然界動物的性別，這裡借以形容陰柔與陽剛兩種不同的現象。推而衍之，說是比喻尊卑、先後、動靜等等的不同，也可以。「知」是了解，「守」《說文解字》說是即「官」的意思，有保留、確守之義。「守」以「知」為前提，必須對情況有所「知」之後，才知道是否保留或放棄，該不該「守」。因此，「守」是具體的行為表現，比較為人所知，為人所注意。經文第六十一章說：「牝常以靜勝牡」，第七十八章也說：「天下莫柔弱於水，而攻堅強者，莫之能勝。」老子觀察自然界的現象，以為雌性以靜制動，以柔克剛，勝過雄性，所以在第七十八章中又說弱可勝強，柔可勝剛。或許因為如此，所以不少人認為老子只講守雌守柔的一面。這當然是誤解，老子是主張兼取兩端的。這一章老子告訴大家，能「知」能「守」，才合乎常德。常德是常道的具體表現，能夠不離不棄的人，才能「處眾人之所惡」，才能「專氣致柔，能嬰兒」，「如嬰兒之未孩」。

「為天下蹊」和下文的「為天下谷」，都是說明能「知」能「守」、「常德不離」的狀況。蹊，一作「谿」或「溪」，都從「奚」，有「小」的意思。江河海洋的源頭，水細路窄，可是它卻是沾溉天下萬物的起始。經文第八章說：「上善若水，水善利萬物而不爭」，此正以水為喻。此「蹊」字說它的源頭，經文第六章的「谷」字，說它的源頭深處。第六章說：「谷神不死，是謂玄牝。玄牝之門，是謂天地根。」這跟本章所要闡釋的道理，蓋可互相發明。

第二段以黑白為喻，歷來學者不少人懷疑其中有後人竄入之語。易順鼎的《讀老札記》、馬敘倫的《老子校詁》、高亨的《老子正詁》等等，都有同樣的看法。最主要的理由是：一、《莊子．天下篇》和《淮南子．道應篇》等等，引用此章文字，並無「守其黑，為天下式」等句；二、下文「守其辱」的「辱」，可作「黑」、「污」解，與「知其白」的「白」，正好相對，可合為一章。因此，連後面的「復歸於無極」等句，有學者都認為係後人所偽造。這些推測頗有道理，但因為沒有充分的證據，所以暫時錄此備查。

第三段以榮辱為喻。「榮」帛書甲本作「日」，乙本作「白」。「日」應為「白」之訛。上文說過，「辱」可作「污」、「黑」解，正可與「白」對。而且帛書本的排列次序，此段六句在上文第二段六句之前。如此，第一段「為天下蹊」和第三段「為天下谷」，前後緊承，是比較合理的。即使第二段不是後人竄入之語，而為原書所固有，也還是比較文從字順。

如果王弼本的字句順序都沒有訛誤，也是講得通的。經文第六章說：化育天地萬物的根本，叫「玄牝之門」，而所謂「玄牝」，是「谷神不死」。「谷神不死」的深淵之中，「淵兮，似萬物之宗」，它與上文的「嬰兒」，下文的「樸」，都有「初」、「始」之意。「樸」一作「璞」，都是指樹木和玉石的原材而言。山谷溪澗之中，受到水的滋潤，水木玉石，無不清華天成。經文第十五章又說：「古之善為士者」，「敦兮其若樸，曠兮其若谷，混兮其若濁」。「若樸」與下段應，「若谷」與此段應，「若濁」與上章應。谷是水停蓄之處，谿是水始流之地，江河海洋則是水的匯流歸宿之所。水流有大有小，故有雄雌；水性有清有濁，故有白黑；水光有明有暗，故有榮辱。榮者，雄也，白也；辱者，雌也，黑也。二者相對，卻不離不忒，合乎道，所以「常德乃足」。

第四段承「樸」而言，說明「大制不割」、「常德不離」的道理。不論是原木的「樸」或美石的「璞」，它們都是未經琢磨切割的原材，質地堅實美好，所以可以切割製成各種不同形狀的器物。樸切之以為器具，璞琢之而成美玉，各有各的用途。一般人對於器用的了解，也只是如此而已。但老子以為「散為器」是可惜的，「大制」不宜分割。「大制」就是大的重要的形制，核對上文來說，就是要懂得「知其雄，守其雌」、「知其白，守其黑」、「知其榮，守其辱」三者的道理，這樣才可以保持純真，用之無限。這話什麼意思呢？看「聖人用為官長」一句即可明白。

以上所說，本來就是在闡釋聖人之道。聖人自然懂得這些歸樸返真的道理，所以他不會把這些堅實美好的原材，散為器用，他會「知其雄，守其雌」，把它們用到最完整最適合的地方。例如官長所佩用的印信佩物等等。就像話本小說《碾玉觀音》把上尖下圓的美石雕成玉觀音一樣。一旦雕為器物，為侯王所愛重，它的價值就無可限量。如果雕為璽印圖章之類，那更代表無比的權力。換言之，此亦即明於「知」，長於「守」，懂得「負陰而抱陽」兼取兩端的道理。

《老子》一書，在形式結構上，字句雖然參差不齊，但它們之間，卻常協韻，因而誦讀時，非常諧暢，予人行雲流水之感。例如本章之內，雌、蹊、離、兒等字，原來是押韻的；黑、式、忒、極等字，辱、谷、足、樸等字，原來也都是押韻的。可惜古今音韻產生變化，很多現代人已經不懂這些字的古音了，所以也無從體會了。不只本章如此，其他各章也多如此，真是非常可惜！

【論老子絕句】之二十八
守辱知榮天下谿，不離常德復孩提。朴成璽印如官長，權比侯王豈等齊。

第29章

將欲取天下而為之，吾見其不得已。天下神器，不可為也。為者敗之，執者失之。❶

故物或行或隨，或歔或吹，或強或羸，或挫或隳。❷

是以聖人去甚，去奢，去泰。❸

【校注】

❶ 以上六句——首句「為之」之下，傅奕本等有「者」字，氣較足。「天下神器」句前，帛書乙本、傅奕本等有「夫」字。

❷ 以上四句——「故」字傅奕本作「凡」，似較「故」為宜。「挫」河上公本作「載」。「或歔或吹」以下三句，傅奕本作：「或噤或吹，或強或剉，或培或墮。」詞皆二者相對相反，頗可參考。

❸ 以上三句——「去奢」，帛書本在「去泰」後，「泰」一作「太」。《韓非子．外儲說左下》則引作「故君子去泰去甚。」甚、奢、泰，皆太過之義。

【直譯】

想要取得天下而且處理它，我看那是不可能得到的了。天下是神聖的東西，不可以處理啊。處理的會敗壞它，佔有的會失去它。

因此萬物有的前行，有的隨後；有的虛緩，有的急驟；有的強壯，有的羸弱；有的挫傷，有的墜落。

所以聖人不會太甚，不會奢侈，不會過分。

【新繹】

經文第二章說：「聖人處無為之事，行不言之教。萬物作焉而不辭，生而不有，為而不恃，功成而弗居」，這一章上承這些主張，下啟第四十八章的：「取天下，常以無事；及其有事，不足以取天下」，以及第六十四章的：「為者敗之，執者失之。是以聖人無為，故無敗；無執，故無失」，說的都是聖人無為而治的道理。

全章可分三段：

第一段，一開頭就說想要取得天下而為所欲為，佔為己有，那是不可能之事。這自然是對想統治天下者來說的道理，所以底下馬上接著說：「天下神器，不可為也。」天下萬物，以人為靈，《尚書．泰誓上》：「惟人，萬物之靈。」河上公注說：「人，乃天下之神物也。神物好安靜，不可以有為治。」因此，想要統治天下的人，不能不注意到萬物各有其特性，只能順其自然，而不可有意「為之」、「執之」。

上一章曾藉雌雄、白黑、榮辱的相對相成，說明「常德不離」、「復歸於樸」的道理，最後還說：「樸散為器，聖人用為官長」。所謂「官長」，即「守長」之意，「官」即「守」，一則呼應「守其雌」、「守其辱」等句，一則落實到現實政治，指官長所持用的璽印圖章之類。它是官長的信物、表德。他必須守其本分，不可有虧職守。也因此，這裡稱「天下」為「神器」。天下萬物各有其特性，各有其作用，統治者是無法以一己之力來強制處置的。如果想要據為己有，那就必敗無疑。

第二段是從天下萬物各有其特性、各有其作用，舉例來概括說明。「故」一作「夫」，「故」有因果關係，下文所述，與上文的因果關係不明確，因此以「夫」來做為發語詞，似乎較妥。下面四組文字中，「行」、「隨」，一前一後，同指行動而言；「歔」、「吹」，一緩一急，同指氣息而言；「強」、「羸」，一強一弱，同指體力而言；「挫」、「隳」，一傷一亡，同指失敗而言。其中，「歔」、「吹」，有人解釋為暖寒之異，有人解釋為閉口、吹氣之不同；「挫」、「隳」，有人以為「挫」當作「載」或「培」，這樣才能與「隳」相對。都有其道理。尤其是「挫」字，與「隳」屬於同義詞，真的可能是後人傳抄錯誤了。它與「隳」應該是分指成敗才對。筆者曾懷疑此「挫」字為「坐」之誤。坐是安坐，隳是掉落。二者是大不同的。

第三段點出統治者須以聖人為師。聖人「處無為之事，行不言之教」，無為無執，明白天下萬物或行或隨的道理，因物之性，得物之用，因此能無敗無失。河上公注：「甚，謂貪淫聲色；奢，謂服飾飲食；泰，謂宮室臺榭。」其實，「甚」、「奢」、「泰」都是過度、過分的意思，並不一定哪一個字專指哪一個事物而言。不過，河上公所說的那些物質生活的享受，卻真的是最容易使人沉迷的。河上公又說：「去此三者，處中和，行無為，則天下自化。」斯言得之！

【論老子絕句】之二十九

無為無敗更無失，不問是非問有無。去甚去奢還去泰，豈非羸弱豈非愚？

第30章

以道佐人主者，不以兵強天下。其事好還：師之所處，荊棘生焉；大軍之後，必有凶年。❶

善有果而已，不敢以取強。果而勿矜，果而勿伐，果而勿驕，果而不得已，果而勿強。❷

物壯則老。謂之非道，非道早已。❸

【校注】

❶ 以上七句——前兩句，景龍本「佐」作「作」，帛書本無「者」字，楚簡本「不」後有「欲」字。字雖有異，文義則同，類此者不具引。「其事好還」句，楚簡本在全章之末。還，回報、報應。師，軍隊。「大軍之後，必有凶年」，唯王弼本、河上公本、傅奕本有此二句，楚簡本、帛書本等俱無之。凶年，終歲收成不佳，指戰爭殘害人民，荒廢田畝。

❷ 以上七句——「善有果而已」，楚簡本、帛書本、傅奕本等俱作「善者，果而已」，傅奕本句前有「故」字。「不敢以」，楚簡本、帛書本作「不以」、「毋以」。「果而勿矜」以下三句次序，各本或有差異，然而文義固無不同。「果而勿強」帛書本句前有「居是」二字，傅奕本句前有「是」字。

❸ 以上三句——帛書本「則老」作「而老」，「謂之」前有「是」字。傅奕本「不道」作「非道」，義無不

同。已，止。

【直譯】

用大道來輔佐人君的人，不會用兵馬壓制天下百姓。那種事都會有報應：軍隊所經過的地方，荊棘雜草就會到處叢生；大軍侵掠以後，一定會有荒年壞收成。

善戰者有成果就算了，不敢藉此來逞強稱勝。有成果卻不炫耀，有成果卻不誇大，有成果卻不驕傲，有成果卻是不得已，有成果卻不逞強大。

事物壯大了就會衰老。這都可說它不合乎道，不合乎道就早日停掉。

【新繹】

此章說明用兵之道，並藉此申論「物壯則老」、「物極必反」的道理。讀這一章，如果同時合讀第三十六、四十、五十七、六十八、六十九等章，對老子所說的用兵之道，會有比較完整的認識。這些觀點，是否來自太史儋的兒子，即曾任魏將的李宗，是否和他有關係，很值得研究者作進一步的探討。

全文可分為三段：

第一段說以強兵堅甲來壓制其他國家人民，不合乎聖人的常道。第一句「以道佐人主者」，一作「以道作人主者」，有的傳本沒有「者」字。「佐」是說臣子以道來輔佐人主，「作」是說人主以道來自我要求。文字雖有不同，道理卻可相通。最值得注意的是，不止王弼本、河上公本作「佐」，連楚簡本、帛書本也都如是，這說明了《老子》書中的「善為道者」，即所謂「聖人」，不一定都是人主，而人主也未必都是善為道的聖人。老子所說的治國安民之道，通常講的是引述「古之聖人」所說的道理，來教導當世的執政者或各種不同的領導人。

「不以兵強天下」，是說不以強凌弱，不妄動干戈，發動戰爭。有人據此說老子「反戰」，那是有點言之太過。老子是說強兵堅甲有其需要，但不應是用來侵略，而是為了防備。即使兵馬強盛，也不可以用來壓迫別人，但萬一別人來犯，則亦不可不戰。所以他下文才說「以兵強天下」者，「其事好還」，常會遭到報應：軍隊過處，人多死傷，田多荒廢，必定民不聊生。「還」有「報應」之意。

第二段承接「其事好還」，說善用兵者只要有成果即可，例如敵軍來犯，予以擊退，略加薄懲即可，不必乘勝追擊，藉機侵掠，否則，就會損人害己，傷及無辜。「善有果而已」，一本作「善者，果而已」，意思更為簡明。有戰果就可以了，不可「取強」，過求「兵強天下」。「果而勿矜」以下數句，各本次序不一，但文義卻無不同，都是說善用兵者不可驕傲自大，都是不得已而用之。「果而勿強」，呼應上文的「不敢以取強」，應該是此段的結語。

第三段說「物壯則老」，「壯」指上文的「強」，兵強有果之後，如果不知節制，驕矜自伐，必定招致「荊棘生」的「凶年」之災，於人於己，都是有害。「物壯則老」也可能是老子引用古語，來說明天地萬物相生相成、物極必反的道理。兵力發展到非常強盛的地步，往往也就是盛極而衰的時候，這種情況是不合常道的。既然不合常道，那麼就不可能長久。「早已」有兩層意思：一是說不合常道就會很早滅亡，一是說既知不合常道，就應該早日停止。

【論老子絕句】之三十

經亂千村荊棘生，出門百里沒雞鳴。侯王不肯談因果，四海何時見太平。

第31章

夫佳兵者，不祥之器。物或惡之，故有道者不處。君子居則貴左，用兵則貴右。兵者，不祥之器，非君子之器，不得已而用之，恬淡為上。❶勝而不美，而美之者，是樂殺人。夫樂殺人者，則不可以得志於天下矣。❷吉事尚左，凶事尚右。偏將軍居左，上將軍居右，言以喪禮處之；殺人之眾，以哀悲泣之；戰勝，以喪禮處之。❸

【校注】

❶ 以上十一句——首句帛書本等無「佳」字，傅奕本則作「夫美兵者」。或疑「佳」為「唯」字之誤。「故有道者」一句，帛書甲本「道」作「欲」。有人以為「欲」通「裕」，一樣是有道的意思。「君子居則貴左」以下，與楚簡本丙書大同而小異。「物或惡之」二句，已見第二十四章。或疑其為錯簡，複出於此。「恬淡」楚簡本、帛書甲本作「銛襲」。銛，銳利。襲，指輕裝突襲。銛襲，意與恬淡似相反，而實相成。蓋戰爭時或攻或守，或動或靜，不可一成不變。

❷ 以上五句——「勝而不美」，楚簡本作「弗美也」，帛書本作「勿美也」。所美者，應指兵器而言。

❸ 以上九句——「吉事尚左」及「偏將軍居左」二句前，楚簡本、帛書本、傅奕本等，皆有「故」或「是以」。古人平時尚左，左主吉事；戰時尚右，右主凶事。「殺人之眾，以哀悲泣之」二句，楚簡本作「故

殺人眾，則以悲哀蒞之」，傅奕本作「殺人眾多，則以悲哀泣之」。「泣」應作「蒞」。文字雖有不同，義則無別。

【直譯】

那所謂好兵器，是不吉祥的東西。萬物中有的厭棄它，所以有道之人不肯處理。君子平時就重視「左」，作戰時就重視「右」。兵器是不吉祥的東西，不是君子處理的器物，不得已才會用到它，一切以恬靜淡然為主。

即使勝利也不欣賞，如果欣賞它的話，就是樂於殺害人。那些樂於殺害人的人，就不可以得到天下人民的心了。

吉祥的事崇尚左，凶險的事崇尚右。因此偏將軍在左，上將軍在右，這是表示用喪禮來處理它；戰爭殺人這麼多，要用悲哀的心情來面對它；戰勝的時候，要用喪禮的方式來處理它。

【新繹】

這一章旨在說明兵者乃不祥之器，不得已而用之。所謂「兵」，一則指兵器，古代的兵器有五種，包括戈、矛、殳、戟、弓矢等；一則指軍隊、武力。此章前二段所說，大致以兵器為主，後面說的才是有關戰爭的軍隊武力之事。

全章可分為三段：

第一段專就「兵者不祥之器」言之。第三、四兩句：「物或惡之，故有道者不處」，已見經文第二十四章，而第五、六兩句：「君子居則貴左，用兵則貴右」，也與下文有重複之嫌。如果刪去這些複見重出的句子，開頭二句即緊接「非君子之器」以下文字，反而文義相同而辭氣更為緊湊。

樓宇烈《老子王弼注校釋》說：

《道藏集注》本於本章末引王弼注說：「疑此非老子之作也。」宋晁說之題王弼注《道德經》也說：「弼知『佳兵者不祥之器』至於『戰勝以喪禮處之』，非老子之言。」又，據馬敘倫《老子校詁》引李慈銘、陶學紹說，均以為此章文字有以王弼注文混為經文者，並作詳細訂正。

按：今據長沙馬王堆三號漢墓出土帛書《老子》甲乙本考之，均有此章文字，並無王弼注文混入。

不僅帛書本如此，後來出土的楚簡本，也可證明「並無王弼注文混入」，只是若干文句次序不同。所以，儘管此章前後文字與其他章節或有重出複見之處，讀者也不宜妄自增刪。

第一句「夫佳兵者」，歷來歧見很多。有人以為「佳兵」不成詞，「佳」當為「唯」之訛字，但「夫」、「唯」同為發語詞，也似不宜連在一起。其實，傅奕本此句作「夫美兵者」，可見「佳兵」即「美兵」，就是「好武器」的意思。先說兵器鋒利，武器「佳」，再說它「不祥」，一正一反，這是《老子》一書慣用的表現手法，一點也不足為奇。

戈矛之類的兵器，是古代戰爭中不可或缺的器物。它們愈是鋒利，愈能殺敵致勝，可是殺人愈多，也就愈引人反感；即使勝利了，勢必留下不少的禍患。戰爭之所以令人厭惡，道理在此。也因此，有地位有品德的君子，即「有道者」，認為「兵者，不祥之器，非君子之器」，不願常帶在身旁。古人分別左右的屬性，認為左屬陽，陽主生；右屬陰，陰主死。戰爭既為生死存亡之鬥，自然貴右。君子平時貴左，到了戰時，面臨生死存亡，才不得不貴右，用此不祥之凶器，來殺敵致勝。這就叫做「不得已而用之」。也因為是「不得已而用之」，所以不喜歡兵器太鋒利，殺傷太多，主張一切以「恬淡為上」。

「恬淡」，原意是恬靜平澹，用在這裡，是說兵器不要鋒利，殺傷不要太重。有的傳本作「銛襲」，銛，音「先」，鋒利的意思。那是說用鋒利的武器去偷襲敵人。偷襲是為了出奇制勝，不是迎面攻殺，既是出奇制勝，傷亡可能減少許多。這與老子反對殺傷太多、攻殺太重的主張，是契合的。與老子有無相生、正反相成的思想，也是契合的。

第二段說的，仍以兵器本身為主。「勝而不美」傳本多作「故不美」或「弗美」、「勿美」。所謂「勝」，說的應是就兵器的鋒利而言。兵器愈鋒利，殺人愈多，因此不應該讚美它。執政者或統治者，如果讚美它鋒利，那就是樂於借它去攻殺別人。這樣的「美兵」、「佳兵」，一定得不到天下人民的擁護。即使能像上一章所說的那樣「以兵強天下」，用武力來壓制威脅天下百姓，也得不到人民的心。

第三段承接上文「君子居則貴左，用兵則貴右」，進一步說明用兵乃不得已之事。左主生，朝覲祭祀等吉事屬之，平日如此；可是一旦到了打仗用兵之時，就有如辦理喪禮一般，為抗敵得勝計，只好以右為上，表示不怕凶險，有必死之志。「偏將軍居左，上將軍居右」，就是舉例說明這個事實。真正用兵作戰時，雖知是凶事，卻不能不前進攻殺，手持佳兵利器，難免有所殺傷。如果殺人多了，不能不悲憫哀泣；如果戰勝了，也必須像參加喪禮，帶著弔祭的心情。「泣之」，固然是為它哀泣的意思，但與「處之」相對，「泣」應是「蒞」的借字，有「面對」之意。因為這真的是不祥之事啊！

【論老子絕句】之三十一

左右吉凶難與期，將軍得意愛興師。固知兵者不祥器，奈何聖人亦用之。

第32章

道常無名。樸雖小，天下莫能臣也。侯王若能守之，萬物將自賓。天地相合，以降甘露；人莫之令而自均。❶始制有名，名亦既有，夫亦將知止。❷知止可以不殆，譬道在天下，猶川谷之於江海。❸

【校注】

❶ 以上八句——「常」楚簡本、帛書本作「恒」。恒、常義同。樸，一作「朴」，未經雕鑿的原木，指道的本體。請參閱第十五章。「天下莫能臣也」，楚簡本作「天地弗敢臣」，傅奕本亦無「也」字。能、敢古義相通。自賓，自動歸附。楚簡本自「天地相合」起，另立一章。「人莫之令而自均」，與「天地相合，以降甘露」相應。「自均」楚簡本「均」作「安」，帛書本、傅奕本等句下皆有「焉」字。

❷ 以上三句——「制」楚簡本作「折」。「夫亦將知止」，「夫」河上公本作「天」，「止」河上公本作「之」。止、之二字古體形近。楚簡本連前三句併下文為一章。

❸ 以上三句——「知止可以不殆」，「知止」河上公本作「知之」；「可以」，楚簡本、帛書本、傅奕本等俱作「所以」，義較長。末二句，楚簡本、傅奕本等「道」下有「之」字，「江海」下有「也」字。帛書乙本「川谷」作「小谷」，「之於」作「之與」。文字或有差異，文義則同。

【直譯】

大道永遠沒有名稱。原本的樸質雖然微小，天下之大卻不能臣服啊。王侯如果能夠守住它，萬物將會自動歸附。天地陰陽互相配合，因而降下甘美的雨露；人們不需要誰下令，就會自然平均分布。

萬物開始創造時，各自有了名稱，名稱既然確定有了，那也就應該知道各有限度。知道各有限度，就可以不危殆，就好像大道對於天下萬物，如同河川溪谷之對於江海。

【新繹】

此章旨在說明「道」的源始功用，及其與「名」之間的關係。經文第一章早已說過：「道可道，非常道。名可名，非常名。」這一章開頭說：「道常無名」，即由此衍生而來。常道混沌，先天地而生，既然「不可道」，所以只能勉強替它取個名稱。經文第二十五章說：「吾不知其名，字之曰道。強為之名曰大」，「大」、「道」，就是老子為它所取的名稱。但是，經文第一章又說：「無，名天地之始；有，名萬物之母。」第二十五章也說：「寂兮寥兮，獨立不改，周行而不殆，可以為天地母。」所謂「寂兮寥兮」，等於「無」，與「有」相對，亦即與「有物混成」相對。既然「道」為「天地母」，能創生萬物，而天地萬物又各有其名，它們各自的名稱，代表它們各自的形制和功用，因此又稱之為名分或名器。一旦萬物有了不同的名分，也就表示各自的器用已經確定了，同時具有了它們各自不同的道理。萬物這種各自具有的道理，雖然也可稱為道，但在名分上，它只是萬分之一的小道，與可以統攝天地萬物的「大道」，看起來差別很大。

或許有人對於「道」的大小，對於「名」的有無，生了疑義，因此，老子在此又就「道」與「名」的關係，再作進一步的申述。

全章可分三段：

第一段首句就標示全章重點，這是《老子》一書常見的表現手法。也有可能是老子在說明道理之前，先引述古語或古代聖人說過的格言。

標示全章重點之後，老子舉三個例子，分別從三個層次來說明「道」雖無名卻有用，也就是經文第一章所說的，可以「觀其妙」、「觀其徼」。

「樸雖小，天下莫能臣也」，這是小大之辨，說明「道」之為體，無所謂大小。只要合乎「常道」，大道小道都是道。因為小道也必然順乎大道的原則。樸，是原木之質，它雖微小卻堅固，可以「散為器」（第二十八章），製成各種形制不同的器具，只要堅固耐用，裁為璽印之類的小東西，一樣有其大用。「聖人用為官長」，用了它，就代表著尊貴和權力。因此，「天下莫能臣也」。天下，比喻「大」，與樸之「小」對。可見大如天下，也未必能把小樸比下去。「莫能臣」一作「弗敢臣」，「能」和「敢」古義相通，有人說「敢」有其心，「能」有其力，所言頗有道理，但若據此而論二者必有多大不同，則是求之過深了。

同樣的道理，底下的兩個層次，「侯王」與「萬物」、「天地」與「人」，都是交互為喻，說明「侯王」與「人」名位雖有高下，「天地」與「萬物」品類雖有大小，但只要合乎「常道」，則一切都是順乎自然，自然而然。「自賓」、「相合」、「自均」，說的都是這個道理。

第二段以「始制有名」來與此章首句「道常無名」相對應。老子說過，「有無相生」，經文

第一章的：「無，名天地之始；有，名萬物之母。」有人斷為：「無名，天地之始；有名，萬物之母。」上文已經說過，二者都講得通，而且二者是互文見義。天地萬物在沒有各自的名稱之前，天地萬物渾沌一片，那是「大」、「道」；有了各自的名稱之後，天稱之為天，地稱之為地，萬物也各自有其名稱形制功用，那是小道。小道雖然「道」的本質不變，但有其一定的限度，所以要「知止」，要自己知道適可而止，千萬不可自誇自大。這就有如上文所說人民之對於侯王、萬物之對於天地。

第三段再度強調「知止」的重要。第二段是從「始制有名」說「道」，由源始而說其功用，這一段則是從「知止」、「不殆」說「道」，由功用而說到源始。「知止可以不殆」，一作「知止所以不殆」，「所以」是推論因果關係，更切合推其源始的本義。最後的兩句，是譬喻，說「道」對天地萬物或天下百姓而言，就好像河川谿谷之對於江海。江海雖大，可是它們卻源始自小的河川谿谷；萬物雖多，可是它們卻源始自那看不見、聽不到、摸不著的、無形無名的「道」。「道」本來就是無形無名的，所以此章首句才說：「道常無名」。

【論老子絕句】之三十二

誰言朴小莫能臣，萬物幾時肯自賓？始制有名未知止，侯車鼎鑊對生民。

第33章

知人者智，自知者明。勝人者有力，自勝者強。❶
知足者富，強行者有志。❷
不失其所者久，死而不亡者壽。❸

【校注】

❶ 以上四句——帛書本、傅奕本每句句末，都有「也」字。《顏氏家訓．書證篇》云：「也、是、語、已及助字之辭，文籍備有之矣，河北經傳悉略此字。」
❷ 以上二句——強，這裡是「勉強」之意，即今之所謂「勤奮」、「努力」。
❸ 以上二句——「亡」帛書本作「忘」。「忘」指不為人遺忘，義較長。

【直譯】

了解別人的人機智，自我了解的人高明。戰勝別人的有力量，自我戰勝的人堅強。
知道滿足的人才富裕，努力實踐的人有志氣。
不會失去他根基的人持久，死後卻不被忘記的人長壽。

【新繹】

此章承繼上章的「知止」之說，進一步用人為修養來說明常道。依照老子「有無相生，難易相成」的主張，任何事物都應該叩其兩端，而不可偏執一方。這一章就以「知」、「行」兩方面的日常行事，來說明守柔知常的重要。

文章雖然不長，但仍可分為三段說明：

第一段四句兩個層次。前兩句說「知」，後兩句說「行」。就「知」而言，不但要「知人」，而且要「自知」。了解別人的優劣得失，需要客觀的判斷，那得靠智慧；這比起了解自己，要容易得多。因為人多蔽於自見，受到感情的影響，容易主觀，肯定自己的優點，而忽略自己的短處。經文第二十二章說的「不自見（見，同「現」），故明」，那是稱讚不會只看到自己的優點，第二十四章說的「自見不明」，那是告誡要看到自己的短處。一正一反，一有一無，往而能返，這才合乎「常道」。所以第十六章也才說「復命曰常，知常曰明」。

就「行」而言，「勝人者」強調是「有力」，「自勝者」強調是「強」，可見所說的「勝」，與行為有關，而非指知識而言。勝過別人，靠力氣大，就可以辦到，但要克制自己的欲望、改變自己的決定，那就需要強大的意志力。

第二段的兩句話，分別呼應前面的「知」、「行」兩個層次。「知足者」呼應「知人者」二句。能「知人」，又能「自知」，這種人才容易知足常樂，而不會有淫逸侈泰之失，不管是物質或精神，才會滿足快樂。這也才是真正的富足。「強行者」呼應「勝人者」二句。能「勝人」，又能「自勝」，這種人才是真正有志氣的強者。經文第五十二章說：「見小曰明，守柔曰強。」

真正的高明和堅強，都建立在能叩道的兩端上。

第三段引而申之，以人間世眾所企求的榮名長壽為喻。得失和生死是人生的大事，一般而論，人皆樂得而惡失，樂生而惡死；反用老子之言，無不生而有之、為而恃之，功成而居之，因而一般人皆往往患得患失，貪生怕死。老子為了破除這種想法，所以他提出「有無相生」的主張，認為得失、生死都是人生必然經歷的常事。經文第二十五章說過：「大曰逝，逝曰遠，遠曰反」，大道是周而復始的，所謂「獨立而不改，周行而不殆」。所以，有得有失之後，更能明白生命的意義，曉得自己所要追求和堅持的是什麼東西。同樣的道理，能夠明白生命的意義，曉得自己所要追求或堅持的，如果合乎聖人之道，那麼「王乃天，天乃道，道乃久，沒身不殆」，即使身死人亡了，精神聲名還是可以地久天長的。

【論老子絕句】之三十三

點檢身心何所求，知行知止貴無尤，勝人自勝求長壽，長壽得來不自由。

第34章

大道氾兮，其可左右。萬物恃之而生，而不辭，功成不名有。❶衣養萬物而不為主，常無欲，可名於小；萬物歸焉而不為主，可名為大。❷以其終不自為大，故能成其大。❸

【校注】

❶ 以上五句——「左右」下，帛書本有「也」字。「萬物恃之而生，而不辭」，或斷為：「萬物恃之，而生而不辭」，似不妥。「功成不名有」，帛書本殘缺，合讀之似作：「成功遂事而弗名有也」。有人以為「名」、「有」二字，古體形近，「名」或為衍文。

❷ 以上五句——各種傳本字句歧異頗多，不贅引，此僅舉其要而已。「衣養萬物而不為主」，帛書乙本作：「萬物歸焉而弗為主」。「衣養」，衣被養育之意，傅奕本即作「衣被」。「常無欲」帛書本作「則恒無欲也」。對照前後，下文「可名為大」前，似原有「常無欲」一句。

❸ 以上二句——二句之前，帛書本、傅奕本有「是以聖人之能成（其）大也」一句，似應補入。

【直譯】

大道真廣泛啊，它可以左來右往。萬物依靠它而生長，大道卻不說什麼，功業完成了也不說佔有。

保護養育萬物，卻不做為主宰，常常沒有欲望，可以稱為微小；萬物歸附於此，卻不做為主宰，可以稱為偉大。

因為他始終不自以為偉大，所以才能成就他的偉大。

【新繹】

此章說明「道」的作用，並說「道」在名義上，雖有大小之分，但其本體則無差異，仍是廣泛博大。

全章可分三段：

第一段開頭「大道氾兮」二句，是用水的氾濫來比喻大道的無所不在。經文第四章說：「道沖，而用之或不盈」，第八章說：「上善若水。水善利萬物而不爭」等等，都是明顯的例子。第二十五章說「道」是渾沌之物，先天地萬物而生，為天地萬物之母。意思是說天地萬物都是由於「道」的作用而生成，可是「道」卻不居功，不據為己有，不去主宰天地萬物，所以「道」又可稱「大」。此章開頭的「大道」，就是由此而來。以前只稱「道」，此章卻稱「大道」，是因為此章論及「道」的大小，故先標識出來。

「其可左右」的「左右」，在這裡有幾層意思：一是主宰，有宰制萬物之意；二是左通「佐」，右通「佑」，皆有養育萬物之意；三是左右通行，以應上句的「氾」字。氾是廣泛流行，這裡的左右，是左來右往，正好前後呼應。開頭的這兩句話，也正是本章的旨要所在。

「萬物恃之而生，而不辭」，應該是「萬物恃之而生，生而不辭」的省文或脫文。萬物恃之而生的「之」，指「大道」而言。萬物是因「道」的作用而生成的，各得其所，所以稱之為「得」為「恃」。可是，仔細看，「萬物恃之而生」的主詞是「萬物」，但底下的「而不辭」，其主詞應是「大道」，只是這裡省略了，所以造成很多讀者的誤會。這「而不辭」的主詞，應該連下句一起看，意思是：「大道」創始了生成了萬物，可是它作而不為辭，功成而不居。我們核對經文第二章的：「是以聖人處無為之事，行不言之教。萬物作焉而不辭，生而不有，為而不恃，功成而弗居」，即可明白：「萬物」在這裡其實是被動詞，作而不辭、生而不有、為而不恃、功成而弗居的主詞，其實是「聖人」，是「大道」。歷來不少誤解文義，可以說都是斷句錯誤所造成的。

第二段說道在名義上有大有小，可是道之為體，本來就渾沌一片，「寂兮寥兮」，可大可小，也可以非大非小，亦大亦小。可以小如樸，也可以大如洪水，如天下。當「道」創造萬物之後，萬物各有其名，各有其用，也可以說各有其道。「四時行焉，百物生焉」，四時和百物各有四時、百物的「道」，如果擴大來講，是一年和萬物，那麼一年和萬物也各有其道。分而言之，這些品類萬殊的「道」，可稱之為「小」道，也彷佛真的是比較不重要的小道。它跟總而言之統攝萬物、創始天地的「道」，好像不一樣。統攝萬物、創始天地，先天地而生，為萬物之母的那個「道」，層次似乎較高較大，所以稱之為「大」道。這一段所說的「可名於小」、「可名為大」，就是這個意思。

「衣養萬物」和「萬物歸焉」意思一樣，帛書本「衣養萬物」亦作「萬物歸焉」可證。但

「衣養」是大道去衣被、覆育萬物，「歸焉」是萬物來歸附、歸化，寓有一往一返合乎道之意。「不為主」就是上文的生而不辭、功成不有，也就是「常無欲」。「道」雖然創造了萬物，卻沒有主宰的欲望，一切順其自然。因而，這創生萬物、統攝天地的「道」，和那被衣養、被覆育的萬物之「道」，雖然一樣是「道」，但為了在名義上加以區別，只好前者稱為「大」，後者稱為「小」。然而，老子以為就「道」的本質來說，「道」就是「道」。大道是「道」，小道也是「道」。如果要說寶貴重要，它們都同樣寶貴重要，「強為之名」，只好統稱為「大」。「道」並無大小之分，所以第三十二章才說：「道常無名。樸雖小，天下莫能臣也。」原木玉石的樸璞，為體雖小，但一旦雕為印章，琢為玉璽，做為帝王官長的表記，其功用就大得不得了。「常無名」和「常無欲」的「常」，是「常道」、「常名」的「常」；「無名」、「無欲」則是聖人之道，所謂不言之教、無為之事。這是以上很多章節已經一再闡述過的道理。

第三段歸結第二段所言，說明「道」所以也稱「大」，乃在於它的無名無欲，不分大小，不自以為大。帛書本、傅奕本等等，在「以其終不自為大」二句之前，另有「是以聖人之能成（其）大也」一句，核對其他章節，似乎可使語句文氣都更為完整，似宜補入。

【論老子絕句】之三十四

大道豈能分左右，功成名有是非多。無欲從來不為主，天下即聞擊壤歌。

第35章

執大象，天下往；往而不害，安平太。❶

樂與餌，過客止。❷

道之出口，淡乎其無味。視之不足見，聽之不足聞，用之不足既。❸

【校注】

❶ 以上四句——「執大象」句後，傅奕本有「者」字。語意更清楚。大象，即大道，專就大道所呈現的跡象而言。「太」，楚簡本、帛書本俱作「大」，傅奕本作「泰」。大、太、泰古可通用。

❷ 以上二句——「過客止」帛書本作「過格止」，有人以為「格」是「客」的訛字，但也有人以為「格」訓為「至」，是說「至此而止」。

❸ 以上五句——「道之出口」，楚簡本、帛書本等句前有「故」字，「口」作「言」。「淡乎」之「乎」，楚簡本、帛書本皆作「呵」。

【直譯】

把握宇宙間廣大重要的現象，天下人民就會嚮往歸向；嚮往歸向又不受傷害，就會安於和平祥泰。

動聽的音樂和美味的食物，能使路過的客人停下腳步或安家落戶。大道言論出口的時候，平淡啊那樣沒有味道。看它，不能夠看見；聽它，不能夠聽到；用它，不能夠用完。

【新繹】

上一章是談「道」的作用，說明「道」所以為「大」的道理，這一章則是談「道」的功能，以及執守「道」的原則，在於平淡，在於把握「大象」。經文第四十一章說：「大音希聲，大象無形，道隱無名」，可見「大象」是說形象無法形容，幾乎大到沒有形象可言。一般而言，世人都喜歡聲色之娛、口體之欲，只相信看得見、聽得到、摸得著的東西，很難去體會那「寂兮寥兮」、虛無縹緲的「大道」。而所謂「大道」，往往不能像擺在人們面前的事物，給人具體的感受，反而潛藏在事物的背後。它可大可小，其大有如洪水氾濫、天地廣漠，其小則有如原木之樸、美石之璞。因此，大道的存在，只能從事物的功能上去判斷。所謂「大象無形」，也就是這個意思。

此章首段從「執大象」說起，所言已全落實到治國安民等等人事修為上面。「大」固然是「廣大」，但也有「重要」的意思。一個執政者或統治者，如果能夠把握宇宙間古往今來歷史演進的規則，了解自然界陰晴風雨天地變化的現象，那麼，他就能把握要點，得到天下人民的擁戴。舉例來說，他能從「古之聖人」那兒學到許多格言教訓，身體力行，懂得如何清靜無為，或者說，他能從物象變異中，預知天氣和物種的未來變化等等，這些對於一般人民而言，都可以使他們信任而起嚮往歸向之情。如果遠悅近服、紛來歸附之後，人民還能安居樂業，不受天災人禍的荼毒，那麼，國家的長治久安，也就自然而然可以完成。「安平太」，三字義通，把它們分開為三，解作：平安、太平、安泰，也很好。

第二段只有兩句話，很可能是老子引用古人或既有的諺語，用來和下文「道之出口，淡乎其無味」等句相對照。樂，指動聽的音樂；餌，指美味的食品。它們可以使路過的行人不由停下腳步，可是，所謂「樂與餌」，只是外在的可聽可吃之物，只是暫時性的東西，而所謂「過客」，表示他另有目的地，心另有所屬，因此音樂再如何動聽，食品再如何美味，他也只是暫時止步而已，不會長久的。

第三段以「道」的淡然無味，來對照「樂與餌」。音樂美味固然吸引過客，但它們只是暫時性的誘惑而已，那不是「大象」。音樂再如何動聽，總有聽厭的時候；食品再如何美味，總有吃膩的時候。在這音樂美味的表象背後，過客的心仍然在別的地方。所謂「大象」，不在表象的有無大小，而在於「心」之歸向，在於「道」如何把握。老子說真正的「大道」，視之不見、聽之不聞、用之不窮，所以「道可道」的「道」，「五味令人口爽」，真正恒常的味道，也應該是平淡無味的才對。

當然，無庸置疑，如果「樂與餌」能夠持久，「過客」當然也願意安家落戶，就此長住。

【論老子絕句】之三十五

往而不害安平泰，日月象形即道途。淫樂珍饈唯過客，須從平淡識真吾。

第36章

將欲翕之，必固張之；將欲弱之，必固強之；將欲廢之，必固興之；將欲奪之，必固與之，是謂微明。❶

柔弱勝剛強。❷

魚不可脫於淵，國之利器，不可以示人。❸

【校注】

❶ 以上九句——「翕」，帛書甲本作「拾」，乙本作「撿」，其他傳本或作「噏」、「歙」等等，皆有收斂、閉合之意。與「張」對。「固」帛書本皆作「古」，或以為通假為「故」。固，原有的意思；故，已然。姑，姑且。「將欲廢之」以下四句，帛書本「廢」作「去」、「興」作「與」、「與」作「予」，似較可取。

❷ 「柔弱勝剛強」，帛書甲本作「友弱勝強」，傅奕本作「柔之勝剛，弱之勝強」。文氣似不足。剛、強押韻，故王弼本較可取。

❸ 以上三句——此「淵」字蓋指水的源頭，意即有水可游的池淵。「國」帛書本、傅奕本作「邦」，當避漢高祖名諱所改。

【直譯】

想要收歛它，必定原先擴張它；想要削弱它，必定原先增強它；想要廢除它，必定原先推舉它；想要奪取它，必定原先給與它，這就叫隱微的明察。

柔弱勝過剛強。

魚不可脫離於池淵水源，邦國的利器，不可拿出來給人家看。

【新繹】

此章說明「微明」的道理。微與明，正如柔之與剛、弱之與強，雖似對立，卻可相互為用。相互為用時，則以微為主，明為副；以柔為主，剛為副；以弱為主，強為副。簡而言之，係以「無」為主，以「有」為副。二者「同出而異名」，二者合而後道生。此章所言，《韓非子．說林上篇》也曾引用，並稱「周書曰」，可見這也可能是老子引用古人之言。至於《戰國策．魏策》中的「將欲敗之，必姑輔之；將欲取之，必姑與之」，《呂氏春秋．行論》的「將欲毀之，必重累之；將欲踣之，必高舉之」，是否受到《老子》的影響，也是值得注意的課題。

老子的學說之中，「物極必反」是重要的主張之一。他認為事情發展到極點，就會由「逝」而「遠」，到達相反的方向，然後再由「遠」而「返」，回到原點。如此循環而不已。此章所說的「翕」與「張」、「弱」與「強」、「廢」與「興」、「奪」與「與」，都是對立的極點，也是相互轉化的極端。要處理這一端，就必須先注意另一端，這樣才能左右平衡，把握事情的關鍵。這樣說來，彷彿老子也講權變之術了。

「將欲翕之，必固張之」以下四組的文字，句式完全相同，都是說：將欲「翕」、「弱」、「廢」、「奪」，就必固「張」、「強」、「興」、「與」。這有兩點值得注意：一、以上所舉的「翕」、「弱」、「張」、「強」等等，都是兩句相間成韻的，「興」應作「舉」或「予」，才可與「與」成韻。因此有人說「興」當作「舉」，是可取的；二、「將欲」，是準備想要如何的意思，而「必固」則是一定要先如何的意思。「必固」，是固有、已然，「將欲」，是未有、將然，這正是事情的兩個極端。做任何事情，能先從反方向作全面的思考，更能知己知彼，達到目的。這也就是老子所說的「微明」。微，是隱微；明，是顯著，二者也相對立，那麼，老子要說的究竟是「將欲微之，必固明之」，或者是「將欲明之，必固微之」呢？

如果光是各自站在「微」與「明」的兩個極端來思考，那就有如爭論上文的「翕」與「張」、「弱」與「強」等等，究竟能不能顛倒掉轉過來一樣，那都只是偏執一端，而未顧及全面。經文第二章早就說過「有無相生，難易相成」等等的道理，所以「微」與「明」、「翕」與「張」、「弱」與「強」等等，其實也都是一體的兩面。沒有「微」，就沒有所謂「明」，反之亦然。這也就是書的開頭，開宗明義所要說的「常道」。「常道」是難以言宣的，也難以盡言，第五章說得好：「多言數窮」，所以老子原先只講到這裡為止。其他一切都得靠讀者自己去善體會之。

不過，就道的本體及其作用來說，雖然有如上述，一切事物本就相因相生，相對相成，循環不已，周而復始，但在它由「逝」而「遠」、由「遠」而「返」的過程中，畢竟還是應該有個原立足點，至少有個形跡可尋。或者這樣說，「道」本來是視之不見、聽之不聞、搏之不著的東西，但在它由「無」而「有」，或由「有」而「無」的過程中，畢竟還是應該有個起始點。經文

第一章說：「無，名天地之始；有，名萬物之母。」第二十五章又說：「有物混成，先天地生。」可見道近於「無」，幾無形狀可言，而萬物則近於「有」，各有形制可名。天地生於「無」，而萬物生於「有」。也因此，上文第三十五章所說的「大象」，就是指大道所呈現的表象，既有表象，就是「有」，它即使說是「預兆」也可以。特別是把「大道」落實到人間世的治國安民、道德修為等等上面，想要教化人民時，沒有具體的表象可以稱述，是難以達到教化目標的。也因此，《老子》一書，說到有關人間世的治國安民、道德修為等等，不得不「道可道」、「名可名」，不得不在有無、微明等等之間，說何者為始，何者為主。老子既以「無」為始，「有」因「無」而生，那麼，以「無」為主，以「靜」為主，以「翕」、「弱」等等為主，也就可以思過半矣。

「柔弱勝剛強」，也是老子不得已才說的話。它總結上文，也有可能是老子引述前人之言，來強調自己的主張。上文說：「將欲弱之，必固強之」，尋繹其意，「弱之」是目的，「強之」只是手段。這樣說來，老子似乎不只教人要見微知著，而且要通權達變。水是柔的，卻能滋養萬物，也能摧毀萬物；雌是弱的，卻能取悅雄性，也能控制雄性。經文第二十八章說的：「知其雄，守其雌」等等，就是這種思想主張的另一番說辭。以靜制動，以柔克剛，從宇宙的生成到政治的教化，老子的思想是一以貫之的。

最後，老子又舉二例來重複說明「柔弱勝剛強」的道理。魚不可缺水，沒有水，魚就不能活。一般而言，魚是活動跳脫的，水是淵深靜止的。這裡的「淵」，指水源所在，只要能供魚在水中活動，如池淵之類都可以。如果魚脫離了水，易言之，就是「動」離開了「靜」，那麼，魚必死無疑，「大象」的「象」必然消失。由此引申，一個邦國的執政者或領導人，如果把他治理國家的「利器」，即所謂「祕密武器」——例如人才、謀略之類，隨便出示給別人知道，即是極為危險的行為。因為有利器而不出示人，是「守靜」、「守柔」，雖然好像是示弱，但也只有這樣，才容易以靜制動，以柔弱勝剛強。

了解以上所說的道理，即可知道老子的所謂「微明」，不只是說明幽微、顯著二者的對立或並列，而且還同時告訴我們，要見微知著，懂得從反面思考，以靜制動，以柔弱勝剛強。

【論老子絕句】之三十六

莫言柔弱勝剛強，柔弱何嘗不善良。欲歙故張必多詐，剛強柔弱盡遭殃。

第37章

道常無為，而無不為。侯王若能守之，萬物將自化。❶化而欲作，吾將鎮之以無名之樸。❷無名之樸，夫亦將無欲。不欲以靜，天下將自定。❸

【校注】

❶ 以上四句——「道常無為」二句，楚簡本作「道恒亡為也」，帛書本作「道恒無名」，皆缺「而無不為」一句。河上公本、傅奕本等，同王弼本。

❷ 以上二句——化，承上文「萬物將自化」而言。作，與「無為」對，有「變」之意。樸，原作「朴」，指未經刀斧砍斷的原木，老子常借之喻「道」。「吾將」句，楚簡本無「吾」字。

❸ 以上四句——帛書乙本作：「闐之以無名之樸，夫將不辱。不辱以靜，天地將自正。」楚簡本「夫亦將無欲」作「夫亦將知足」。闐、鎮，古通假字。「無欲」、「不辱」、「知足」三者，文義相通。蓋無欲則知足，知足則不辱。有人以為「無名之樸」一句，涉上文而衍，恐非是。

【直譯】

大道常常沒有作為，但卻是沒有不作為。諸侯君王如果能遵守它，萬物將會自動歸化。

歸化而又想要有所作為，我將會壓住它，用沒有名稱的大道原木。

沒有名稱的大道原木，也將是沒有貪欲的代詞。不生貪欲而能清靜，天下萬物將會自然安定。

【新繹】

《老子》道經共三十七章，此為道經最後一章。在形式技巧上，這一章有些句子使用頂真格；在內容思想上，不但與第一章首尾相應，同樣講「常道」，講概念上的「有」、「無」相生相成，而且也承接第三章的「為無為，則無不治」，以及第三十二章、第三十五章和第三十六章等等所說的道理，對人間世的治國安民之道，作進一步的闡發。

全章可分三段：

第一段和經文第三十二章所說的：「道常無名。樸雖小，天下莫能臣也。侯王若能守之，萬物將自賓」可以合看。「侯王若能守之，萬物將自賓」和此章第三、四兩句，幾乎字句全同，都是就侯王之治國安民而言。「樸雖小，天下莫能臣也」二句，則與此章下文密切有關，此暫不論，下文再說。比較值得討論的是，「道常無名」和此章的「道常無為，而無不為」，究竟有何關係。

「道常無為，而無不為」二句，因為有人誤解為：大道總是「無所作為」，卻「無所不為」；加上帛書本這兩句只作「道恒無名」，因此頗有些學者推測此非《老子》原貌，甚至斷言這是後世從事黃老道術者所妄改。言之鑿鑿，似乎很有道理，但詳究之，則不無商榷餘地。第一、查楚簡本此章開頭作：「道恒亡為也」，「恒」通「常」，「亡」同「無」，雖缺第二句「而無不為」，但作「亡為」是無可疑的；第二、「道常無為，而無不為」的原義應是：常道是「有」、「無」相生相成的，道的本體是「無」，所以「寂兮寥兮」，渾沌一片，而其功用則是「有」，所以陰陽相配，才化生萬物。朱謙之《老子校釋》引用《莊子．天下篇》所述的關尹、老聃之「道」：

在己無居，形物自著。其動若水，其靜若鏡，其應若響。

說這就是「無為也，而無不為也」。前二句是講「無為」，後三句是講「無不為」。可以看出來，它們其實都是有動靜有反應的。馮友蘭《中國哲學史新編》說：「就其生萬物說，『道』是『無不為』；就其無目的、無意識說，『道』是『無為』。」張岱年《中國哲學大綱》說：「道是自然的，故常無為。道生成一切，故又無不為。」也都是這個意思。這跟《老子》一書的前後章節所論，並無牴觸。有些學者所以有誤會，應該是把「無不為」誤解為「無所不為」了。

「無不為」，其實就是「有為」，這是承接上句的「無為」來說的。「無為」是「沒有作為」，這是老子的重要主張，盡人皆知，但《老子》一書的著者，擔心有些讀者死看文字，以為「無為」就是什麼都不必做，可以毫無作為，所以針對這個問題，告訴大家：「無為」和「無不為」即「無為」和「有為」，是一體的兩面。二者合才可以稱為「道」，也才是「常道」。有人把「無為」解作「無所作為」，把「無不為」解作「無所不為」，那真是差之一字而謬以千里了。「無所作為」和「無所不為」都是愚人、奸人的行為，怎麼可以和聰明睿智的「聖人」相提並論呢！

因此，舊注並沒有錯，「無為而無不為」，其實說的是：雖有作為，卻不是故意作為，一切順乎自然而已。執政者或領導人能夠如此，自然會得到人民的擁戴。

第二段承接上文而作一轉折，說執政者或領導人能夠順乎常道，「無為而無不為」，得到人民的擁戴，紛來歸順，固然是好事，但萬一有人心生異想，「欲作」就是想要有所作為，亦即起了貪念之意，那麼，「吾」，《老子》書中的所謂「聖人」或「君子」，就必須用「無名之樸」來鎮壓這些人，安定這些人。這也就是「無為而無不為」的具體表現。否則有人「無所作為」，有人「無所不為」，豈不天下大亂？

那麼，什麼是「無名之樸」呢？「無名」，和上文的「無為」、下文的「無欲」，都是說明「無」的本質，像未經刀斧砍斷的原木一樣，看起來弱小，任人宰割砍伐，但當它配合其形制，發揮其功用，「有」、「無」相生相成時，就可以如第十一章所說的：「三十輻共一轂，當其無，有車之用；埏埴以為器，當其無，有器之用；鑿戶牖以為室，當其無，有室之用。」甚至像第二十八章所說的：「樸散為器，聖人用為官長。」如果它適合雕刻成為璽印之類，那麼它的效用就大不可當了。所以第三十二章才說：「樸雖小，天下莫能臣也。」它代表是統治者其大無比的權力。「無名」，本來就是無法形容、難以稱呼的意思。

因此，所謂「吾將鎮之以無名之樸」，說的是「有為」，是「無不為」。

最後一段和第二段一樣，用頂真的手法，讓上句末尾和下句開頭用同樣的字眼蟬連而下，造成一種複沓重疊的韻味。「無名之樸」代表是「常道」的本質，它不是「可道」、「可名」的東西。它可有可無，可大可小，它一切順乎自然，「常無為而無不為」，因此它從「無」的方面看，是無為、無名、無欲，從「有」的方面看，是第三十五章的「執大象，天下往；往而不害，安平太」，是第三十六章的「柔弱勝剛強」。一言以蔽之，曰：因為虛靜自然，所以「天下將自定」。

【論老子絕句】之三十七

道恒無象又名朴，端在無為無不為。若要眾生參造化，須從此地立根基。

第38章

上德不德，是以有德；下德不失德，是以無德。上德無為而無以為，下德為之而有以為。❶

上仁為之而無以為，上義為之而有以為；上禮為之而莫之應，則攘臂而扔之。故失道而後德，失德而後仁，失仁而後義，失義而後禮。❷

夫禮者，忠信之薄，而亂之首。前識者，道之華，而愚之始。是以大丈夫處其厚，不處其薄，居其實，不居其華。故去彼取此。❸

【校注】

❶ 以上六句——「上德無為而無以為」，帛書乙本、河上公本、傅奕本「無以為」俱作「無不為」。「下德為之而有以為」，帛書本無此句，傅奕本「有以為」則作「無以為」。字雖不同，文義則通。「以」，此指原因、目的。

❷ 以上八句——各種傳本俱同，唯句末或多「也」字。《韓非子．解老篇》所引，四句「而後」之後，則皆有「失」字。義亦可通。

❸ 以上十一句——「前識者」，指前所標識之仁義等等。有人譯解為「先知」、「預設」，蓋指智巧而言。

「華」即「花」，此取貶義，以花之易落比喻虛榮。「大丈夫」以下之「處」、「居」字，帛書本皆作「居」，傅奕本皆作「處」。處、居義同。

【直譯】

上德的人不講求德，所以擁有德；下德的人不違背德，所以沒有德。上德的人沒做而且沒目的做，下德的人做了而且有目的做。

上仁的人做了卻沒有目的做，上義的人做了卻是有目的做；上禮的人做了卻沒人對他響應，於是就伸出手臂來拉扯別人。因此失去了道，然後才有德；失去了德，然後才有仁；失去了仁，然後才有義；失去了義，然後才有禮。

談到禮這個行為，是忠信的趨於澆薄，而且是擾亂的源頭。前面所標舉的仁義等等，只是大道的花朵，而且是愚笨的源頭。所以得道的大丈夫，立身於那敦厚，不立身於那澆薄，存心於那果實，不存心於那花朵。因此捨棄那個，採取這個。

【新繹】

此為老子《道德經》德經的首章。德，是道的具體表現。道是本體，無形，德則是功用，有象。因為德有象，所以才可以從它具體的形象中，去區分上德下德，及其與仁、義、禮等等的關係。《莊子．天地篇》說：「泰初有無，無有無名。一之所起，有一而未形。物得以生，謂之德。」這是說天地之初，先有「無」，卻沒名稱，後來有了「一」，萬物才依次得以產生，此即所謂

「德」。可見「德」與「一」的關係。此章言「德」，下章言「一」。這一章開宗明義，先從德分上下，及其與「無為」、「有為」的關係說起，再通過比較分析，說明仁、義、禮等等，都是道德喪失之後的產物。因此想要治國安民的君子，必須拋棄浮華的仁義禮制而崇尚厚實的大道玄德，這樣才能長治久安。

全章可分三段：

第一段先說明上德和下德的不同。學道的人，真的所學有得，才可以說是得道。因此，古人認為「德」、「得」相通。《釋名》云：「德，得也。得事宜也。」金文的「德」字，即寫作「悳」。從直心會意，而且重在知而行之。一個得道的人，得之於內，形之於外，用經文第十九章的話來講，他的內心修養，一定「見素抱樸，少私寡欲」，外在表現一定符合行為規範，這樣才可以說是達到道德的起碼標準，這就是所謂「下德」。「下德」不是沒有德性，只是不如上德那樣高尚而已。假使能進而上之，在行為表現上，「絕聖棄智」、「絕仁棄義」，那就叫做「上德」。

「上德不德」是說上德之人不自得，不會滿口道德仁義。就因為他不自說德，「生而不有，為而不恃，功成而弗居」，所以別人歸德於他，使他擁有了德的名聲。相對的，下德之人雖然「不失德」，念念不忘德，不敢違背德，但「多言數窮」，「自遺其咎」，結果引起別人的嫉妒反感，不肯歸德於他，因此他雖亦有德，卻猶如無德。經文第二十三章說：「故從事於道者，道者同於道，德者同於德，失者同於失。」拿來與本章合看，更能明白上德、下德與失德三者的不同。上德者同於道，下德者猶「不失德」，至於失德者，那就等而下之，不必多說了。

由此我們亦可體會到道經與德經的不同。道經所重者，在本體論，在宇宙論；德經所重者，在功用論，在道德論。二者雖然同樣主張虛靜無為，處無為之事，行不言之教，同樣重視理論的探討，原則的歸納，但前者重在說明宇宙間天地萬物的消長存亡之理，一切事物都是相因相生、相反相成的，因此，有無相生，難易相成，長短相形，高下相傾等等；而後者則重在探究人世間政治教化的推行因應之道，一切事物都必須明其是非，別其高下，論其得失，定其有無，因此，上德下德要區分，無為有為要辨別，至於仁義禮制等等，都更要論其先後高下了。

在老子看來，上德之人同於道，是無為的，這裡的無為，包括無名、無私、無欲等等。他不是毫無作為，但他不會故意去做些什麼。說他「無為」，不是說他什麼都不做，而是說他一切順其自然，順乎天而應乎人。他所做的事，都是大家正想要做的事，因而他做了，就如同和大家一起做了一樣，大家並不覺得他有什麼特別，所以才說他「無為」。「無以為」的「以」，可以解釋為「因」或「用」。「無以為」就是說：沒有什麼原因或目的需要刻意去做。這三個字有的傳本作「無不為」，是說沒有什麼動機故意不去做什麼。一正一反，說的是一樣的道理。同樣的，「下德為之而有以為」，有的本子「有以為」作「無以為」，也是一從正面、一從反面在說明：下德之人是強調有為的，要有作為，他明白什麼該做，什麼不該做，所以他的一切作為，都有個目的或動機。例如下文所標舉的仁義禮制之事，都是他刻意要去做的，所以說他「為之而有以為」；而違反仁義禮制之事，都是他刻意不做的，所以說他「為之而無以為」。歷來有的讀者一看到版本不同，文字不同，就大驚小怪，實在大可不必。

第二段談仁義禮等等，都是道德喪失之後，依次發生的產物。經文第十八章說：「大道廢，有仁義；慧智出，有大偽」，又說：「六親不和，有孝慈；國家昏亂，有忠臣」，孝慈忠臣等等，說的正是有關禮制喪失後之事。這是說大道淪亡之後，仁義禮教才產生。第十九章又說：「絕聖棄智，民利百倍；絕仁棄義，民復孝慈」，也都是認為聖智仁義等等，有違大道。可是我們從老子的這些話裡，可以看出他對人世間所講的道理，仍然難免要談到「民利百倍」、「民復孝慈」等等，可見一旦落實到政治人事、道德修為等等現實人生，他也不得不分高下，論先後。也因此，德有上德下德之分，而仁、義、禮等等，也都要冠以「上仁」、「上義」、「上禮」了。

「上仁」等三事的「上」，有「崇尚」之意，但也用以標識仁、義、禮三者，與德一樣，都有上下之分。有人根據帛書本沒有「下德為之而有以為」這一句，就推論此句必為後人所增，甚至認為與上下文句不相諧調。筆者不以為然。筆者以為「下德為之而有以為」以上六句，皆論上德下德之事，自成一個段落，缺此一句，反而文氣不全。而且，有此一句與「上德」者對，下面的「上仁」、「上義」、「上禮」三者後面，我們也才可以推測原可有「下仁」、「下義」、「下禮」三個相對的句子，只是作者為了化繁為簡而省略去了。「上仁」近於德，「下仁」才流於義；「上義」近於仁，「下義」才流於「禮」；「上禮」還近於義，「下禮」則不堪言矣。這樣的理解，也才可以和下文的「失德而後仁，失仁而後義」等等，互相承應。

顯而易見，老子是把「上仁」和「上義」比照「上德」與「下德」，把它們與「無為」、「有為」的關係，視為一組來討論的。「上仁」和「上義」都已不是虛靜「無為」的了，它們都是「有為」有作為的，不同在於：「上仁」者為之卻非出於故意，是無心，不是為了沽名釣譽，而「上義」者為之則已自認合理，是有心，認為自己在伸張正義。老子以為：無心為之比有心為之，境界層次要高。至於禮，不管說是禮法、禮制或禮教，它指的都是外在行為的規範。既稱規範，是要求別人，不止要求自己，必然有其限制性、強制性，與仁義的出於自動自發，境界層次又自不同。也因此，老子用「莫之應，則攘臂而扔之」來形容。別人不響應、不服從，就捲起長袖露出手臂來拉扯別人就範。這樣的形容，含有強烈的限制性，與老子一向的主張虛靜無為，相差太遠了。

「故失道而後德」以下四句，有的本子在每句的「而後」之後，都還有個「失」字。例如「失道而後德」作「失道而後失德」。多不多這個「失」字，其實於文義無損，說的都是藉道、德、仁、義、禮的層次高下不同，來說明世俗人心、社會風氣的厚薄好壞。

第三段所論，與第二段相對。第二段由道德的淪喪，說到仁、義、禮的產生，是世風愈下的結果；第三段則由禮是社會的亂源說起，說「大丈夫」也就是想要力行大道的執政者，為了治國安民，必須「逝」而能「返」，認識經由仁義而返回大道大德的道理。

「夫禮者，忠信之薄，而亂之首」，是說世人所標榜的忠信等等，已是禮之薄，換句話說，已是「下禮」，更趨薄弱的表現。因為人為的因素多了，自然的因素少了，大家逐漸不講內在的修養，而只講外在的規範。一旦社會有人標榜忠信，以禮為法，那麼，這個社會的日漸趨於衰亂，不問而可知。同樣的，前面所標識的仁義，相對於虛靜無為的大道大德而言，也不過像那些雖美麗卻易凋落的花朵而已。雖開了花，卻沒有結成果實，這就好比仁義之言，說得好聽，卻未必於人有益。「處其厚」的「厚」，「居其實」的「實」，與前面的「薄」、「華」相對，要敦厚不要輕薄，要果實不要虛華，換言之，要治國安民，光講仁義還不夠，還要更求推而上之，以期達到大德進而大道的境界。

「前識者」，有人譯解為「先知」，說是有先見之明的人。這樣講，也不成問題。因為先知，有先見之明，表示有過人的智慧，而智巧是老子常拿來和仁義相提並論的，例如第十八章說的「大道廢，有仁義；慧智出，有大偽」，第十九章說的「絕聖棄智」、「絕仁棄義」、「絕巧棄利」等等都是。因此說智慧為「愚之始」是言之有據的。不過，對照上文來看，把「前識者」解釋為「前面所標舉的」，似乎比解釋為「先知」要更為恰當。

最後應該補充說明德經和道經孰先孰後的問題。《老子》早期的傳本，應該是德經在前的。因為西漢以前，對於上下先後的順序，和後來的人觀念不一樣。有學者說：西漢以前，稱上下為下上，稱先後為後先，總把下的後的擺在前面。就像甲骨文上下二字連刻時，也作「下上」；就像《周易》的乾卦：先乾下而後乾上，先下卦而後上卦。卦由六爻組成，也是由下往上看。因此，《老子》一書，德經雖是下篇，道經雖是上篇，但按照西漢以前由下而上起讀的習慣，自然把德經排在前面，道經排在後面，而總稱則仍為「道德經」。秦漢之際，文化起了大變動，西漢初年以後，有人守舊，有人趨新，因而老子《道德經》的早期傳本，道經、德經的先後次序沒有固定，是可以理解的。到了唐玄宗開元年間，才下詔統一，道經在前，德經在後，一直沿用至今。

【論老子絕句】之三十八

上德無為無以為，失仁後義啟人思。不憑忠信奠基石，試問禮從何處移。

第39章

昔之得一者：天得一以清，地得一以寧，神得一以靈，谷得一以盈，萬物得一以生，侯王得一以為天下貞。❶

其致之，天無以清，將恐裂；地無以寧，將恐發；神無以靈，將恐歇；谷無以盈，將恐竭；萬物無以生，將恐滅；侯王無以貴高，將恐蹶。❷

故貴以賤為本，高以下為基。是以侯王自謂孤、寡、不穀。此非以賤為本邪？非乎？故致數輿無輿。不欲琭琭如玉，珞珞如石。❸

【校注】

❶ 以上七句——得一，猶言得道。帛書本無「萬物得一以生」句，下句「貞」則作「正」。《呂氏春秋·執一篇》：「執一為天下正。」貞、正皆「禎」之音轉。禎，板築的工具，作準繩之用，猶言模範，引申有君長之意。

❷ 以上十三句——其實也可以說是七句。帛書本無「萬物無以生，將恐滅」句，「無以」作「毋已」。帛書甲本「天」、「地」、「神」、「谷」、「侯王」前，並有「謂」字。「其致之」帛書乙本作「其至也」。傅奕本「其致之」下有「一也」二字，「侯王無以貴高」作「王侯無以為貞而貴高」。字句或異，文義則

同。「發」，爆發、漲開，與「裂」同義。

❸以上八句——帛書本文字頗有不同，不具引。不轂，河上公注：「喻不能如車轂為眾輻所湊。」有自謙之意。「故致數輿無輿」，帛書甲本「輿」作「與」，河上公本「輿」作「車」，傅奕本則作「譽」，或謂「數輿無輿」即「至譽無譽」之意。「琭」、「珞」二字，帛書本作「祿」、「硌」，傅奕本作「碌」、「落」。皆同音相假可通。「不欲琭琭如玉，珞珞如石」二句，語出《後漢書・馮衍傳》。或謂此節可自成一章。

【直譯】

從前這些得到一貫之道的：天得到一貫之道就因而清明，地得到一貫之道就因而安寧，神得到一貫之道就因而靈敏，谷得到一貫之道就因而充盈，萬物得到一貫之道就因而生成，侯王得到一貫之道就因而做天下的準繩。

那樣推論下去呀，天沒有因而清明，就會怕分裂；地沒有因而安寧，就會怕崩解；神沒有因而靈敏，就會怕休歇；谷沒有因而充盈，就會怕枯竭；萬物沒有因而生成，就會怕消滅；侯王沒有因而高貴，就會怕顛跌。

因此貴以賤為根本，高以低為基礎。所以侯王自稱「孤」、「寡」、「不轂」，這不就是以賤為根本嗎？不是嗎？因此推論：分為幾個部分的車子，就不是車子了。不想琭琭多彩像美玉，（寧願）落落磊磊像堅石。

【新繹】

此章說明「一」的重要性，及其與「道」之間的關係。天、地、神、谷、萬物、侯王等等，都因為有「一」才能發揮作用，反之則趨於消亡。可見這個「一」字在老子學說中的重要性。有人把它視同「道」，以為「一」就是「道」，雖然沒錯，但不完全正確，可以說這是還有待商榷的說法。上一章解說「德」的來歷時，曾引用《莊子．天地篇》的話，說德是有了「一」才由無而有。道無形，德有象。「一」就是由無而有的作用。因此經文第四十二章也才說：「道生一，一生二，二生三，三生萬物。」既然說「道生一」，「一」是由「道」而生，即可證明「一」不完全等於「道」。

筆者以為「一」是「道」的一面，而非全部。從第一章開始，「道」在老子學說中，一直是創生天地萬物的渾沌之物，它兼有「有」、「無」二者相生相成的特性，難以名之，只好「字之曰道」，並且「強為之名曰大」（見第二十五章），「道」和「大」都是勉強提出的名稱，但它同時具有「陰」、「陽」的兩面，或者說是具有「有」、「無」的兩面，則是讀《老子》書的人無法否認的事實。有人認為它就是道家所說的元氣。天地萬物都是由此元氣生成的。第一章說：「無，名天地之始；有，名萬物之母。」早已說明了「無」、「有」二者的相生相成，才創生了天地萬物。從「無」的一面說，雖然它不是我們今天所說的「沒有」，而只是指「有」還沒有出現前的虛空狀態，我們或可稱之為「虛無」。既是「虛無」，自然視之不見，聽之不聞，搏之不得，沒有任何色相形體可言。在這種情況下，要由「無」來說「道」，真是「微妙玄通」不「可道」。相反的，從「有」的一面說，因為有色相形體可言，所以可「執大象」，把握具體的形象而得其大體。所謂有無、陰陽，都還是抽象的概念，但所謂天、地、神、谷、萬物、侯王等等，相對而言，則已是有色相形體可言的事物，至少已有跡可求了。

以上所說的陰陽，有人稱為兩儀。天地就是兩儀的具體存在的現象。天在上，地在下。上有天文星象，下有地理山川。天文星象，包括雲雨雷電的變化，所以又稱之為神；地理山川，包括陵谷天淵的起伏，所以又稱之為谷。谷與神對，皆靈驗之謂，第六章說：「谷神不死」，足可為證。在這天地之間，則有萬物，萬物的「萬」，極言其多。而其中的人，則為萬物之靈；萬物之靈中的最高統治者，老子稱之為侯王，亦可簡稱為「王」。因此，人王與天地相配而為三才。三才都是稟承「道」而生的。所以經文第二十五章又說：「故道大，天大，地大，王亦大。」王弼的注即曾這樣解釋：

道法自然，天故資焉。天法於道，地故則焉。地法於天，人故象焉。王所以為王，其主之者，一也。

這是說天、地、人王秉「道」先後而生，「其主之者」有一樣東西，那就是所謂「道」，所謂「自然」，也就是此章所說的「一」。這樣說，如果忽略了「其主之者」這句話，就會使人誤會「一」就是「道」，「道」就是「一」。「其主之者」，是說天法道、地法天、人法天地的過程中，都有一樣東西在主導著，而貫乎其間。簡而言之，「一」就是把「道」貫注到天、地、人王的元氣。孔子曾說「吾道一以貫之」，移以論此，可謂極為貼切。可能很多人一提到「一貫之道」或「一以貫之」的話，就聯想到孔子，所以不願意把這類的話用到老子身上。事實上，任何學說，只要有中心思想，任何理論，只要有系統思維，都是可以「一以貫之」，有其「一貫之道」。因此，筆者以「一貫之道」來解釋此章「得一」的「一」。

那麼，老子為什麼要以「一」來說明其一貫之道呢？關於這個問題，王弼在經文第四十二章「道生一，一生二，二生三，三生萬物」等句的注文裡，有一段話很值得我們注意。他說：

萬物萬形，其歸「一」也。何由致「一」？由於「無」也。由「無」乃「一」，「一」可謂「無」？已謂之「一」，豈得「無」言乎？「有」言有「一」，非「二」如何？有「一」有「二」，遂生乎「三」。

從「無」之「有」，數盡於斯，過此以往，非道之流。故萬物之生，吾知其主，雖有萬形，沖氣「一」也。百姓有心，異國殊風，而得「一」者，王侯主焉。以「一」為主，「一」何可舍？

從王弼的這些話中，可以看出「一」只是「道」的一面或一部分，而且偏重在「道」從「無」到「有」的過程中，「一以貫之」的功用上面，因此後人把「一」解釋為「道」，究而言之，實在大有商榷餘地。

王弼的解釋，是從數目字的「一」來推衍的，應該很切合《老子》第二十五章、第四十二章等章的旨意。筆者在信服之餘，卻想從王弼解釋「從無之有」即從「無」到「有」的話中，另外從「一」字的字體，為「一」試作一新解。

就文字的構成來說，任何文字都始於一點一筆一劃，數目字如此，其他一切亦莫不如是。在還沒有一點一筆一劃之前，一切是虛無的，莫測高深，此即「無」，但開始有了一點或一筆一劃之後，就可以縱橫方圓，千變萬化，此即「有」。論其始，固然於一點一筆一劃之有無；論其終，任何千變萬化的字體分解來看，也莫不是由於一點一筆一劃的增減有無。因此，老子以「一」來喻「道」，真可謂得「道」之正。

這一章是老子德經的第二章。上一章說明「德」是「道」的具體表現，可以分為上德、下德、仁、義、禮等等，這一章則從「道」之創生化育天地萬物的過程中，說明天、地、神、谷、萬物乃至侯王等等，能夠獲得「道」的一以貫之的法則，才能興盛，否則必然衰亡。他所說的天地萬物等等，都有形有象，所說的侯王貴賤，也都與「德」之有無相關。這些也就是落實到現實的人生中，老子所殷切關心的話題。

全章可分三段：

第一段和第二段都是談一貫之道的重要。先從正面說，再從反面說。「昔」應指從古以來而言。老子要教導、勸諭當世的執政者或領導人，圖言效法古之聖人，因此常常借古以諷今。第十四章說的：「執古之道，以御今之有」，就是這個意思。老子以為「道法自然」，「自然」是自然而然，該怎樣就怎樣，這也就是宇宙萬物運行的法則。天地萬物都必須遵守這個法則，才能發揮「清」、「寧」等等良好的作用；否則，就會產生「裂」、「發」等等反面的效果。第一段說的是前者，第二段說的是後者，層次非常分明。

在這兩段文字之中，有一些詞彙需要略作補充說明。先從第一段的「神」、「谷」說起。「神」、「谷」安插在「天」、「地」與「萬物」、「侯王」之間，是有其特別意義的。經文第六章說：「谷神不死，是謂玄牝。玄牝之門，是謂天地根。」可見谷神為天地的根源。這在第六章中已有所說明，那時候已經說過，「谷神」可為一事，指谷之神靈，但也說可指二事，即谷與神各有所指。筆者以為此章的「神」、「谷」，即分指天地的神靈而言。第六章河上公注「谷」為「養」，帛書本「谷」作「浴」，亦有滋養沾溉之意可證。天有神靈，才會有雲雨雷電的變化；地有神靈，才會有陵谷天淵的起伏。此猶後人所說的天神地祇，只是可能老子之時還沒有「地祇」這種說法。這樣講，可以解決兩個問題：一、「天」、「地」各有其「神」、「谷」之靈，與下文所說的人王為萬物之靈，正好相對稱；二、帛書本沒有「萬物得一以生」這一句，可見「得一」者，重在得天地萬物之「靈」，侯王是萬物之靈中的主宰者，所以可以做為「天下貞」。「天下」，《老子》書中常用來指天地之間的一切事物，自然包括「萬物」，所以重複言說。

其次說第二段的「致」和「發」。這裡的「致」，是推其極致的意思。這裡的「發」，是地面爆裂的意思。《老子》一書，大多數的章節都有押韻，所以朗朗可誦。此章第一段的「清」、「寧」、「靈」、「盈」、「生」、「貞」，都用平聲「耕」部韻，第二段的「裂」、「發」、「歇」、「竭」、「滅」、「蹶」，都用入聲「祭」韻，在誦讀時，由清揚而轉急促，正好與內容的正面反面相呼應。

最後一段，把「得一」的道理，落實到人間世來說。老子的一貫之道，在虛靜無為，在守柔處下，所以這裡說：「貴以賤為本，高以下為基」，統治百姓的侯王要「自謂孤、寡、不穀」。孤、寡、不穀，都是自謙的意思。自我謙虛，才會以靜制動，以柔克剛，不會違背一貫之道；看待問題也才會看全面，不會偏執一端，像上面很多章節所說的那樣。「數輿無輿」，河上公本

「輿」作「車」，與上文「不轂」的「轂」，都與車子有關。車輿是古人生活必備的交通工具，老子藉此喻道，最易開悟讀者。人看車子，如果不就全面全體觀之，而把車子分為輻、輪、轂、衡、轝等等很多部分，單獨論其功用，則目無全車，車子就不成其為車子了。這就好比侯王不把百姓視為一體，處處分其貴賤，論其高下，侯王自居尊貴而目無餘子，也就不成其為侯王了。進一步說，侯王如果能夠守賤處下，不自貴自高，就好像說自己不是車子重要部分的轂，那麼，要治國安民，就容易得多。有的本子「輿」作「與」或「譽」，有人說「數輿無輿」就是《莊子‧至樂篇》所說的「至譽無譽」，那也是說不要自有自恃、自己居功的意思。

末尾二句是再以常見的璞石為喻，說玉是燦美多彩的，常為人所貴，石是磊落堅實的，常為人所賤，君子不要分開來看，因為它們的形狀光澤雖然不一樣，可是玉也是來自美石，它們本來就是一體。換言之，君子論道，不希望有貴賤之分。

【論老子絕句】之三十九

見說一為天地根，神人靈正總難論。自稱孤寡侯王事，無譽始歸眾妙門。

第40章

反者，道之動；弱者，道之用。❶
天下萬物生於有，有生於無。❷

【校注】

❶ 以上四句——楚簡本、帛書本在「反」、「弱」、「動」、「用」字下，皆有「也」。作語氣停頓舒緩之用，此古代楚人楚語之特色。文義固無不同。

❷ 以上二句——「天下萬物」，楚簡本、帛書本作「天下之物」，嚴遵本等作「天地之物」。末句「有生於無」，楚簡本作「生於無」，無「有」字。蓋謂天下萬物生於有，亦生於無。

【直譯】

反轉的事物，是道的運行；柔弱的事物，是道的作用。

天下萬物都產生於「有」之中，而「有」產生於「無」之中。

【新繹】

此章有的傳本（如嚴遵本等），是與上章相連的，而楚簡本、帛書本等，則繫於下一章之後。而且，末句楚簡本沒有句首的「有」字，這一字之差，使「天下萬物」從何而生的問題，引起了一些爭論。為了討論的方便，我們還是從頭談起。

這一章雖然篇幅不多，但所談的都是《老子》一書中重要的課題，有些地方，上文已一再討論過。「反者，道之動」的「反」，有兩層意義：一是正反的「反」；一同「返」，是往返的「返」。從正反的「反」來說，從第一章所談的「無」、「有」，第二章所談的「天下皆知美之為美，斯惡已」開始，老子就常借天地萬物之中，原就存在矛盾對立的事物，來說明「物極必反」中的正反相對、「獨立而不改」的道理。從往返的「返」來說，強調的是正反之間的轉化過程。經文第二十五章說：「大曰逝，逝曰遠，遠曰反」，說的就是「物極必反」中逝而能返、「周行而不殆」的道理。前者如寵辱，後者如盛衰。二者雖有不同，但就其運行轉動而言，實則為一。「反」是「正」的對立面，用現代的數學觀念來說，是一百八十度的逆轉，而「返」則是由「正」而「反」，再由「反」而「正」的過程，亦即上文所謂「大」、「逝」、「遠」、「反」，是三百六十度的回轉，又回到原始的起點。如此周而復始，循環不已。因此，這裡所說的「反」，實兼有「反」、「返」二義。這就是所謂相反相成，也是《老子》書中一再闡釋的道理。

同樣的，「弱者，道之用」這個命題，「弱」也兼有「弱」與「強」對，以及「弱」為「強」之本的兩層意義。經文第三十六章說：「將欲弱之，必固強之」，又說：「柔弱勝剛強」，可見「弱」與「強」是對立面，但最後「強」仍歸於「弱」所有。以動、植物為例，始生之時，都是柔弱的，後來逐漸茁長而趨於強壯，強壯與柔弱大不相同，但強壯之後，又勢必趨於衰微，終至於消亡。

觀察以上所說的這些過程，歸納起來，老子以為必然有一個自然的規律貫乎其間，他稱之為「道」，而把由「無」而「有」，再由「有」而「無」的過程，稱為「道之用」。

這一章最後說的「天下萬物生於有，有生於無」，就是從上述推論中得來的。「天下萬物」，有的本子作「天地萬物」，有的作「天下之物」。天下，就是指天地之間。物是概稱，萬物是極言其多，上述幾種異文，本來亦可相通。有人於此大作文章，似可不必。另外，有的本子末句沒有「有」字，如此，最後兩句的意思，就變成了天下萬物既「生於有」，也「生於無」。這樣說，似乎與原來的「生於有，有生於無」，意義不同。前者是說「有」、「無」可以同時相生相成，而後者則說所生有先後次序的不同。實際上，老子論「道」，從第一章開始就說了「道可道，非常道」，有些恒常之「道」是難以言說的。所謂「無，名天地之始；有，名萬物之母」，有、無二者本來就是抽象的概念，一般人實在不易了解，所以老子才會說：「同謂之玄」、「玄之又玄」，然後又於第二章中說：「有無相生，難易相成」等等，來說明「有」、「無」二者是相因相生、相對相成的。筆者也因此以為「無，名天地之始；有，名萬物之母」，應當視為互文見義，意即：「無」與「有」二者配合，即天地萬物之根源。配合得宜，即生其功用，合乎「道」，所謂「有之以為利，無之以為用」（第十一章）；配合得不好，則「輕則失本，躁則失君」（第二十六章），會出現「天無以清將恐裂，地無以寧將恐發」，乃至「萬物無以生將恐滅，侯王無以貴高將恐蹶」（第三十九章）的狀況。所以，說天下萬物「生於有，有生於無」也好，「生於有，生於無」也好，不過都是呼應上文，說「有」、「無」之互動、互相為用，因而才產生了天地萬物。有人根據帛書本「有生於無」作「生於無」，而大作文章，過於推崇帛書本的價值，而忽略了《老子》書中「有無相生」的涵義，是有待商榷的。經文第十六章說：「萬物並作，吾以觀復。夫物芸芸，各復歸其根。歸根曰靜，是謂復命。復命曰常，知常曰明。」讀此章時，不妨三復斯言！

【論老子絕句】之四十

此強彼弱亂紛紛，有自無生豈可分。實腹虛心非大道，正言若反是虛文。

第41章

上士聞道，勤而行之；中士聞道，若存若亡；下士聞道，大咲之，不咲不足以為道。❶

故建言有之：明道若昧，進道若退，夷道若纇；上德若谷，大白若辱，廣德若不足；建德若偷，質真若渝，大方無隅；大器晚成，大音希聲，大象無形。❷

道隱無名。夫唯道，善貸且成。❸

【校注】

❶ 以上七句——「勤而行之」，楚簡本作「勤能行於其中」，帛書乙本作「堇能行之」。傅奕本作「而勤行之」。「不咲不足以為道」，是說下士自作聰明，怕不嘲笑大道，會被當成不識大道。咲，同「笑」字。

❷ 以上十三句——「建言有之」句下，帛書乙本等有「曰」字。建言，即立言，指古人之格言教訓。「明道若昧」以下句中「若」字，帛書本等多作「如」。夷，平。纇，絲有結。楚簡本此句作「遲道如獖」。遲，徐行。獖，通「隤」，頹敗之意。建，同「健」。偷，苟且。質真，即實德。「德」古作「悳」，與「真」形近。「大器晚成」，「晚」楚簡本作「慢」，帛書本作「免」。「慢」、「晚」義同。「免成」則有「無成」之意。

❸ 以上三句——「善貸且成」，帛書本作「善始且善成」。敦煌本「貸」亦作「始」。貸，借而有還，此喻

始於借而終於成。

【直譯】

上士聽了大道，敬謹而且實踐它；中士聽了大道，像記得又像忘掉；下士聽了大道，大大的嘲笑它，不嘲笑就不足以成為大道。

因此樹立言論者有下列這些格言：光明的大道像是昏昧，前進的大道像是後退，平坦的大道像是打結；最高的品德像是谿壑，最大的潔白像是污垢，最廣的品德像是不足夠；健全的品德像是偷惰，實在的純真像是混濁，最大的方向沒有角落；最大的器物最晚完成，最大的音樂很少音聲，最大的形象沒有外形。

大道幽隱，沒有名稱。啊只有大道，善於創始而且完成。

【新繹】

此章說明「道」的本質，「唯恍唯惚」，渾沌一片，所以不同的人，對它會有不同的觀感。文中用了十二個成語，來說明「道」、「德」、「大」等等，都有「恍兮惚兮」的兩面，貴在讀者能善自體會。這十二個成語，稱為「建言」，當然是指出諸別人，並非著者自己的創見。老子擔任周典藏史，這些話和其他章節的「故聖人云」、「古之所謂」、「用兵者言」等等一樣，最有可能的，當然是出自古人古書古語。不僅可能是太史儋引述老子之言，也可能是老子引述古人之格言教訓。

全章可分三段：

第一段呼應第二十一章的「道之為物，唯恍唯惚」等句，說明「道」的本質雖然是一個，但因它恍惚渾沌，因而上士、中士、下士三種不同的階層，體會也就各有不同。為什麼特別提到「士」這個階層呢，可能與周朝的政治制度和社會風氣有關。士這個階層，在周朝是社會的中堅，他們效忠國家，服事貴族，幫助侯王卿大夫來帶領百姓，管理人民。《論語》一書所記載的，幾乎都是孔子教學生如何才能做好士人的工作，因此他與書中大多數人物的對話，幾乎都環繞著士人如何學習、如何為人處事的話題。《老子》一書則不同，大致是對執政者而發，往往藉古之聖人的格言教訓，告訴統治者如何因應人民，而不是針對士人這個階層來開說立論。此章開頭講階層不同的士人，對所聽聞的「道」有不同的反應，也是居高臨下，告訴執政高層如何藉此鑑別士人的不同。

孔子曾說：中人以下，不可以語上。老子也有這樣的看法。同樣聽「道」，上士能銘記在心，勤行其言；中士則心不在焉，似存似忘；至於下士更是自作聰明，以為所聽的道理只是空口大話，因而加以嘲笑。此章即從這裡談起，暗示「道之為物，唯恍唯惚」、「玄之又玄」的結果，很容易引起一些人的誤會。所以下文馬上提出十二個例證，來說明「道」的一體兩面。

第二段列舉了十二個例子，並且說這是古代立言者曾經說過的話語。在這十二句十二個例子中，有下列幾個現象值得注意：第一、每一句之中，都已經有正反兩面的字眼相對。例如「明道若昧」的「明」與「昧」對，「進道若退」的「進」與「退」對，等等。第二、句中談到「道」和「德」的各有三句，談到「大」的有五句，如果把「質真」的「真」，當成「德」（悳）的古字，那麼言「德」者有四句。第三、前八句的第三個字皆作「若」，後面的四句，第三個字分別是「無(隅)」、「晚(成)」、「希(聲)」、「無(形)」。基本上，它們也都是「無」的意思。「晚成」的「晚」，帛書本作「免」；「免成」意即「無成」。即使是原句的「大器晚成」，也隱含有最遲而難以完成之意。「希聲」的「希」，第十四章早就說過：「聽之不聞，名曰希」，可見「希」亦含有「無」意。第四、這十二句一如以上各章，依古音每幾句押一韻。「昧」、「退」、「纇」一韻；「谷」、「辱」、「足」、「偷」、「渝」、「隅」一韻，「成」、「聲」、「形」一韻。讀起來清切可誦。第五、這十二句的次序，看起來似有舛錯。例如「大白若辱」一句，敦煌本列在「上德」句前，「大白」句亦指「道」，如此則言「道」、「德」、「大」者各四句。今人亦有逕移之於「質真」句之後的。主要的原因，是這一句插在「上德」與「廣德」、「建德」三「德」之間，令人總覺得有些不搭調。就句首「大」字言，亦似宜置於後文「大方」、「大器」等四「大」前後才對。不過，這只是一種合理的推測而已。

以上所說的這十二個例子，據第二十五章，我們知道「大」是「道」的別名，它有時候會「逝」會「遠」；據第三十八章，「德」是「道」的外現，它有時候會華而不實，可以說都具有「道」的正反兩面。因此，就「道」而言，它若明顯若暗昧，若前進若後退，若平坦若打結；就「德」而言，它若高上若低下，若廣大若不足，若健全若苟且，若純真若混濁；就「大」而言，若潔白若污黑，方向可無角隅，器物尚未完成，音樂可以無聲，形象可以無形。這一切，都是因為「道之為物，唯恍唯惚」的緣故。

第三段作結，只有三句。「道隱無名」承接第一段的「不笑不足以為道」，說「道」因幽隱而難以形容，不為中下之士所知，但對於真正知「道」的上士來說，「道」，其實是借給別人，幫助別人，最後又會回到自己身上的東西。「貸」就是這個意思。就像借錢給別人，幫助別人買了要買的東西，最後他還是還給你錢，你沒有損失，卻又幫助了別人。王弼注云：「貸之非唯供其乏而已，一貸之則足以永終其德，故曰善貸也。」旨哉斯言！

有人認為「道隱無名」一句，應屬上讀。這固然是另一種讀法，但未必好。因為放在這裡，事實上更有總結上文、呼應以上各章的作用。

【論老子絕句】之四十一
五音亂耳只虛聲，大器晚成更不能。論士且分上中下，如何侈口說無名。

第42章

道生一，一生二，二生三，三生萬物。萬物負陰而抱陽，沖氣以為和。❶人之所惡，唯孤、寡、不穀，而王公以為稱。故物或損之而益，或益之而損。❷人之所教，我亦教之：強梁者不得其死，吾將以為教父。❸

【校注】

❶以上六句——句中一、二、三等數目字，蓋以數目之由少而多，說明大道衍生萬物的過程。後人解一為太極，二為兩儀，三為三才，自亦有其道理。

❷以上五句——「人」字帛書甲本作「天下」。「以為稱」帛書本作「以自名也」。不穀，一作「不轂」，意同，都是自謙不完善之詞。

❸以上四句——前二句傅奕本作：「人之所以教我，亦我之所以教人」。「強梁者不得其死」帛書本作「故強良者不得死」。「教父」帛書本作「學父」。古人說教者學之半，「學」本來亦有「教」的意思。

【直譯】

大道生成一團元氣，一團元氣生成陰陽天地的兩儀，兩儀生成天地人的三才，三才生成千千萬萬的物體。萬物背負陰氣而迎抱陽氣，激盪陰陽二氣而成為和氣。

人所厭惡的事物，就是孤、寡、不穀，但王公卻拿來做稱呼。因此事物有時減少它卻反而增加了，有時增加它卻反而減少了。

前人所教導的，我也教導人學習：強橫的人不能得到他的好死，我將以此做為教學的主體。

【新繹】

此章藉大道衍生萬物的過程，來說明「沖氣以為和」的重要性。從天道說到人事，本來就是《老子》一書的立意所在，尤其是德經的部分，更是如此。

全章可分三段：

第一段說「道」由「一」衍生為「萬物」的過程。前面第三十九章曾經說過：「昔之得一者，天得一以清，地得一以寧」，一直推衍到「萬物得一以生，侯王得一以為天下貞」的正反兩面。「一」是指天道渾沌未開，尚未化生天地萬物之前的原始狀態，有人稱之為元氣，也有人稱之為太極，天地萬物都必須得此一貫之氣才能化生；「得一」的「得」，則強調在獲得此一以貫之的元氣作用上。「一」和「得一」二者的意義是不同的，第三十九章說的是「得一」，此章說「一」，一二三的「一」，二者在理論上自有差異。

此章開頭所說的：「道生一，一生二，二生三，三生萬物」，古代讀者的理解，通常把「一」、「二」、「三」視為太極、兩儀、三才的代稱。太極是一團渾沌恍惚的元氣，兩儀是陰陽天地分開的形態，三才是天地判分之後，陰陽互相沖和而造成人的存在。如此衍化生成，然後才有所謂萬物產生。它們都是先後參贊造化而生。所謂參贊造化，也就是上文第三十九章的所謂「得一」。《列子．天瑞篇》說：「一者，形變之始也。清輕者上為天，濁重者下為地，沖和氣者為人。故天地含精，萬物化生。」這樣的理解，有其道理。《周易．繫辭上》說的「易有太極，是生兩儀」，《莊子．田子方篇》引述的「至陰肅肅，至陽赫赫。肅肅出乎天，赫赫發乎地。兩者交通成和而物生焉」，《呂氏春秋．大樂篇》的「太一出兩儀，兩儀出陰陽。陰陽變化，一上一下，合而成章」，《淮南子．天文訓》的「道曰規，始於一。一而不生，故分而為陰陽。陰陽合而萬物生」，以上這些文字背後所蘊含的思想，前後相承，有一定的發展脈絡，讀者不應一筆抹殺。至少它們和楚簡《太一生水》篇一樣，保存了秦漢以前中國古人對宇宙萬物生成的觀念。

近代的學者頗有些人不採用上述的說法。他們認為「道生一」以下幾句的數目字，只是說明由簡而繁的過程而已。事實上，他們也是有所本的。《莊子．齊物論》有云：「天地與我並生，而萬物與我為一。既已為一也，且得有言乎？既已謂之一矣，且得無言乎？一與言為二，二與一為三。自此以往，巧歷不能得，而況其凡乎？故自無適有，以至於三，而況自有適有乎？」這也就是王弼注所謂「有一有二，遂生乎三。從無之有，數盡乎斯，過此以往，非道之流。」等等立論的依據。王弼注已具引於上文第三十九章「新繹」的解說裡，此不贅言。

這裡的說法，強調數目字就是數目字，代表由簡而繁，由少而多。萬物的「萬」，即衍生累積而得。表面上看起來，此與前一種說法有所不同，至少在理論上是如此。但仔細深入去想，二者卻又沒有實質上的差異。數目字一、二、三的背後，仍然有所指稱才對，古代傳統的太極、兩儀、三才之說，不過是冠以名稱，所謂「名可名」而已。對所起的名稱可以反對，但名稱的背後，畢竟是有實體存在的。因此筆者以為舊說仍有可取之處。

「萬物負陰而抱陽，沖氣以為和」二句，上文已再三解說過，萬物是陰陽二氣相互激盪磨合而生，《荀子．天論篇》也說：「萬物各得其和以生。」做為萬物之靈的人，更是如此。「和」可以有兩種解釋：一是指陰陽二氣的激盪和合，二是指陰陽二氣和合之後所產生的和氣。第二種解釋，把第一種解釋所說的作用包括在內，比較適合此章的旨趣。《莊子．知北遊篇》說：「人之生，氣之聚也」、「故萬物一也」、「通天下一氣耳」，這些話都可以拿來與本章合讀。

第二段把上面所說的理論，落實到現實世界來。「人之所惡」的「人」，帛書甲本作「天下」，那是說天下萬物大都不喜歡孤獨、寡弱、不美善。「不穀」一作「不轂」，都是不美好、不重要的意思。「人」與「萬物」對，「王公」又與「人」對。「人」與「萬物」的不同，在於「人」類更會思想，而「王公」與一般「人」的不同，更在於「王公」能善於體會「沖氣以為和」的道理。沖和之氣，不會偏頗，而其所以能夠如此，又在於「負陰而抱陽」，守柔處下，不與人爭。《尚書．大禹謨》有云：「滿招損，謙受益」，意思是說自滿自得的人誇耀自己的長處，惹人厭惡，反而破壞他的名譽；自謙自貶的人謙稱自己的弱點，令人同情，反而稱揚他的優點。這就是「或損之而益，或益之而損」二句所要闡釋的道理。

最後一段以「強梁者不得其死」一語作結。這句話據《說苑．敬慎篇》及《孔子家語》等書的記載，原是周廟金人銘文，可見這應該也是老子引用古人說過的話語，來教導後學。所以他才說「人之所教，我亦教之」。這句話和第三十六章所說的「柔弱勝剛強」，道理自可相通，但它特別強調：過於強橫的人必然不得其死。過於強橫的人，取強用矜，難免招來橫禍，而死於非命。這當然與上文互為呼應，也是勸人「沖氣以為和」，一切以「和」為貴，不可驕矜的意思。

「強梁者不得其死」這一句，帛書甲本作「故強良者不得死」。有人譯作：「故意強稱賢良的人，不會有結果。」可備一說。

【論老子絕句】之四十二

堅持一氣莫倉皇，萬物負陰更抱陽。但守良心行正道，管他地獄與天堂。

第43章

天下之至柔，馳騁天下之至堅。❶

無有，入無間。吾是以知無為之有益。❷

不言之教，無為之益，天下希及之。❸

【校注】

❶ 以上二句——至柔之物，如水；至堅之物，如金石。馳騁，猶言奔逐、駕馭。

❷ 以上二句——「無有，入無間」，帛書甲本作「無有，入於無間」，傅奕本作「出於無有，入於無間」。無有之「有」，無間之「間」，皆為名詞，「有」指有形之體，「間」指空隙。

❸ 以上三句——傅奕本「希」作「稀」。「希」有希望與稀少二義，在此句中都講得通。

【直譯】

天下最柔弱的東西，能夠駕馭天下最堅厚的東西。

沒有形體，進入沒有縫隙。我因此知道無所作為的必然有益。

不待言說的教化，無所作為的好處，天下很少人能注意到它。

【新繹】

此章重複上文說過的道理，特別強調柔能克剛、「無有」入乎「無間」，以及「無為」、「不言」的好處。老子《道德經》中，前後重複的地方不少，有的是文句重出，有的是意思近似。有些學者面對這種情況，比對版本之餘，往往臆斷增刪，特別是在帛書本、楚簡本先後出土之後，更多的人據以改訂舊傳本，其臆斷妄改的情形，比以前更為嚴重。筆者以為《老子》的章節之間，本來就多協韻，重章疊句，前後複沓，以增韻味，此固韻文常見之形式，不足為怪。《詩經》如此，《楚辭》如此，《老子》亦理當如此。也因此，筆者悉依舊本，一以王弼注本為據，不敢臆斷增刪，希望讀者注意。

「天下之至柔」二句，馬上令我們回想到第八章的「上善若水」。水是天下萬物之中最為柔弱的東西，可是它卻能無堅不摧。「馳騁天下之至堅」的「馳騁」，藉馬的奔馳，來形容出入的自如和行動的快速。再舉個例子，石頭是至為堅硬的東西，可是柔弱無比的小草幼苗，卻能從石頭縫隙間生長出來，試想想，這是什麼神祕的力量！

所以，老子接著提出「無有入無間」的想法。「無有」，不是指「無」與「有」，而是說無「有」，沒有形體的意思。水，原是沒有形體的東西，草木的幼苗也一樣是原來沒有形體可言的。然而它們卻能穿過或竄出沒有間隙可言的石頭，這就叫做「無有，入無間」。《莊子・養生主》所說的：「無厚入有間」與此比較起來，意雖近似而實則差別不小。莊子說的還合乎一般人常識的判斷，老子所言則「玄之又玄」，可是仔細體會，卻又令人覺得妙不可言，或者說，不可盡言。

「無有，入無間」，有的傳本作：「出於無有，入於無間」，說某些事物出乎無，入乎有，也很有道理。實際上，「出於無有」，就是「無有」，二者都符合老子學說的旨趣，但從下文「吾是以知無為之有益」來看，似乎「無有，入無間」更近於自然，不必又「出」又「入」。無為，是說自己無所作為，沒有什麼特別的動機或目的，一切順乎自然，而不是說自己什麼都不做。水向低處流，那是自然的趨勢，不可以不讓它流；芽苗向外伸，那是自然的成長，不可以不讓它長。至於水為什麼生來就往低處流，芽苗為什麼生來就有向外伸的力氣，那是「道」的作用。「道」有時可道，有時不可道，或者說，「道」本來就道不盡的。

也因此，老子把第二章經文的「聖人處無為之事，行不言之教」的話，又重新闡述一番。一則強調「不言」、「無為」是至妙無上的道理，一則說明這是古今「聖人」應當恪守的教訓。「天下希及之」的「天下」，河上公注云：「天下，謂人主也。」統治天下的人主，以古代的「聖人」為師。「希及之」，河上公注：「希能有及道」，也就是希望趕得上他的意思。另外，傅奕本「希」作「稀」，是從反面說，感嘆後代人主能夠行不言之教、處無為之事的，已經很少了。

【論老子絕句】之四十三

欲入有間須無厚，豈能無有入無間？至堅摧弱尋常事，何必反言惹謗訕？

第44章

名與身孰親？身與貨孰多？得與亡孰病？❶
是故甚愛必大費，多藏必厚亡。❷
知足不辱，知止不殆，可以長久。❸

【校注】

❶ 以上三句——楚簡本、帛書甲本全同。多，猶「重」，有珍重的意思。「得與亡」，王弼以為是指得名利與亡其身。病，危害。

❷ 以上二句——楚簡本、帛書本無句首「是故」二字。「多藏必厚亡」楚簡本作「厚藏必多亡」。「甚愛」與「多藏」對，「大費」與「厚亡」對，不僅句中自相為對而已。王弼注云：「甚愛，不與物通；多藏，不與物散」，皆有吝惜之意。

❸ 以上三句——首句前，楚簡本、帛書甲本等有「故」字。知止，與「知足」同義。止，古通「足」，指腳步。成語中的「適可而止」、「知所進退」，移以論此，是最恰當的解釋。

【直譯】

名聲與生命，哪一個可親？生命與財物，哪一個珍貴？獲得名利與喪失生命，哪一個有害？

因此過分的珍貴，一定導致重大的耗費；太多的珍藏，一定導致嚴重的喪亡。知道滿足，就不會受辱；知所進退，就不會危險；這樣就可以長治久安。

【新繹】

此章從日常事理來分析人生的利害得失，並且勸人要知足寡欲。

全章可分三段：

第一段用提問的方式來問讀者三個問題：名譽和生命、生命和財富、得與失，這三者彼此之間，哪一個值得重視。答案是什麼，老子在這裡並沒有正式具體的回答。不過，從《老子》書中的其他章節，我們仍然可以得其梗概。像第二章說過「功成而弗居」，第三章說過「不尚賢」、「不貴難得之貨」、「不見可欲」，第九章說過「金玉滿室，莫之能守；富貴而驕，自遺其咎」等等。這些話中，我們可以知道老子不重視功名、財富。因此，歷來不少人解釋此章，專就此一方面去發揮，認為老子鄙棄功名和財富。

另外，又有人從「名與身孰親」等三個問題中，認為老子既然不重視功名和財富，那麼反過來，老子一定是貴「身」無疑，因此說他「貴己」、「為我」等等。

事實上，這兩種推論都值得商榷。仔細看此三句原文，老子只是提出問題而已，並無正式具體的答案。有人以為底下兩句是老子的答案，其實也有問題。

底下的兩句：「是故甚愛必大費，多藏必厚亡」，也就是第二段的文字含意，其實也是不具體的。「甚愛」與「多藏」對，「大費」與「厚亡」對。它們所指的對象，究竟是名或身、身或貨，是無法確定的。有人可以為名而餓死在首陽山，有人可以為財而餓死在東陵上，或為名，或為利，各從所好，未必人人都以生命為重。「得與亡孰病」一句，王弼注文中說「得」是「得名利」，「亡」是「亡其身」，顯然是認為承上二句而言。既然問「孰病」，那也表示原可沒有一定的答案。

回頭去看前面所引的例子，「功成而弗居」只是說功成名就以後，自己不要居功而已，並沒有教人鄙棄功名；「不尚賢」、「不貴難得之貨」、「不見可欲」，只是教人不尚、不貴、不見而已，要加強自己的人格修養，並沒有貶斥賢者、難得之貨等等的意思。而所謂「金玉滿室」、「富貴而驕」，也仍然沒有離開上述名與利的範圍。倒是經文第十九章所說的「絕聖棄智」、「絕仁棄義」、「絕巧棄利」以及「見素抱樸，少私寡欲」等等，與此章頗似有相契合處。不過，第十九章說的，重在統治天下者如何管理百姓，使社會進步，人民安樂；此章所言，則重在自我的修養、人格的陶冶。二者似應分別論之，其分際還有討論商榷的餘地。

筆者以為老子是不偏執一端的，過猶不及，絕對不是他的主張。「甚愛必大費」二句的「甚」、「大」、「多」、「厚」，這裡都有過分之意，所以他表示不贊成。第二章所說的「皆知善之為善，斯不善已」，特別是第十三章所說的「寵辱若驚」、「得之若驚，失之若驚」、「吾所以有大患者，為吾有身」，更讓我們了解到：老子主張「寵辱若驚」，主張人之所以有大患，正在於「為吾有身」。因此，歷來很多人把第一段所提的三個問題，認定老子重「身」而輕「名」輕「貨」，未必是正確的說法。

明白上述所說的道理，自然曉得第三段所說的「知足」、「知止」，才是老子學說中的真正主張。知足，是表示已經得到了，已經滿足了，不再過分要求。例如第二章所說的「功成而弗居。夫惟弗居，是以不去」，重點在於「不去」。因為「弗居」，所以才能「不去」，也才能不因貪得無厭，為人所憎，而自取其辱。知止，是表示知所進退，知道適可而止，所以才能進退得宜，才能不為名利所囿而陷身於危險之地。

【論老子絕句】之四十四

莫辨身名孰與親，達生何必問前因。榮華恩愛有時盡，轉眼今人成古人。

第45章

大成若缺，其用不弊；大盈若沖，其用不窮。❶
大直若屈，大巧若拙，大辯若訥。❷
躁勝寒，靜勝熱，清靜以為天下正。❸

【校注】

❶ 以上四句——「大盈若沖」傅奕本作「大滿若盅」。楚簡本、帛書甲本「沖」作「浊」。沖，同「盅」，中空的盛水器具，已見第四章。

❷ 以上三句——楚簡本作：「大巧若拙，大成若詘，大直若屈。」次序不同。帛書甲本、傅奕本「屈」亦作「詘」。屈，同「詘」。訥，木訥、口吃（音「急」）。

❸ 以上三句——楚簡本作：「喿勝蒼，青勝燃，清清為天下定。」帛書甲本作：「趮勝寒，靚勝炅，請靚可以為天下正。」傅奕本末句作：「知清靖以為天下正」。蒼，通「滄」，冰寒之意。喿、趮、燥、躁皆通假字。炅，古「熱」字。請、靖等為「清」之訛字。

【直譯】

最完整的像有缺塊，它的作用不會敗壞；最豐盈的像是水盅，它的作用不會困窮。

最正直的像是彎曲，最智巧的像是愚痴，最善辯的像是口吃。

燥熱勝過寒冷，清靜勝過燥熱，清靜可以做為天下的準則。

【新繹】

此章用辯證的方法，來說明某些事物看似矛盾而實則統一的道理。從最後一句「清靜以為天下正」來看，可以知道此章立論的重點在於「清靜」，而且是對天下統治者而發。

全章可以分為三段：

第一段先以「大成」與「大盈」為例，說它們都有虛空的地方，因此才能發揮神妙的作用。朱謙之《老子校釋》說「大盈」與「大成」相對成文，「成」即「盛」的省文。「盛」與「盈」都從「皿」，可見古代原指食用的器具。事實上，不僅「成」與「盈」原指器皿而言，「若缺」的「缺」從「缶」，意為「器破」；「若沖」的「沖」一作「盅」，從「皿」部，也都原指盛飲食的器具，而且，它們的形制，都有中間虛空的部分。因此，就像第四章所說的那樣：「用之或不盈」。後來，這些字的詞義，才由名詞而轉為動詞或形容詞用。「大成」、「大盈」的「大」，固然是形體的形容，但就像第二十五章所說的那樣，「道」也可叫做「大」，所以此章所說的「大」，都含有合乎大道的意思。「成」與「缺」，「盈」與「沖」，都是相反的詞義，但老子以為它們在矛盾對立中，卻又有統一的意義。

第二段說的「大直」、「大巧」、「大辯」等句，「直」與「屈」，「巧」與「拙」、「辯」與「訥」，都是相反詞，和上文的「大成」、「大盈」等句一樣，也都在矛盾對立之中，又有統一的意義。形制完整的器皿，因為中間有空缺或虛空的部分，所以使用起來，才妙用無窮。同樣的道理，正直的要讓人覺得歪而不正；智巧的要讓人覺得行動笨拙；善辯的要讓人覺得木訥口吃，這樣才不會引人注意。不會引人注意，也才能發揮意想不到的作用。上文說的是器物，這一段說的已是人間世的品格、智慧、口才等問題。對照上文，這「大直」、「大巧」、「大辯」三句的後面，應該也有「其用不弊」、「其用不窮」之類的句子才對。像《韓詩外傳》卷九引用這三句，雖然順序不同，但後面就有「用之不屈」四字。《韓詩外傳》的依據，不知道是什麼，但比較合理，則應無疑義。

最後的三句，各種傳本之間，字句歧異很多。尤其是對於「躁勝寒，靜勝熱」二句，更有種種不同的推測。準以上文，有人以為此二句應作「靜勝躁，寒勝熱」才對。這種說法，看起來合理，卻未必然。因為上文都是用詞義相反的東西，從矛盾對立中說明二者實則相反相成的道理。老子是不主張偏執一端的。「躁」通「燥」，說它勝「寒」，「靜」通「瀞」，意即清水，而說它勝「熱」，這樣的說法似乎都未必合乎一般人知識的判斷。事實上，老子正要從這矛盾之中，進一步說明它們之間的關係。誰也不能否認現實人生中果然也有下列的事實：生火取暖，躁急生熱，這些都是可以戰勝寒氣的；而清水可以除熱，安靜可以消暑，這些也都是很多人曾經有過的生活經驗。王弼注文說：「躁罷然後勝寒，靜無為以勝熱」，他就是這樣解釋的。你可以說上述的例子，似乎有可反駁處，但你不覺得此章上文所說的「大成若缺」以至「大辯若訥」等等，不就是從矛盾中說其「玄之又玄」的道理嗎？

所以，老子再次下結論：「清靜」是統治天下的君王必須了解的事情。第二十六章說的：「靜為躁君」，在此再次得到了印證，而第五十七章說的：「以正治國」，也從此章結語「清靜以為天下正」中找到了源頭。

【論老子絕句】之四十五

大成若缺用無窮，直屈盈沖相始終。清靜乃為天下正，至中惟恐兩頭空。

第46章

天下有道，卻走馬以糞；天下無道，戎馬生於郊。❶（罪莫大於可欲，）禍莫大於不知足，咎莫大於欲得。故知足之足，常足。❷

【校注】

❶以上四句——「卻走馬以糞」，傅奕本「糞」作「播」，二字古通用。卻，即「退」。走，即「跑」。是說天下無事，馬不用奔馳於戰場，反而幫助農人拉車載糞，到田裡施肥播種。戎馬，戰馬。

❷以上四句——四句前，楚簡本另有「罪莫厚乎甚欲，咎莫憯乎欲得」，帛書本與河上公本、傅奕本等，另有「罪莫大於可欲」一句。《韓非子·解老篇》則引作「禍莫大於可欲」。足證王弼本缺此句，應補入。「咎莫大於欲得」，《韓非子·解老篇》「大」作「憯」，「得」作「利」。憯，甚也，此與「大」同義。得、利二字於此皆從「多欲」取義，故可相通。

【直譯】

天下政治上軌道時，撤退（軍用的）跑馬來載糞施肥；天下政治不上軌道時，戰馬出生在荒郊野外。

（罪過沒有大於引人貪念的，）禍患沒有大於不知滿足的，災難沒有大於多欲貪得的。所以知道滿足的滿足，是長久的滿足。

【新繹】

此章再次強調多欲的災禍和知足的重要。從「天下無道，戎馬生於郊」等句來看，立論的重點在於勸誡統治天下的君王要知足寡欲。清代魏源《老子本義》說：有人以為上章末三句「躁勝寒，靜勝熱，清靜以為天下正」，應與本章相連接，同屬一章才對，因為同言「清靜治天下之效也」。這個意見是值得我們注意的。

文章的開頭，先以古人生活中慣見常用的馬，來做天下有道無道的對比。同樣是馬，在政治上軌道、天下無事時，馬不必馳驅於戰場之上，牠的主要活動，只是替農人拉著車子，載運糞肥到田裡去。古代農家在耕種過程中，常以糞為肥料，載肥的通常是牛、馬之類。用從戰場撤退下來的馬，來幫助農人載糞填肥，說明天下清平，這是生動貼切的描述。用一個簡單的景象，就突顯了所要表達的主題。相反的，政治不安定、天下有事時，馬終日奔馳於郊野之外、戰場之上，不但不能好好休息，而且有時候連母馬生產小馬時，都不是在廄房之內，而是在荒郊野外，表示連孕馬也要上戰場。這樣的對比，真的非常鮮明生動。

下文就是從「天下無道，戎馬生於郊」二句引發出來的。戎馬所以生子於郊的原因，是由於天下無道，政事昏亂，所以統治天下者，不能辭其咎。老子以為推究其原因，莫非由於統治者貪欲之心太強，不知道要清靜知足。根據帛書本、傅奕本等等，以及《韓非子．解老篇》的引述，我們知道王弼本應是少了「罪莫大於可欲」一句。這一句與「咎莫大於欲得」意稍犯重，是否因為如此才被刪掉，不得而知，但「咎莫大於欲得」一句，據《韓非子．解老篇》的引述，「大」作「憯」，「得」作「利」。「憯」有「甚」義，與「大」通；「欲得」與「欲利」，自亦同義。這兩三句都是說明政事之衰、戰爭之起，莫不由於在上位者之貪得無厭。因為貪得無厭，所以不知足，也因此上下交相爭利。如此而豈有天下不亂之理？

最後的兩句，再次強調知足常樂的道理，也印證了第三章「是以聖人之治」，「常使民無知無欲」，「使民不爭」、「使民不為盜」、「使民心不亂」的重要性。

【論老子絕句】之四十六

禍因欲得不知止，馬或生郊或糞田。若道謙卑即無事，為何高足盡爭先。

第47章

不出戶，知天下；不窺牖，見天道。❶
其出彌遠，其知彌少。❷
是以聖人不行而知，不見而名，不為而成。❸

【校注】

❶ 以上四句——帛書本作：「不出於戶，以知天下；不規於牖，以知天道。」傅奕本作：「不出戶，可以知天下；不窺牖，可以知天道。」語氣稍異，文義則同。

❷ 以上二句——「其知彌少」，景龍本「少」作「近」。近者，淺之意，與「少」可通。傅奕本「少」作「尟」。「尟」為「少」之俗字。「其知」之「知」，應指上文「天道」而言。

❸ 以上三句——「不見而名」之「名」，《韓非子．喻老篇》引作「明」。第二十二章：「不自見，故明」。

【直譯】

不走出門戶，就知道天下的事物；不張望窗外，就知道自然的規律。
他出門越遠，他知道越少。

所以聖人不用實行就知道，不用看見就明瞭，不用作為就達到。

【新繹】

此章說明聖人了解天下事物及天道運行，在於善察事體，而不用事必躬親。此章與下一章配合來看，似乎思想脈絡更清楚。

篇幅雖然不長，但揆其語氣，仍應分成三段：

第一段說明有人可以不出門即知天下事，不窺窗即知天之道。這樣的說法，玄之又玄，一般人不容易明白，也不容易接受，但無疑的會引起讀者的注意。

同樣的，第二段又從反面來說，說出門越遠，知道的越少，或者說看得越多，認識越淺。這樣的說法，更玄之又玄，與一般人的常識認知及經驗法則，相去更遠。

「其出彌遠，其知彌少」的人，和第一段所說的「不出戶，知天下；不窺牖，知天道」的人，當然是對立的兩端，彼此好像有所矛盾。

可是老子卻又在第三段中，告訴我們以上的說法都沒錯，因為聖人可以「不行而知，不見而名，不為而成」。

這是什麼道理呢？

《韓詩外傳》卷三有一段話是這樣說的：

昔者不出戶而知天下，不窺牖而知天道，非目能視乎千里之前，非耳能聽乎千里之外，以己之情量之也。

己惡饑寒焉，則知天下之欲衣食也；己惡勞苦焉，則知天下之欲安佚也；己惡衰乏焉，則知天下之欲富足也。知此三者，聖人之所以不降席而匡天下。

有些道理是天下的恒道常理，不論道家、儒家或其他的思想流派都一樣遵行。上引《韓詩外傳》的這些話，即可用之於《老子》此章之中。「以己之情量之也」這句話是重點。一個人如果有同情心，對別人的遭遇能夠感同身受，那麼即使自己身在上位，沒有親身遭受什麼痛苦，也會為人設身處地著想，抱著人飢己飢、人溺己溺的精神。如果統治天下者能夠如此，那麼民胞物與、治國安民都不會成為問題。古代相傳曾經有官員到民間搖著木鐸，採集歌謠，獻給太師，比其音律，然後演奏給天子聽，就是希望天子從中觀風俗，知得失，了解民間的疾苦，不窺牖戶而盡知天下所苦，不下堂而知四方。相傳《詩經．國風》中的作品，也就是這樣產生的。因此，真正聰明睿智的統治者，他足不出戶，能知千里之外的事情，眼不窺窗，也能測知天道運行的法則。他只要把握原則就可以了，不必事事躬親。《淮南子．主術訓》說：「人主者，以天下之目視，以天下之耳聽，以天下之智慮，以天下之力爭。」他不必日行千里，夜觀星象，自然有人提供正確的訊息給他，因此他可以「清靜為天下正」。王弼的注文所說的：「事有宗而物有主，途雖殊而其歸同也，慮雖百而其致一也。道有大常，理有大致。執古之道，可以御今。雖處於今，可以知古始。故不出戶、闚牖而可知也。」也就是這個道理。王弼說得好，但過於典雅精簡，所以以下面試用另一種方式來說明相同的道理。

一般而言，從知識論的觀點來說，人類所獲得的知識，大致有兩種：一是具體事物的認識，一是抽象原理的認識。前者來自具體事物的接觸，後者則是從眾多的具體接觸中，歸納分析，作總結性的思考。譬如說，天下雖大，品類雖多，但歸納之，分析之，不外是人情物理而已；同樣的，天道雖隱，天象雖微，但歸納分析起來，也不外是陰陽變化而已。所謂人情物理、陰陽變化，歸結成抽象的原理之後，它們必然都有一定的軌道可循，都會照自然的規律運行，只要把握這些軌道規律，就可以把握事情的關鍵。而且人同此心，心同此理，只要像第十章所說的「滌除玄覽」，使心鏡通明，「明白四達」，那麼「以己之情量之」，好好反思推衍，一定可以像第十四章所說的那樣「執古之道，以御今之有」。執古以御今，推己以及人，真的「明白四達」。如此天下之事皆可推得而知，天道之妙亦可推得而明。否則，即使出了門，遠行千里之外，也未必對沿途和周遭的事物能有真正的認識；即使夜觀星象，也未必對滿天星斗和風雨寒暑能看出什麼預兆。說不定走得越遠、看得越多，反而越糊塗、越紛亂呢！

有人說，此章乃後人羼入之偽作，非老子原文。恐非是。

【論老子絕句】之四十七

疑惑豈因知識增，戶牖不出更無憑。不為而就終虛話，多聞能行方足衿。

第48章

為學日益，為道日損。損之又損，以至於無為，無為無不為。❶

取天下，常以無事；及其有事，不足以取天下。❷

【校注】

❶ 以上五句——「學」、「道」二字後，楚簡本、帛書本、傅奕本皆有「者」字。「無為無不為」，楚簡本作「而無不為」，嚴遵本作「而無以為」，傅奕本作「無為則無不為」。有「者」、「而」、「則」等字，語氣較舒緩，文義更清楚。

❷ 以上四句——傅奕本作：「將欲取天下者，常以無事，及其有事，又不足以取天下矣。」帛書本「常」作「恒」。俞樾則以為「常」乃「當」字之誤。

【直譯】

追求學識，一天一天增加，追求大道，一天一天減少。減少了它，又減少，一直到沒有作為，沒有作為，也沒有不作為。

取得天下，要常用無所事事的方法；等到它有所事事，就不能靠它來取得天下。

【新繹】

此章說明為道者之取天下，在於無為而無不為。配合上章來看，是說治國安民的聖人，所以能夠「不出戶，知天下；不窺牖，見天道」，所以能夠「不行而知，不見而名，不為而成」，其原因即在於他的無為無事，因此才能德與道配，化育天下。德經部分，有些章句前後緊相承應，似宜合為一章，像此章與上章即為一例。

全章可分二段說明：

第一段先從「為學」與「為道」二者的不同說起，其實重點在於「為道日損」這一句。一般而言，為學者，在於追求學識的充實和技能的增進，要不斷的倣效，學習別人的優點，目的就是在於「尚賢」，希望自己也能成為賢人。這種人勤於學習，欲望很強，知識技能當然會一天比一天增進，但是，如果他沒有崇高的理想，不是真心向道，目的只是要比別人賢能，而只在禮教文飾上下工夫，那麼，他學得越多，可能情欲、困惑反而越多。經文第三章所以說「不尚賢」，第二十章所以說「絕學無憂」，即皆為了戒除這些弊端而說。

相對於「為學日益」，學識技能日益增加，欲望和困惑也日益增加，老子認為求「道」的人，應與一般人有所不同。求「道」者所求不是「日益」，而是「日損」，要一天比一天減少。減少禮教文飾，也就是減少妄念，減少欲望困惑。第三十八章說：「故失道而後德，失德而後仁，失仁而後義，失義而後禮」，這裡的「失」和此章所說的「日損」，正可作反方向的思考。一天比一天減少的，起先是「禮」，後來依序是「義」、「仁」、「德」，最後回復到「道」或「上德」的境地。此章下文說的：「損之又損，以至於無為，無為無不為」，即為得「道」者或所謂

「上德」者的境界。上面第三十八章已經說過：「上德無為而無不為」，「無為」是不刻意去做什麼，而不是說什麼都不做；「無不為」一作「無以為」，是說沒有特別的動機或目的去做什麼或不去做什麼，都不是真的「無所不為」。這些都是上德合道者才能達到的境界。

第二段承上文的「無為」而來，說以「道」取得天下人心的聖人，當以「無為」、「無事」得之。「無為」者，無為，無不為，換句話說，就是「無事」。這裡說的「無事」，至少有以下兩層意義：一是不要多事，例如政令趨於繁苛等等；二是不管小事，掌握重大方向即可，層層負責，不必事事躬親。能夠如此，就能「清靜以為天下正」。否則，在上位者自己事必躬親，好管閒事，那就不是治國安民，而是亂政擾民了。

【論老子絕句】之四十八

道因無事取天下，無不為之有以為。及至有為無不為，損之又損克其私。

第49章

聖人無常心，以百姓心為心。❶

善者，吾善之；不善者，吾亦善之。德善。信者，吾信之；不信者，吾亦信之。德信。❷

聖人在天下，怵怵；為天下，渾其心。（百姓皆注其耳目，）聖人皆孩之。❸

【校注】

❶ 以上三句——「無常心」帛書乙本作「恒無心」。比照老子無為、無欲等等主張，作「恒無心」似較「無常心」為佳。但「無常心」與下文「以百姓心為心」相合，皆謂聖人之心非一成不變，故亦可通。

❷ 以上十句——「善者」、「信者」下，帛書本俱無「吾」字。「德善」、「德信」下，帛書本皆有「也」字。「德」傅奕本皆作「得」。德、得相通。

❸ 以上六句——「怵怵」帛書本、傅奕本作「歙歙焉」。歙，閉合的樣子。「渾其心」帛書本無「其」字，傅奕本則作「渾渾焉」。「百姓皆注其耳目」一句，王弼本缺，據帛書本、傅奕本補入。有此句而下句文氣始足。「注」帛書本作「屬」，「孩」傅奕本作「咳」，音義皆同。

【直譯】

聖人沒有恒常不變的心態，以百姓的心態當心態。善良的，我善待他；不善良的，我也善待他。德行才善良。誠信的，我信任他；不誠信的，我也信任他。德行才誠信。

聖人面對天下百姓，要戒懼謹慎；為了天下百姓，要先渾渾沌沌他的心。（百姓都關注著他的耳聰目明，）聖人都像對嬰孩一樣撫愛他們。

【新繹】

此章再為「聖人」下一注腳。老子書中所說的「聖人」，是他理想中最完善的統治者，他耳聰目明，本性信善，關心百姓，照顧人民。老子也常以此自許。文中以「聖人」與百姓相對照，以善者與不善者、信者與不信者相對照，都使他所要闡述的道理，說得更明白易懂。

全章可分三段：

開頭的兩句，應該獨立為一段。因為這是全文立論的依據，很像是早已有之的格言教訓，下文都是為此所作的鋪陳解釋。「聖人」以百姓之心為心，那是表示他無私己之心。古代的所謂百姓，多為君王親近的家族或部屬，幫助君王來管理人民，因此他們理當是君王的親信，與君王同心。老子卻從聰明睿智的「聖人」觀點來說，表示最高統治者自己應該沒有私心，而以大家的意見為意見。這是對百姓表示善意和信任，也是「聖人」所以成為「聖人」的原因。

「無常心」，就是說「聖人」沒有固定不變的心態，一切以百姓意見為依歸。《莊子．天下篇》說：「關尹、老聃乎！古之博大真人哉！笏漠無形，變化無常。」笏漠無形，是形容其道的廣漠無邊；變化無常，應當就是指此章「無常心」一類的話而言。有人根據帛書本「無常心」作「恒無心」，認為原文應是「恒無心」才對，說「無常心」不對。其實，「恒無心」與老子其他的「無為」、「無欲」等等主張，固然相契合，但「無常心」也一樣講得通，似不必為了推崇帛書本的價值，就刻意貶低了原有傳本。

第二段是就首二句所作的推衍之辭，說「聖人」以百姓之心為心，善待百姓。老子是以「聖人」自許的，經文第二十章他就曾說過：「我獨異於人，而貴食母」，又說：「我獨泊兮其未兆，如嬰兒之未孩」，可見他自稱保持著像嬰兒一般純真的心態。「德善」和「德信」二者，就是這種純真心態的具體反應。百姓不論是善或不善，信或不信，他都能一視同仁，善待他們，信任他們。他所秉持的，就是像嬰兒那樣純真的心態。「吾善之」、「吾信之」等句中的「吾」，是老子自謂，也是老子代「聖人」的立言之辭。

第三段同樣是為開頭二句作進一步的說明。「聖人」面對天下百姓、統治天下人民時，他怵怵焉，戒懼小心，發言謹慎；他渾渾焉，像個「愚人」，內心就像第二十章所說的那樣「昏昏」「悶悶」。唯有這樣子，才可以真的「以百姓心為心」，也唯有這樣子，才能夠真的得到百姓的擁護和人民的歡心。通常大家都把注意力專注在君王一人身上，而此章所說的君王卻愛民如子，視百姓如嬰兒，加以撫育保護。這樣的君王，能夠不稱為「聖人」嗎！

【論老子絕句】之四十九

試問誰知百姓心，何須博古又通今。但憑一點靈光在，識得希聲即大音。

出生入死。生之徒，十有三；死之徒，十有三；人之生，動之死地，亦十有三。夫何故？以其生生之厚。❶

蓋聞善攝生者，陸行不遇兕虎，入軍不被甲兵；兕無所投其角，虎無所措其爪，兵無所容其刃。夫何故？以其無死地。❷

【校注】

❶ 以上十句——「十有三」，帛書乙本「有」作「又」。「人之生，動之死地」，傅奕本作：「而民之生，生而動，動皆之死地」。「之死地」的「之」，往的意思。死地，死所，即死亡。有人解為《孫子．九地篇》之「死地」，恐非是。「十有三」，王弼等人解作「十分有三分」，即今所謂十分之三；韓非子和河上公則解作「四肢九竅」，四肢（雙手雙腳）加九竅（耳目鼻口及大小便處）共十三個生理器官。「生生之厚」，上「生」字作動詞用，有愛惜、保全之意。厚，重視。

❷ 以上八句——「攝」帛書乙本作「執」，攝、執皆有保養之意。「遇」帛書乙本作「辟」，同「避」。「被」，同「披」、「備」，披戴、具備之意。頗有些人把「不被甲兵」解釋為「不為甲兵所加」或「不受甲兵殺傷」等等，有待商榷。

【直譯】

（情欲）出來就活著，（情欲）進去就死了。活著的人進出的生理器官十又三個，死了的人進出的生理器官十又三個；人們之中活著，正在活動而自往死地的，生理器官也是十又三個。這是什麼原故？因為他們對保全性命太重視。

記得聽說過善於保全生命的人，陸上行走不會遇見犀牛猛虎，進入軍陣不會佩戴盔甲兵器；犀牛沒有機會投出牠的角，猛虎沒有對象伸出牠的爪，兵器沒有地方容納它的鋒刃。這是什麼原故？因為他們沒有致死之處。

【新繹】

此章解釋何謂「出生入死」，並說明攝生之道。

《老子》一書常常在各章的開頭，就用一二句前人說過的格言教訓做為立論的依據，然後從正面或反面加以推衍。此章也不例外。

首先，老子揭櫫「出生入死」一語。這句話應該在老子之前，早已有之，所以老子引之做為話頭。但此章的這一句話，並不是我們今天所謂「出生入死」，用來形容奮不顧身、勇於犧牲的意思，而是指人的自然生死而言。《莊子．大宗師篇》說：「古之真人，不知說生，不知惡死」，意思是說不知樂生畏死，該生則生，該死則死，一切順乎自然。《韓非子．解老篇》說：「人始於生而卒於死。始之謂出，卒之謂入。故曰出生入死。」庶幾近之。河上公則說：「出生，謂情欲出於五內，魂定魄靜，故生。入死，謂情欲入於胸臆，精勞神惑，故死。」顯然和養生攝生之事有關。

「生之徒，十有三」以下幾句，有人以「十有三」為斷，分為三種不同的情況來說明。第一種是「生之徒」，第二種是「死之徒」，第三種是「人之生，動之死地」者。他們各佔十分之三。「十有三」，是說十分中有三分，亦即十分之三。第一種是指正常生存的人，第二種是指不正常（例如夭折）而死亡的人，第三種是指原為生之徒，卻因為過於躁動，因而自蹈死地，不能終享天年。「人之生，動之死地」這二句，傅奕本作：「而民之生生而動動皆之死地」，句意不明確，可以斷成：「而民之生，生而動，動皆之死地」，這表示王弼本在「動之死地」前少了「生而動」三字；也可以斷成：「而民之生生而動動，皆之死地」，或「而民之生生而動，動皆之死地」，這是表示王弼本的「人之生」，應作「人（民）之生生」才對。「生生」是說重視生命的存在，把活著當成非常重要的事情。這樣可與下文的「以其生生之厚」相呼應。所以有不少學者採用了「生生」此一說法。但有些學者認為「而動動」不好解釋，因此有的主動刪去「而動」二字，但這就又犯了改字解經的毛病。其實，以上的兩三種說法都大抵相同，並無差異。意思都是說：一般人在生活工作中，四肢無日不勞動，生理器官無時不受情欲的刺激，因而日月逝於上，體貌衰於下，自然趨向於死亡。「動動」和「生生」一樣，皆可成詞，上字作動詞用，下字作名詞用，都是說這種人太重視性命、太好活動了，和上述的「生之徒」、「死之徒」固有所不同。老子說，這種人也佔了十分之三。

以上的說法，是把「十有三」解作「十分之三」，這是王弼以來很多學者採取的說法。有人依據這種說法，認為上述三種不同的情況各佔十分之三，合共佔了十分之九，剩下來的十分之一，是少數，係指下文所說的「善攝生者」。這樣的解釋，好像很合乎邏輯，但也因為說得太明確了，反而令人懷疑為什麼會有這些明確的數字依據。所謂「死之徒，十有三」，古代即使醫療條件差，死亡率高，也不至於如此吧？

筆者以為「十有三」其實早已有另一種說法，是大家可以重新考慮接受的，不必一筆抹殺。像《韓非子．解老篇》和河上公的注，都不把「十有三」解作十分之三，而是解釋為「十又三個」，指人的「四肢」加上「九竅」等十三個生理器官。《韓非子．解老篇》是這樣說的：

人始於生而卒於死。始之謂出，卒之謂入。故曰出生入死。人之身三百六十節，四肢、九竅，其大具也。四肢與九竅，十有三。十有三者之動靜，盡屬於生焉。屬之謂徒也。故曰：生之徒也，十有三者。至其死也，十有三具者，皆還而屬之於死，死之徒亦十有三。故曰：生之徒十有三，死之徒十有三。

凡民之生生，而生者固動，動盡則損也。而動不止，是損而不止也。損而不止則生盡，生盡之謂死。則十有三具者，皆為死死地也。……

是以聖人愛精神，而貴處靜。

可見韓非子把「十有三」解作四肢九竅，而其動靜有無，關係著人的生死存亡。這和《周禮．天官．醫疾》中所說的九竅之說是一致的。河上公的注也這樣說：

言生、死之類，各有十三，謂九竅、四關也。其生也，目不妄視，耳不妄聽，鼻不妄嗅，口不妄言味，手不妄持，足不妄行，精不妄施。其死也，反是也。

意思是：耳目鼻口等九個竅穴和手腳等四個關節，此乃人精神性命之所繫，視聽嗅聞飲食活動等等，包括新陳代謝的功用，一切都要靠這十三個生理器官。所以人從出生到死亡，無不珍惜這十三個重要的生理器官，不讓它們受到損傷。如果不能善加保養，像《黃帝內經．素問》說的：「食飲有節，起居有常，不妄作勞」，知道固精行氣，養神處靜，保持其自然正常的進出活動，那麼人就有死亡的危險。河上公所言的「妄視」、「妄聽」等等的「妄」，都有過猶不及之意。過度躁動，或輕於攝護，貪戀物欲，沉湎酒色，或過於養生，亂投藥物，服食求神仙，為藥餌所誤，那都是有損精神，自蹈死地。顯然他所說的，和韓非子如出一轍。這種說法，自有其道理。朱謙之斥為「附會」，其實未必。像嚴遵的《老子指歸》，說生之徒，指的是虛、無、清、靜、微、寡、柔、弱、卑、損、時、和、嗇等，死之徒指的是實、有、濁、擾、顯、眾、剛、強、高、滿、過、泰、費等，雖然有穿鑿附會之嫌，但他接下來所說的：「聖人之道，動有所因，靜有所應。四肢九竅，凡此十三，死生之外具也；虛實之事，剛柔之變，死生之內數也。故以十三言諸！」仍有一定的道理，與《老子》前後各章所說，並無牴觸而可互相發明。

「生生之厚」，從字面上看，是說重視性命的寶貴，那為什麼老子要以之說明這是「動之死地」的原因呢？這個道理，上文剛剛說過，問題不在於重視保全性命，攝生養生，而在於「妄」，在於「太」、「過度」。過猶不及，例如過度躁動，急於名利，或亂服藥石以求長生等等，這些都等於自戕，自蹈死地了。佛家說眾生常有貪、嗔、痴的三種障礙，它們都是由眼耳鼻口等器官進入體內而迷惑身心的。

因此，下文老子特別標出善於攝養性命的，是「無死地」的人。參照以上各章，這應該是所謂「聖人」，也就是上引《韓非子．解老篇》所說的，「愛精神，而貴處靜」的聖人。聖人保全精神，處靜制動，能入能出，不會入而不出，自蹈死地。他可以享受聲色之娛、飲食之樂，卻不會沉迷其中。他根本不會去陷身於危險之地。因此，他不會去行於陵陸遇見兕牛猛虎，自然能逃避其害；他不會去佩戴盔甲兵器深入軍陣作戰，自然能避免傷亡；他根本不讓猛獸凶器有傷身害命的機會。為什麼能夠如此？這是因為他懂得「出生入死」自然而然的道理，因而具備了下面第五十二章、第五十六章等章所要闡說的道德。

有人因為此章中出現兩次「死地」，就附會《孫子．九地篇》中「投之亡地然後存，陷入死地然後生」的「死地」之說，把本章解釋為講軍事戰略戰術方面的問題，變成和下面幾章沒有什麼關聯，似不可取。

校後補記：《莊子．秋水篇》有云：「知道者，必達於理；達於理者，必明於權；明於權者，不以物害己。」又說：「至德者，火弗能熱，水弗能溺，寒暑弗能害，禽獸弗能賊，非謂其薄之也，言察乎安危，寧於禍福，謹於去就，莫之能害也。」說的道理，和本章第二段所說的「無死地」，如出一轍，可供讀者參考。

【論老子絕句】之五十

何謂生死十有三，三三宜自互包含。若言九竅連四體，莫許輕狂作笑談。

第51章

道生之，德畜之；物形之，勢成之。是以萬物莫不尊道而貴德。❶

道之尊，德之貴，夫莫之命而常自然。故道生之，德畜之，長之育之，亭之毒之，養之覆之。❷

生而不有，為而不恃，長而不宰，是謂玄德。❸

【校注】

❶ 以上五句——帛書本「形」作「刑」，「勢」作「器」，無「莫不」二字。御注本「萬物」作「聖人」。形，同「刑」，俱有形制之意。勢，指因物之形而成之；器，指器用，都是指物體定型之後的使用而言。

❷ 以上八句——「莫之命」，傅奕本「命」作「爵」。命即賜命，爵為封爵，二字義同。「亭之毒之」，河上公、景龍、御注等本作「成之熟之」。朱謙之以為亭與成、毒與熟，聲義皆相近。《廣雅》：「亭，凝結也。」《釋名》：「亭，停也。」《說文解字》：「毒，厚也。」《廣雅》：「毒，安也。」故亭、毒皆有成熟之意。

❸ 以上四句——已見第十章。

【直譯】

道產生了它，德養育了它；物體形成了它，環境成就了它。所以萬物無不尊崇道而貴重德。道的尊崇，德的貴重，這不是誰給它封號，而是永遠自然而然。因此道產生了它，德養育了它，成長它，培育它，調停它，成熟它，保養它，照顧它。

產生了卻不佔有，執行了卻不自得，成長了卻不控制，這就是所謂玄德。

【新繹】

此章再度說明道德生養萬物的歷程及其自然的本質。經文第三十八章說：「上德不德，是以有德」，又說：「上德無為而無以為」，正可與本章所說的「玄德」相參照。

全章可分三段：

第一段說明萬物所以尊道而貴德的原因，在於道與德對萬物有生畜形成之功。萬物當然包括人類在內，而且主要說的就是人類。上文已再三說過，道是化生萬物的本體，它本來渾沌一片，而德則是道的外在具體的表現。萬物之中的任何一物，各有其德，這個德也就是此一物的本性或本質。萬物都必須保有自己的本性，才能證明自己的存在，表示與他物不同。這就是所謂「道生之，德畜之」。等到有了自己的本性，有了存在的價值，它的形體才會逐漸形成固定的型態。此即所謂「器」。最後，這些固定型態的器物，還會受到外在環境的限制和影響，才能發揮它的功能和作用。這就是所謂「物形之，勢成之」。在這些歷程中，萬物沒有道就無從產生，沒有德就失去本性，所以道尊而德貴。例如樸、璞之物，它們都秉道而生，各有其原木、原石之本質，然後可依其大小長短而製成不同形制的器物，用在不同的地方，而發揮不同的功能與作用。道理其實是非常淺顯的。以四肢九竅為例，它們生成的型態各有不同，它們的功能與作用，也各有不同，但究其初，莫不是秉上述之道德而生。

第二段承接上文的「萬物莫不尊道而貴德」，說明道德的尊貴，在於自然，並不是誰下了命令，或封它什麼爵位，才使道德顯得尊貴起來。「莫之命」一作「莫之爵」，意思相同，都是說道與德化生萬物有功，所以自然而然，受到萬物的尊敬。底下的「長之育之」等句，是呼應上文的「物形之，勢成之」，也是再次強調道德對萬物化生的功能和作用。「亭之毒之」，有的傳本作「成之熟之」，有人（像朱謙之）以為「亭」與「成」、「毒」與「熟」，聲義皆相近可通，「亭」有凝結、調停之意，「毒」有安定、篤厚之意。此前的「長之育之」，說的是「物形之」；此後的「養之覆之」，說的是「勢成之」。

第三段的最後四句，已見於第十章。有人以為前後的重複出現，一定是有錯簡或誤植的情況。其實未必。重章疊句，有時候是為了增加韻味，有時候是為了強化印象。最後的四句，不但「有」、「恃」、「宰」、「德」，在古代都是之、咍部的同韻字，而且，它們所強調的，也正是「功成而弗居」的玄德。道之尊，德之貴，即由此而來。

【論老子絕句】之五十一

道尊德貴守希微，談「有」話「無」多是非。畜育生成唯靜默，不爭本自有光輝。

第52章

天下有始，以為天下母。既得其母，以知其子；既知其子，復守其母，沒身不殆。❶
塞其兌，閉其門，終身不勤。開其兌，濟其事，終身不救。❷
見小曰明，守柔曰強。用其光，復歸其明。無遺身殃，是謂習常。❸

【校注】

❶ 以上七句——「以為天下母」，「以為」傅奕本作「可以」。「殆」帛書乙本作「佁」。殆、佁，皆怠呆之意。

❷ 以上六句——前三句，楚簡本作：「閉其門，塞其兌，終身不敄。」敄，通「務」，致力之意。兌，即孔、竅。指九竅而言。終身，與「沒身」同義。勤，馬敘倫說借為「瘽」，病之意。濟，益、助成。「開其兌」以下三句，楚簡本作：「啟其兌，賽其事，終身不逨。」

❸ 以上六句——「無遺」帛書甲本作「毋道」。「習常」帛書甲本、傅奕本作「襲常」。「習」、「襲」古通用，皆有模倣之意。

【直譯】

天下萬物有個始祖叫做「道」，可以做為天下萬物的母親。既然找到「道」那個母親，就可以認識萬物那些子孫；既然認識那些子孫，又能守住那個母親，一直到死不會困頓。

堵塞九竅那些出口，關閉九竅那些門戶，終其一生不會勞碌。打開那些出口，成就那些事物，終其一生不必救助。

觀察細小叫做明亮，守住柔弱叫做堅強。用那柔弱的堅強，又回復那細小的明亮。不會留給自己災殃，這就叫做遵循「道」的恒常。

【新繹】

此章說明「道」為萬物之母，君子必須知此「習常」之道，才可以終身不殆。

全章可分三段：

第一段先以世人皆知的母子關係，來說明「道」是天地萬物之母。經文第一章說：「無，名天地之始；有，名萬物之母。」第四十二章說：「道生一，一生二，二生三，三生萬物。」可見老子以為：有無相生的「道」，是天地萬物的根源所在。此章所說的「天下母」，正是天地萬物之母的意思。能夠區別萬物的品類，推究萬物的起源，能夠得而知之，知而守之，也就表示能夠體察大道生生不息的本源及其作用，如此自能「沒身不殆」。不殆，即不危險，不病亡，同時也有呼應上文第五十章「出生入死」和第五十一章「是謂玄德」的用意。

第二段一樣用世人皆知的兌與門、開與閉的關係，來進一步闡明上述的道理。「終身不勤」、「終身不救」，和上文的「沒身不殆」，道理一樣。兌，是孔竅；門，是門戶。河上公注：「門，口也。使口不妄言。」又：「兌，目也。目不妄視也。」這些都是人體器官中可進可出、可開可閉的地方，擴而言之，都是一切事物必經的門徑。因此老子常以此來做譬喻，以為在進出開閉之間，如果往而不返，開而不閉，那就是偏執一端，會出問題。經文第十六章說：「致虛，極，守靜，篤。萬物並作，吾以觀復。夫物芸芸，各復歸其根。歸根曰靜，是謂復命。復命曰常，知常曰明。」第三十二章也說：「夫亦將知止，知止可以不殆。」這些都與本章所說的道理，深相契合。

從這些話中，也可以看出老子把兌與門，譬之為大道之所在，精神之寄托，統治萬物者必須知由此出，才可觀察萬物，又必須由遠而返，歸根復命，知止守常，才可以由紛亂而歸於清靜，才可以「沒身不殆」。經文第五十章說人體有四肢九竅等十三個重要的生理器官，人的七情六欲，即由這些器官接觸而進出體內，所謂聲色之娛、飲食之樂，也都由此做為必經的孔竅和門戶，如果妄動躁進不止，則必動損耗盡而死。經文第五十一章也強調「玄德」的重要，說「萬物莫不尊道而貴德」，尊道貴德，自然可以「沒身不殆」。《莊子．在宥篇》所說的「心養」：「萬物云云，各復其根。……無問其名，無闚其情，物固自生。」蓋推衍老子此說，說物必復根而後生；《淮南子．精神訓》所說的：「孔竅者，精神之戶牖；而氣志者，五藏（臟）之使候也。耳目淫於聲色之樂，則五藏搖動而不定矣；五藏搖動而不定，則血氣滔蕩而不休矣；血氣滔蕩而不休，則精神馳騁於外而不守矣；精神馳騁於外而不守，則禍福之至，雖如邱山，無由識之矣。」反之，才能回復清靜無為的境地。這也是推衍老子之說，說孔竅戶牖既開，必濟其聲色之樂。層層推論，說得非常具體。老子藉兌、門以為譬喻，來說明精神志氣宜於歸根知止的道理，也就於此可以見之了。

第三段說明「習常」之道，在於見小守柔。「習常」一作「襲常」。習，原指小鳥在窠巢之上學習飛行，有模倣母鳥之意；襲，當然也有倣效、承襲之意，因此古代二字可以通用。這跟第一段把「道」與萬物比喻為母與子的關係，亦可謂前後相應。「常」即第一章所謂「常道」的「常」，它是天地萬物的恒常可行之道。能夠學習倣效常道，此猶如得其母，即可知其子，反過來說，既知其子，即可守其母。見微而知著，守柔以制剛，雖明而微，雖強而柔，自然可以遠禍而全身。經文第十六章說的：「復命曰常，知常曰明」，正可與此章所說的「復歸其明」、「是謂習常」合看並參。

【論老子絕句】之五十二

不知母子為何事，只道無殃即襲常。塞兌閉門終不病，都因守柔用其光。

第53章

使我介然有知，行於大道，唯施是畏。❶
大道甚夷，而民好徑。❷
朝甚除，田甚蕪，倉甚虛。服文綵，帶利劍，厭飲食，財貨有餘，是謂盜夸。非道也哉！❸

【校注】

❶ 以上三句——「介然」，帛書乙本無「然」字。「施」帛書乙本作「他」。介然，較然、堅定的樣子。一說：微小的樣子。施，施為、作為。「施」一作「他」，或以為讀為「迆」，即邪曲之意。

❷ 以上二句——「而民好徑」，「民」景龍本作「人」，或據此以為指侯王人主而言。帛書甲本作「民甚好解」，「解」與「徑」同聲假借。徑，小路、邪路。

❸ 以上九句——除，清潔，馬敘倫以為「除」乃「污」之借字。「盜夸」，河上公、傅奕本句後衍「盜夸」二字。或據《韓非子．解老篇》所引，以為當作「盜竽」。夸，大也、奢也。竽，五聲之長，竽先則鐘瑟皆隨，竽唱則諸樂皆和，故盜竽有盜首之義。

【直譯】

假使我明確的有智慧，就行走在大道上，對所作所為要敬畏。

大道極為寬平，但人們卻好走捷徑。

朝庭極為清除，田園極為荒蕪，倉庫極為空虛。穿著彩繡的衣服，佩帶鋒利的寶劍，吃膩美味的食物，財物寶貨又太充足，這就叫做盜之大者。不是合乎大道的吧！

【新繹】

此章慨嘆當時人多背棄大道，而好從邪徑。

文章一開頭就說：「使我介然有知，行於大道」，這是對現況不滿的假設之辭。假設我介然有知，我一定要遵行大道。河上公注就這樣說：「介，大也。老子疾時王不行大道，故設此言。使我介然有知於政事，我則行於大道，躬無為之化。」顯然把「大道」解釋為「無為之化」，這從下文所說全與政事有關，可以得到印證。但「介然有知」該怎麼講，實有待作進一步的疏解。

河上公注「介」為「大」，可是根據《一切經音義》卷十五所引《易經》劉瓛的注來看，「介」又有「微」義。「大」與「微」是相對立的，似乎令人無所適從。實際上，「介然」是並立相較的樣子，一大一小，一顯一微，對照來看，正是明確可知的意思。勞健《老子古本考》釋「介然」為「堅確貌」，當即由此推論而得。帛書甲本「介然」作「㨗」，亦提挈知所選擇之意。

「唯施是畏」承「行於大道」，是大道的一端，也是全章的立論重心。王弼注此句為：「唯施為之是畏也」，是說不應有所施為；河上公的注說得更清楚：「唯，獨也。獨畏有所施為，恐失道意。欲嘗善，恐偽善生；欲信忠，恐詐忠起。」這正符合老子無為而治的政治主張。有所施為，與無為之化相對立。老子以為有為、多為的結果，往往會引來虛偽的忠善，那是違背清靜無為的大道了，因此，唯此是畏。

王弼和河上公的注，本來已經解釋清楚了，但自從王念孫說「唯施是畏」的「施」，應讀為「池」之後，清末民初以來的學者，採用王念孫之說的，大有人在。池，音「倚」，邪也。相對於「大道」，它指的是小徑，狹邪的小路。這與下文的「而民好徑」又前後相應，因此，採用的人很多。王氏的解釋，新穎獨到，當然值得採取，但因此而否決了原有可以講得通洽的注解，則未免有趨新之失。

底下的「大道甚夷，而民好徑」，說大道平坦寬廣，人們卻捨此不由，反而好從邪徑，喜歡抄小路、走捷徑。抄小路、走捷徑，現代人很容易誤會為這樣的走法，可以節省時間，增進效率，何錯之有。但古人的小路捷徑，有其貶義，是指不由正道。用今天的話來說，你走路求快速求效率當然可以，但你不可以因此違規，例如抄小徑而踐踏花草園圃。孔子讚許「行不由徑」的學生，道理亦在於此。

底下的七句，說的就是不行大道而好抄小徑的七種行徑，全與政事有關。前三句是一組，後四句是一組。朝廷宮室清除得乾乾淨淨，可是田園卻荒涼不堪，雜草叢生，而且國家倉庫非常空虛，沒有財貨存糧。這是就不行大道的公家而言。就好抄小徑的統治者而言，他則不管田園的荒蕪、國庫的空虛，只追求個人的享受和富足，穿著青赤彩色有花紋圖飾的衣服，帶著鋒利名貴的寶劍，吃膩了美味可口的飲食，還有花不完的財寶，這樣的生活享受，和上面一組所形容的匱乏空虛對照起來，真有天壤之別。這也是「大道」和小徑邪路的對照。所以，老子稱這種貪圖個人生活享受、不以其道得之的邪盜之徒為「盜夸」。夸，通「誇」，有「大」的意思。「盜夸」就是盜之大者。《韓非子．解老篇》的引述裡，「盜夸」寫作「盜竽」，並且說竽在眾樂之中是先唱導者，一竽唱而眾樂和，此猶大盜倡而小盜和，所以稱之為「盜竽」。這當然也是「盜之大者」的意思。這樣的行徑，當然也是不合大道的了。

【論老子絕句】之五十三

大道甚夷民好徑，侯王無厭事堪嗟。等閒四海為家後，田蕪倉虛變盜夸。

第54章

善建者不拔，善抱者不脫，子孫以祭祀不輟。❶修之於身，其德乃真；修之於家，其德乃餘；修之於鄉，其德乃長；修之於國，其德乃豐；修之於天下，其德乃普。❷故以身觀身，以家觀家，以鄉觀鄉，以國觀國，以天下觀天下。吾何以知天下然哉？以此。❸

【校注】

❶ 以上三句——「善抱」楚簡本作「善保」，「不輟」作「不屯（絕）」。抱與保，輟與屯，義同。

❷ 以上十句——楚簡本、帛書本、傅奕本俱無「於」字。「修之於國」，楚簡本、帛書本、傅奕本「國」俱作「邦」。改「邦」作「國」者，或係避漢高祖諱。「普」諸本亦多作「溥」。

❸ 以上七句——楚簡本、帛書本無「故」字，「然」字上有「之」字。

【直譯】

善於建立的不會拔掉，善於擁抱的不會鬆懈，子子孫孫因而祭祀不斷絕。

修治它們在自身，他的德性就純真；修治它們在家族，他的德性就充足；修治它們在家鄉，他的德性就綿長；修治它們在邦國，他的德性就豐碩；修治它們在天下，他的德性就博大。

因此用修身之道觀照自身，用持家之道觀照家族，用治鄉之道觀照鄉里，用治國之道觀照邦國，用平天下之道觀照天下。我靠什麼來知道天下如此呢？就靠這個方法。

【新繹】

此章說明善於守道建德，才能傳之久遠。

全章皆係就治國之聖人而言，可分為三段：

第一段揭示全章要旨，說善建德者不拔，善抱道者不脫，如此子孫才可以祭祀不中輟。經文第十章說：「載營魄抱一」，第二十二章說：「聖人抱一為天下式」，「抱一」即抱住「道」的法則。第五十二章又說：「天下有始，以為天下母。既得其母，以知其子；既知其子，復守其母，沒身不殆。」母，指「道」；子，指道所化生之物。所謂「復守其母」，亦即指守道歸根而言。

「道」為「德」之基，是「德」的內在修養，能夠抱一而不脫，守道而不失，「德」才能因其作用而表現在外。第四十二章說：「道生一，一生二，二生三，三生萬物」，可見小至個人，大至萬物，莫不稟「道」而生。因此，欲知「道」之所在，可以先從個人身上觀察，由小而大，由近而遠，推及於萬物。「德」是「道」的外在表現，因此觀察個人乃至萬物是否有「道」，亦可由其外在的「德」觀察得之。第二十二章「聖人抱一為天下式」的「抱一」，不僅指抱住「道」

的法則，而且它也暗示治國安民的聖人，必須先從做好自身開始，才可以去影響別人，化育萬物。也因此，我們可以推知此章開頭所說的「善建者」、「善抱者」，一定是指建立上德、抱持大道而言，即所謂「無為」、「無欲」等等，只是這一部分，在此章裡老子略去不提而已。這裡所說的無為無欲，並不是絕對的完全的無所作為、無所欲望，而是指一種適可而止、恰到好處的作為和欲望。第三十八章說的「上德無為而無以為」，說的就是這個道理。《淮南子．主術訓》中有一段話，很適合移此作注：

是故君人者，無為而有守也，有為而無好也。有為則讒生，有好則諛起。昔者齊桓公好味，而易牙烹其首子而餌之；虞君好寶，而晉獻（公）以壁馬釣之；胡王好音，而秦穆公以女樂誘之。是皆以利見制於人也，故善建者不拔。

這是說統治百姓的君王，雖然無所作為卻須堅守大道；雖然有所作為卻須去除私欲。否則，一旦有了貪好利欲，就會喪失道德，見制於人。「善建者」、「善抱者」的「善」，就是說明懂得如何把握這有為、無為之間的分際。第四十一章說：「建德若偷」，以「德」的反義詞「偷」，來說明樹立德時要像無德那樣，也可以說是老子「有無相生」主張的另一論證。

第二段由一人之身推及於邦國天下，說明在上位者自身守道建德，自然能齊家、和鄰、治國、平天下。老子這裡由個人、家族、鄉黨、國家而推到天下，與儒家《禮記．大學》所說的修身、齊家、治國、平天下，看起來若合符契。這可說明真理就是真理，大道就是大道，不管是什麼思想流派，道理必有其共同相通之處，而不是什麼主張必然要相對立。像上文的「子孫以祭祀不輟」，也彷彿與儒家所標榜的孝道有關。這些都是值得注意的例子。

不過，仔細體會，老子此章所說自身、家族、鄉黨、邦國乃至天下等等德性，與儒家所說的修身齊家等等德目，仍然有所不同。儒家所說，是後來居上，後出轉精，必須修身而後齊家，必須齊家而後治國，必須治國而後平天下，而且在修身之前，必須先有格物致知、誠意正心的工夫。這是一種先做而後得的內聖外王的工夫。老子所說的不一樣。老子所說的道，完整的說，是常道，是玄德，不是修養修煉而得，它是天地之初，本來就存在的一種本質或本能。它就像天地萬物的母親，天下萬物都是它化育生出來的，做為萬物之靈的人固然是，人中之王（即所謂聖人）當然也是。天下萬物都各有其道，但品類既多，名稱既定，後來難免爭高下，分長短，有的無所不為，有的有所不為，各執一端，因而喪失了原來與生俱有的常道玄德。老子所要闡明的「修之於身」、「修之於家」等等，就是說要「復守其母」，要守住那原有的常道玄德。物有大小多寡之分，常道玄德則始終如一。所以「修之於身」、「修之於家」等句的「修之」，指的就是上文所說的「善建者」、「善抱者」。換句話說，也就是：無論是個人、家族、鄉黨、邦國或天下人民，都應該堅守住常道玄德才對。特別是治國安民的統治者，他更不能忽略於此，而應以身作則，去做他人的模範，讓大家去恢復去守住大家原來身上就具有的常道玄德。老子所以主張清靜無為，所以主張功成而弗居，都與此不無關係。因為這些常道玄德本來就是人人所具有，而非由在上位者所灌注。

明白以上所說的道理，那麼底下第三段所說的「以身觀身」、「以家觀家」等句，也就可以明白那是老子以善建德者、善守道者，來對照當時他眼前的世界了。同樣的「身」、「家」、「鄉」、「國」、「天下」，上字指的都是善建德者、善守道者，下字指的都是有待恢復常道玄德的現實世界。《老子》書中，常稱聖人為「古之聖人」，亦足可證明老子藉古以諷今，希望當世的統治者能夠堅守常道，建立玄德。

【論老子絕句】之五十四

修身豈為觀天下，兼濟同舟難與期。世道如今非昔日，無情多恨不相思。

第55章

含德之厚，比於赤子。蜂蠆虺蛇不螫，猛獸不據，玃鳥不搏。❶骨弱筋柔而握固，未知牝牡之合而全作，精之至也；終日號而不嗄，和之至也。❷知和曰常，知常曰明；益生曰祥，心使氣曰強。物壯則老，謂之不道，不道早已。❸

【校注】

❶ 以上五句——首句「厚」下，楚簡本、帛書本等皆有「者」字。「蜂蠆虺蛇不螫」等三句，楚簡本作「蛹蝎虫蛇不螫，攫鳥猛獸不扣」二句，帛書乙本亦作「蠭癘虫蛇弗赫，據鳥猛獸弗捕」二句。河上公本則「蜂蠆虺蛇」為注文，經文原為「毒蟲」。文字雖有不同，語義則無別，皆指毒蟲之類。

❷ 以上五句——「骨弱筋柔」帛書乙本作「骨筋弱柔」。「未知牝牡之合而全作」，「而全作」楚簡本作「然怒」，帛書乙本作「而朘怒」，傅奕本作「而朘作」。朘，河上公本等作「峻」，二字通用，皆指赤子之陰器。嗄，即啞。

❸ 以上七句——「知和曰常」，楚簡本、帛書本皆無「知」字。「益生曰祥」，王弼注：「生不可益，益之則夭也。」祥為吉凶之兆，則此指凶兆而言。「心使氣曰強」，亦當指使氣逞強。「物壯則老」等三句，已見第三十章。

【直譯】

具有渾厚道德的人，就像是初生的紅嬰。蜂蝎毒蛇不會刺，猛獸不會抓，兇鳥不會撲。他筋骨柔弱，卻握拳牢固，還不知道男女的交合之事，卻全然勃起，這是精氣充沛的極致啊；整天號哭，卻不沙啞，這是心氣平和的極致啊。

知道和氣叫做恒常，知道恒常叫做明亮；貪求長生之道叫做禍殃，私心主宰精氣叫做逞強。事物壯大就會衰老，這就稱之不合大道，不合大道就會死掉。

【新繹】

上章講「善建者不拔，善抱者不脫」，說的是上德之人，此章講的「含德之厚，比於赤子」，說的也是上德之人。第三十八章說：「上德不德」，又說：「上德無為而無以為」，前者是說上德之人，看不出他有什麼道德，後者是說上德之人，不刻意做什麼，也不刻意不做什麼，一切順其自然而已。這與第三十七章的「道常無為，而無不為」合看，正可證明「上德」即「道」。上一章推衍的是「無為，無不為」，這一章推衍的是「上德不德」。

「上德不德」，當然不是說上德之人不道德，而是說他雖「含德之厚」，有非常渾厚的道德，可是別人卻看不出來。「含德」的「含」，「不德」的「不」，都是強調上德合乎大道，不可以形跡求之。這種人看起來柔弱，卻又充滿活力精氣，所以老子比之為初生的嬰兒。第二十八章早已說過：「常德不離，復歸於嬰兒」。

初生的嬰兒，「專氣致柔」（第十章）全身紅通通的，筋骨非常柔弱，亟需呵護哺育，所以古人稱之為「赤子」，現代俗話有人稱之為「紅嬰兒」。赤子之心，最為純真，不止人類的赤子如此，萬物之中的其他動物，亦復如是。所以下文所說的「蜂蠆虺蛇」、「猛獸」、「攫鳥」，都是舉例說明，像動物中很會叮刺人的蜂蠍毒蛇等等毒蟲之類，和很會撲擊人的兇禽猛獸，牠們雖然非常兇惡，可是當牠們初生的時候，尚為「赤子」的階段，牠們一樣是純真柔弱，不會肆意攻擊別人的。換言之，「蜂蠆虺蛇不螫」等三句，是承續「比於赤子」而言的。歷來很多學者注解時，把這三句解釋為：初生的嬰兒，蜂蠍毒蛇不會叮刺他，猛獸不會傷害他，鷙鳥不會搏擊他。這恐怕是值得商榷的說法。物競天擇，弱肉強食，在大自然界，在動物界，應該沒有兇禽猛獸或毒蟲一定不會傷害初生嬰兒的現象。關於這一點，尚有待科學家作進一步的論證。「不螫」、「不據」、「不搏」是說上面的主詞，沒有這樣的動作，而不是說它們之下省略了「之」之類的受詞。

以上五句是第一段，把「含德之厚」者，比為赤子。赤子看似柔弱，卻具厚德，底下五句為第二段，正由此進一步說明所謂「赤子」者的特性。

赤子的特性，是「精之至」和「和之至」。初生的嬰兒，筋骨非常柔弱，軟綿綿的，可是手卻握得緊緊的，看起來精神飽滿，元氣充足。「未知牝牡之合而全作」一句，是用來形容嬰兒的精氣飽滿。「全作」即神全而作、精氣飽滿之意。「作」，楚簡本作「怒」，一樣是勃起、振作的意思。「牝牡之合」，指男女之交合、雌雄之交配，其實說的就是陰陽的調和。第四十二章說的：「萬物負陰而抱陽，沖氣以為和」，就是這回事。它說的不只是人類，還包括上述蜂蠆虺蛇、猛獸攫鳥等等其他萬物。「全」，帛書本、河上公本等等，或作「朘」，或作「峻」，都指「赤子陰」，即嬰兒的生殖器。嬰兒全身柔弱，但生殖器卻是飽滿的。這是把形而上的「全作」，用具體的事物來解釋。

嬰兒的另一特性是「和之至」。剛剛引用第四十二章的：「萬物負陰而抱陽，沖氣以為和」，正足以說明「和」係由陰陽二氣之調配和諧而來。第四章說：「道沖，而用之或不盈」，「沖」一作「盅」。就形體言，它是中空的盅；就作用言，它是用之不盈的沖。看起來矛盾，合起來卻和諧。這裡的「終日號而不嗄」，亦即此意。嬰兒看起來柔弱無比，但他終日哭喊卻聲音仍然清亮，不會沙啞。這是多麼神奇的一種玄之又玄的現象！

底下第三段，老子用上述赤子嬰兒作比喻的神奇現象，進一步來闡釋「含德之厚」合乎大道的意義。上述二段用了不少具體的事物和現象來說明，最後一段則更提升到形而上的理論層次。第十六章說過萬物歸根守靜的道理：「歸根曰靜，是謂復命，復命曰常，知常曰明」，正可拿來與此章的「知和曰常，知常曰明」合讀。「復命」就是「知和」，復命就是歸根守靜，知和就是陰陽調和。換句話說，就是合乎「道」的意思。

「道」，依老子的看法，本來就是矛盾而又統一的，是「有」、「無」相生而又相反相成的。底下的數句，說的還是這個道理。「益生」即增益精氣，生生不已。「心使氣」即內心主宰精氣，使生命更加強盛。這都是從好的一面說，所以說它是「祥」是「強」，但它們在「祥」、「強」的同時，其實又已出現了負面的作用。因此，王弼的注才說：「生不可益，益之則夭也。」又說：「心宜無有，使氣則彊。」這裡「彊」，是「僵」的借字。夭是祥之反，僵是強之反。因此，「益生曰祥」，可以譯解為：「增益精氣叫做吉祥」，也可以譯解為：「追求長生不老叫做災殃」；「心使氣曰強」，可以譯解為：「內心主宰精氣叫做堅強」，也可以譯解為：「私心任性使氣叫做逞強」。可見老子以為任何事物，都有正反兩面。

也因此，與第三十章重複出現的最後三句，說「物壯則老」是自然的現象，說光是「壯」或「老」都不合乎「道」，說不合乎「道」的事物都會停止、早死的道理，也就不必一一贅論了。

【論老子絕句】之五十五

毒蟲未必不傷嬰，物壯則衰是常情。骨軟筋柔誠赤子，莫將強弱論輸贏。

第56章

知者不言，言者不知。❶

塞其兌，閉其門；挫其銳，解其分；和其光，同其塵。是謂玄同。❷

故不可得而親，不可得而疏；不可得而利，不可得而害；不可得而貴，不可得而賤。故為天下貴。❸

【校注】

❶ 以上二句——楚簡本作「知之者弗言，言之者弗知」。帛書本「不」皆作「弗」。有人以為「弗」當依《玉篇》作「不正」解，二句是說：智者不說不正當的言論，說不正言論的人不是智者。傅奕本二句後皆有「也」字。文字雖異，文義則同。

❷ 以上七句——「塞其兌」以下六句，楚簡本作「閉其兌，塞其門；和其光，同其塵；挫其銳，解其紛」，帛書本則作「塞其埦，閉其門，和其光，同其塵，挫其銳而解其紛」。又，「塞其兌」二句，已見第五十二章，「挫其銳」四句，已見第四章。

❸ 以上七句——「不可得而疏」、「不可得而害」、「不可得而賤」三句前，楚簡本、帛書本、傅奕本等皆有「亦」字。文氣更舒暢，文義自無不同。

【直譯】

知道的人不言說，言說的人不知道。堵塞那些洞竅，關閉那些門道；折磨那些稜角，消解那些紛擾；調和那些鋒芒，混同那些塵垢。這就叫做玄同。因此他不可能得以親近，不可能得以疏遠；他不可能得以獲利，不可能得以受害；他不可能得以尊貴，不可能得以卑賤。也因此他被天下人尊重。

【新繹】

此章說明「玄同」的道理，其實是第二章「聖人處無為之事，行不言之教」的進一步的闡釋。

全章可分三段說明：

第一段標舉「知者不言，言者不知」二語，是「不言之教」的另一番說辭。這也可能是老子以前早已有之的古語古訓，所以老子藉此以說道。知同「智」，因為有聖人的智慧，所以知「道」。這裡的「道」，指大道、常道而言，不是第十九章所說的那種小智小道。小智小道是可道可名的，大道卻不能問、不能答，只能默然體會，而不可能用言語文辭道盡。如果有人說他能用言辭說明大道，那必然是還不認識那恒常的大道。

那麼，既然大道不可言說，老子為什麼又要如此反復說「道」呢？白居易〈讀老子〉一詩有云：

言者不知知者默，此語吾聞於老君。
若道老君是知者，緣何自著五千文？

這問得好。老子既然知道「道」不可道，為什麼還要留下這五千言的《道德經》呢？經文第五章老子不是自己說過：「多言數窮，不如守中」？

說來也是無奈之事。聖人也是人，但因他聰明睿智，博古通今，超乎常人，他又自己不想獨善其身，還想幫助別人，甚至兼濟天下，澤及萬物，所以他願意向世間說道。不止老子如此，其他偉大的思想家也大都如此。不過，他們說道立論的對象不一定一樣。像孔子要傳的聖人之道，是忠恕之道，是仁道，立論的對象，是士人，目的是希望他們忠信孝悌；而老子要傳的聖人之道，是處無為之事，行不言之教，是清靜無為，立論的對象，是在上位的統治者，目的是希望他們治國安民，化育萬物。可見他們垂言立教的目的並不一樣。目的雖然不一樣，但說教的方式卻是一致的：他們都必須把所要闡釋的道理，再三反復的說。因此，「知者不言，言者不知」的最高境界，他們知道是「不言」，但在相對無奈的情況之下，他們難免還是要用言語文辭來開導他人。「多言數窮」這句話，固然說「多言」不好，但同時也說明了「言」之不可避免。「行不言之教」這句話，雖然說最好「不言」，但既然要「教」，不言也得言，頂多是少言而已。至少不是「言教」也得「身教」，用今天的話說，身教又何嘗不是另一種肢體語言？

《論語．顏淵篇》記子貢之言「駟不及舌」，是說一言既出，駟馬難追，《禮記．緇衣篇》記孔子之言「君子寡言而行，以成其信」，是說君子貴行不貴言。這樣看來，孔子師生也都主張寡於言而貴於行。老子的意思是否完全一樣？並不盡然。老子不但主張「不言」，而且主張「無為」，這些都比寡言和貴行難。就人間世而言，就一般人而言，孔子師生所說的寡言貴行的道理，都還可以了解，還可以實踐，但老子所說的「不言」與「無為」，卻往往令人覺得互相矛盾而無所適從。因為一般人把「不言」解釋為不管什麼話都不說，把「無為」解釋為不管什麼事都不做。這樣的解釋是違背老子原意的。老子的原意，應該是不隨便說，不隨便做。該說的時候才說，不該說的時候就不說，而不是一味寡言或不言。同樣的道理，該做的時候才做，不該做的時候就不做，而不是一味無所作為或不肯作為。一切自然而然，順勢而為。這樣的道理，不但實踐起來困難，就是要切身體會也不容易。經文第一章說的「道可道，非常道。名可名，非常名」，亦即指此而言。論文談藝的人常說的一句話：「言有盡而意無窮」，任憑言語文辭道盡，無窮之意仍然無窮。所以第一章末了同時又說：「玄之又玄，眾妙之門」。玄，是黑白混同不分明的顏色。老子常用這種顏色來形容他那難以言傳，也難以理解的「道」。所謂「玄德」，還有此章所說的「玄同」，都是由此而來。

第二段就是解釋何謂「玄同」。「塞其兌，閉其門」二句，已見於第五十二章，就自然界而言，是說把有光線、可出入的洞竅和門戶通道全都堵塞關閉，使光明變成幽暗。如果應用到人事上，可以說是把與七情六欲有關的九竅，都加以克制，使一切情欲貪念都無從而入。因為一旦情欲入，則易生異心，導致在待人接物時，產生親疏利害貴賤種種的紛爭。「挫其銳，解其分；和其光，同其塵」四句，已見於第四章，是說把銳角磨掉，糾紛解開，使之圓融無方；把光芒和灰塵混合起來，使之渾沌一片。這些話都是說讓一切事物變得「唯恍唯惚」，非黑非白。河上公注解「玄同」時說：「玄，天也。人能行此上事，是謂與天同道也。」意思就是說，能夠做到上述「塞其兌」諸事，就是與天同道了。問題是上述「塞其兌」諸事，是難以確指的，難以言語文辭曲盡其形容之妙。因此，歷來學者各有曲說，對「玄同」也因而各有解說。有人說「玄同」為一物，有人說「玄」、「同」為二物，有人說「玄」用以修飾「同」，或即「玄德」、「抱一」等等，不一而足。更有人認為「塞其兌」是指蒙蔽耳目鼻等孔竅，「閉其門」是指閉上口舌等器官，所謂「挫其銳，解其分」等句，也是指「目不妄視，耳不妄聽，鼻不妄嗅，口不妄言，手不妄持，足不妄行，精不妄施」，一切都有節制，不會輕舉妄動，做到前幾章所說的「沒身不殆」的「玄德」。這真是「道」之作用無窮，而言語文辭本身卻有其一定的限制了。

因此，第三段告訴我們，真正懂得「玄同」之道的人，沒有親疏、利害、貴賤的分別，就像上述「塞其兌」等等所說的那樣「唯恍唯惚」。原來有光亮的洞竅堵住了，原來可進出的門戶關閉了，如此就沒有明暗內外之分了。如此就不會有以明暗內外來區分親疏利害貴賤的了。但是，有必要的時候，洞竅門戶仍然可以打開，光亮仍可進來，通道仍可出入。這也就是第五十二章所說的：「見小曰明，守柔曰強。用其光，復歸其明。無遺身殃，是謂習常。」

也因此，老子說，懂得「知者不言，言者不知」這種「玄同」之道的人，必然贏得全天下人的尊重。

【論老子絕句】之五十六

知者不言言不知，五千言就又何之。欲知道德真含意，都在天機滅沒時。

第57章

以正治國，以奇用兵，以無事取天下。❶

吾何以知其然哉？以此：天下多忌諱，而民彌貧；民多利器，國家滋昏；人多伎巧，奇物滋起；法令滋彰，盜賊多有。❷

故聖人云：我無為，而民自化，我好靜，而民自正，我無事，而民自富，我無欲，而民自樸。❸

【校注】

❶ 以上三句——首句「以正治國」，楚簡本「國」作「邦」，帛書甲本作「以正之邦」，帛書乙本「治」作「之」，傅奕本「正」作「政」。政，指政令刑法。唯此「正」與下句之「奇」對，作「正道」解即可。「奇」帛書本作「畸」。奇、畸二字通假。

❷ 以上十句——「以此」，楚簡本、帛書本俱無此二字。帛書本、傅奕本於「國家」、「奇物」、「盜賊」前，俱有「而」字，如此可與上文「而民彌貧」對。「人多伎巧」二句，傅奕本作「民多知慧而邪事滋起」。文字雖異，文義則同。

❸ 以上九句——「故聖人云」，楚簡本、帛書乙本俱作「是以聖人之言曰」。「我無欲」，楚簡本、帛書乙本皆作「我欲不欲」。「而民自樸」下，河上公本衍「我無情而民自清」一句。

【直譯】

用正道治理國家，用奇術帶領兵馬，用無所事事取得天下。

我靠什麼來知道他們這樣呢？就是靠這些：天下越多禁忌避諱，那麼人民就越貧匱；人民越多鋒利武器，那麼國家就越昏亂；人民越多技藝機巧，奇怪事物就越出現；刑法律令越是嚴明，強盜小偷就越到處產生。

因此聰明的聖人說：我沒有作為，但人民卻自己歸化；我喜歡清靜，但人民卻自己改正；我無所事事，但人民卻自己富足；我沒有欲望，但人民卻自己淳樸。

【新繹】

此章闡述聖人無為、好靜、無事、無欲的道理，說明治國之要，在於無事。這與上章所說的「玄同」，道理是相通的。

全章可分為三段：

開頭的三句話，是第一段。從下文「吾何以知其然哉」來推測，這三句也可能是前人已說過的話語，老子引述在此加以推闡而已。開頭二句，「正」與「奇」對，「治國」與「用兵」對。「正」指正道，有的傳本「正」作「政」，指政令刑法而言。二者相通，政令刑法本來就是治國的正道。「奇」是說出奇制勝，這當然是用兵之道。帶兵作戰，不可能墨守成規。以上這兩句應該合讀，說治國用兵，難免要善用正、奇等等方法，才能成功，可是對於「取天下」的人來說，老子卻以為不必那麼傷腦筋。老子以為「無事」，無所事事就可以了。這句話才是重點，前面的兩句只是陪襯。這裡的無所事事，衡以上述各章老子所說的道理，並不是說什麼事都不做，而是說不要刻意去做，一切只要順其自然就沒有問題。

第二段緊承上文，說怎麼知道無事可取天下呢？下面的八句，實際上是四整句，就是答案。治理天下者越多忌諱，人民就越受到限制，不能自由發展；同樣的道理，人民越重視「利器」和「伎巧」，國家社會就越昏亂不安。「利器」有二義，一指鋒利武器，可與上文的「以奇用兵」相應；一指治國法寶，可與上文的「以正治國」相應。「伎巧」，有的傳本作「知慧」，都是指靠過人的智慧所製造出來的奇技淫巧。王弼的注這樣說：「民多知慧則巧偽生，巧偽生則邪事起」，可見古人以為大家過度重視智巧，人心世道就會變得澆薄。這種說法，和現代人提倡科學發明的主張相反，一定有人不贊成。但是，這確實是古代農業經濟社會普遍的想法，我們不必諱言，更何況所說也自有其道理。例如早就有人說過科學足以救國，亦足以亡國等等。以上是從人民的角度看，如果從國家的觀點看，也一樣是越多事，越想有所作為，就會產生更多的問題。例如法律刑令是用來禁止、懲戒犯罪者的，但訂定的法令越多，條文越詳細，犯罪者反而會從中鑽法律漏洞，逃避刑責，因而盜賊越來越多。有的傳本「法令」作「法物」，即寶貨之意，那也是引起盜賊多有的原因。這些情況自古至今一直存在，都是大家稍加觀察即可得知的道理。所以，老子說根據這些就可以知道下列的事實：無事可取天下、多事反而有害國家。

最後的第三段，老子再度引用「聖人」之言。這裡的所謂「聖人」，指古之聖人。《老子》一書，本來就是老子勸誡當世統治者效法古代「聖人」守道行德的著作，所以書中常常引述古代「聖人」說過的格言教訓。最後的八句，實際上是四整句，每二句都有「而」字作連繫轉折之用。無為、好靜、無事、無欲，都是老子的一貫主張，顯然這些主張也是從古之「聖人」處學得而來，例如《尚書》就曾說過「垂拱而天下治」；而民「自化」、「自正」、「自富」、「自樸」，則都是上述無為、好靜、無事、無欲的自然成效，也是第一段「以無事取天下」的具體說明。它與第二段都是為此而發。唯一的不同，在於第二段從反面說其弊端，而第三段則予以正面的肯定。

校後補記：此章開頭「以奇用兵」二句，和第三十六章所說的「將欲翕之，必固張之；……將欲奪之，必固與之」，可以互參合看，都極似兵家之言。孫子兵法《孫子．計篇》就說：「兵者，詭道也。故能而示之不能，用而示之不用，近而示之遠，遠而示之近。……攻其不備，出其不意。此兵家之勝，不可先傳也。」這些話和老子所說，契若針芥。因此有人推論老子和孫子的論點，必有先後傳承的關係。據《史記列傳》說：孫武是齊國人，著有《兵法》十三篇，「孫武既死，後百餘歲有孫臏」，亦稱孫子。今傳孫子兵法據說就是孫臏整理孫武遺作而成。這和太史儋整理老聃遺作而成《老子》一書，情況非常相似。

據今人考定，孫武曾見吳王闔廬，事在魯定公十四年（西元前四九六年）之前，而孔子卒於魯哀公十六年（西元前四七九年），因此孫武和孔子並世相及，當相去不遠。如果《老子》一書的著者確是太史儋的話，他在書中引用孫子兵法，自然不成問題。太史儋的兒子李宗，曾任魏將，當知兵法，亦可為證。過去有些學者，因認定《老子》為老聃所著，年代在孫武和孫臏之前，所以多主張孫子兵法受到老子的影響。

【論老子絕句】之五十七

奇正縱橫孰與多，用兵治國待如何？不信「無為」能自化，終需動靜費琢磨。

第58章

其政悶悶，其民淳淳；其政察察，其民缺缺。❶

禍兮福之所倚，福兮禍之所伏。孰知其極？其無正。正復為奇，善復為妖；人之迷，其日固久。❷

是以聖人方而不割，廉而不劌，直而不肆，光而不燿。❸

【校注】

❶ 以上四句——帛書乙本「悶悶」作「閔閔」，當係音近而訛。「政」並作「正」。「其民缺缺」，帛書甲本「民」作「邦」。此「政」與「民」對，應指政事而言，作「正」字者，恐涉下文「其無正」而誤。「民」作「邦」者，或謂避劉邦諱改。傅奕本「淳淳」作「偆偆」。偆偆，喜樂的樣子。

❷ 以上八句——帛書乙本句下多「也」、「矣」等語氣詞，如「其無正也」，「人之迷也，其日固久矣」。文義固無不同。首二句，《韓非子·解老篇》解說得當，足可參考。

❸ 以上四句——帛書乙本無「聖人」二字，「廉」作「兼」，「劌」作「刺」，「肆」作「紲」，「燿」作「眺」。河上公本「劌」作「害」，「燿」作「曜」。以上皆古音義通假字。

【直譯】

他的政治昏昏悶悶，他的人民反而厚厚淳淳；他的政令清清楚楚，他的人民反而缺缺不足。災禍啊是幸福的依賴之所，幸福啊是災禍的潛伏之處。誰知道它們的究竟？它們沒有一定的準繩。正當又會轉變成詭奇，善良又會轉變成妖異；人心的迷惑，那時間本來已經很久。所以聰明的聖人方正卻不苛責，廉潔卻不刻削，直率卻不放肆，光明卻不炫耀。

【新繹】

此章承接上章而來，說的都是治國安民之道。上一章主張「以無事取天下」，認為在上位者「無為而民自化」、「好靜而民自正」、「無事而民自富」、「無欲而民自樸」，都是本章立論的依據。王弼的注說：「善治政者，無形、無名、無事、無政可舉」，說的也都是相同的道理。

全章可分為三段：

第一段說明行政管理和人民反應之間，常常存在著一種互相對立矛盾的關係。第二十章老子說過：「俗人昭昭，我獨昏昏；俗人察察，我獨悶悶。」昭昭、察察和昏昏、悶悶相對，俗人和「我」相對。俗人代表世俗之人，當然也可代表世俗的一般統治者，「我」代表的既是老子，也可以說是代表他理想中守道明德的聖人。此章開頭的第一段四句，前二句的「其」，指的是「聖人」統治下的情況；後二句的「其」，指的是「俗人」統治下的現象。雖然同是代名詞，但所指稱的對象卻不一樣。在一般人的印象中，所謂昏昏悶悶，代表的是糊裡糊塗，不清不楚；所謂昭昭察察，代表的是明察秋毫，一清二楚。就行政而言，應該後者可取而前者可議。但是老子卻

「正言若反」，說的話和一般人的認識大不相同。這一方面會出人意外，引起他人的注意，另一方面會耐人尋味，引起他人探其究竟的興趣。這是《老子》一書在表現手法上的一大特色。

此段是說在上位者，如果是用古代聖人之道，那麼表面上看，無為無事，政治沉悶，但民風卻因無所爭競而趨於淳樸；如果用的是世俗之人的方法，表面上看，立刑名，明賞罰，好像懲惡勸善，大有作為，但結果是造成人民趨利避害而多行狡詐。上一章說的：「天下多忌諱，而民彌貧」、「法令滋彰，盜賊多有」，也是這個道理。既然盜賊多有，人民彌貧，當然有缺然不足之感。結果是有了，結論也說了，但中間推論的過程，老子卻一向不說或不說清楚。這也是《老子》一書在表現手法上的另一特色。把中間推論的過程，留下一片空白，讓讀者自己去填補，去闡釋；又由於人人有不同的體會，所提的論據或例證各有不同，所以令人覺得其道不可道，其名不可名，永遠說不盡。

第二段藉禍福、正奇、善妖等等對立矛盾的概念，來說明人間一切事物實際上相反而相成，看似矛盾對立而實相因相依。

禍福相依的故事，是秦漢人常提及的，說明塞翁失馬焉非福，歧路亡羊未足哀。災禍中常有福之因，幸福中常埋禍之子。它們是相因相依的。正是正常，奇是異數，可是正常的有時候會變成異數，異數的也有時候會變成正常。同樣的，吉凶也是如此，祥善的會轉化為妖異，妖異的也會轉化為祥善。逝曰遠，遠曰反。福、禍的究竟是什麼，沒有人知道，正、奇、善、妖的究竟是什麼，也沒有人知道，在什麼時候什麼地方會轉化，也同樣沒有人知道。反正沒有一定的標準。「人之迷，其日固久」，是說以上所說的情況，早已存在，為時已久了。這裡的「人」，就是

第二十章所說的「俗人」，可以指一般俗人，也可以指俗世中的一般統治者。這跟下文所說的「聖人」正好相對。

第三段與其第二段相對，說的全是聖人之德。聖人守道而行，明白一切事物相反相成、相因相依的道理，所以懂得從對立面、相反面來思考問題。「方而不割」四句是說自己方正、廉潔、直率、光明，但卻不會因此而嚴苛的要求他人，一定要做到完全像自己一樣。打譬喻來說，不合規矩的，有稜有角的，都要保存它們原有的形狀，不可按照自己要求的尺度模式來切割，因為那是有損自然的。如果能從對立面來思考，為他人著想，那麼，自己雖然行為正直，對不正直的人留有餘地，不至於言行放肆，傷害他人的自尊；自己雖然地位尊崇，對不如自己的人存有同情，不在他們面前炫耀自己的長處，那就可以說是符合聖人的常道玄德了。

【論老子絕句】之五十八

才高每向風塵老，道遠終需車馬驕。禍福造端非在我，總因上位信讒謠。

第59章

治人事天，莫若嗇。夫唯嗇，是謂早服。❶早服，謂之重積德；重積德，則無不克；無不克，則莫知其極；莫知其極，可以有國。有國之母，可以長久。❷是謂深根固柢，長生久視之道。❸

【校注】

❶ 以上四句——河上公本首句「治人」下，脫「事天」二字。「嗇」敦煌本作「式」。式為嗇之借字。嗇，原指稼穡收藏之事，引申為吝惜。「是謂」傅奕本作「是以」。「早服」敦煌本等作「早復」。朱謙之《老子校釋》以為作「早服」為是。又，楚簡本「早服」作「早備」。服，古音與「備」相近，義可通。

❷ 以上十句——「謂之」，帛書乙本、河上公本等皆作「是謂」。「克」，河上公本、景福本等皆作「剋」。克、剋可以通用。

❸ 以上二句——「柢」河上公本作「蔕」，即「蒂」。樹木的根部叫「柢」，花葉的根部叫「蒂」，義可通。

【直譯】

治理人事，敬奉天時，不如節制吝惜。也只有節制吝惜，才可以說是早日從事尋求真理。早日從事尋求真理，可以稱之為重重累積大德；重重累積大德，就沒有不能克制的；沒有不能克制的，就沒人知道它的極致；沒人知道它的極致，就可以安邦定國，保有自己的國度。保有自己國度的根基，才可以長久維持。

這是所謂深深牢固根柢，活得長、看得久的道理。

【新繹】

此章說明治人事天的根本，在於吝嗇，這也是立國之道。以上各章所說，大都是治國安民的道理，因而此章一開頭標明「治人事天」，很容易讓有些讀者以為此章說的重點，在於養生治身之事。其實不然。「治人事天」，仍然是說治國安民之道。吝嗇這個詞語，現代人一看，多從貶義去解釋，其實它的本義並非如此。「吝」有愛惜之義，「嗇」則指麥子收藏之事。古代以農立國，人民之中，以農夫為多。農夫春耕夏耘、秋收冬藏，工作非常辛勞，而其五穀的收穫，則還需看四季的變化是不是合乎天時，否則風不調，雨不順，稼穡收穫就會大受影響，大打折扣。因此農夫無不愛惜其辛勞得來的成果。也因此，古人就把稼穡收藏之事，稱為「嗇」，慢慢引申而有愛惜、儉省等等的意義了。

全文可分三段：

第一段說治人事天的道理，沒有比稼穡之事更容易說得明白的。古代農夫一年四季都很忙碌，春耕、夏耘、秋收、冬藏，幾乎每一天都要勤快不懈的工作著。而且什麼時候該播種插秧、澆水施肥，什麼時候該灌溉除草、收割儲藏，都要順應天時寒暑的變化，遵照農家行曆的習慣。一切的一切都需要早做準備，早日從事預備的工作，早日克服預見的困難。他們雖不識字，但都會遵照先王的曆法，參考前人的智慧。國家的統治者治理人事，奉行天時，正應如此。有的傳本「嗇」作「式」，就是以此為式，以此為準則的意思。同樣的，有的傳本「早服」作「早備」或「早復」，也都是說明治人事天的統治者，要早日參照前人的智慧，從事預備的工作。《韓非子·解老篇》說：「夫能嗇也，是從於道而服於理者也。」又說：「聖人雖未見禍患之形，虛無服從於道理，以稱蚤服。」「蚤服」，就是「早服」。王弼注云：「嗇，農夫。農人之治田，務去其殊類，歸於其一也。」也都說早日服事的工作，要未見其形而已去異存同，把握先機，「歸於其一」。「一」就是「道」的法則。農夫稼穡之道，和統治者的治人事天之道，道理是一致的。

第二段承接上文，從解釋「早服」說起，層層推進，說明此即立國之本。

「早服」既然是早作準備，早日從事，那麼等到事情正式開始的時候，它必然已來回重複多次，這跟「重積德」的「重積」，意思是一樣的。嗇要早服，德要重積，前後正好呼應，把農夫稼穡之事推衍到治人事天的德性上。能把握先機、重重積德，當然容易攻無不克；能夠攻無不克，一直推衍下去，那當然它的效用就不可測度了。古代以農立國，如果農夫肯勤於耕耘，大家肯安土重遷，基本上這樣的社會就可以安定無虞，這樣的國家也就有長治久安的基礎了。「有國之母，可以長久」，說的就是這個道理。

最後的一段，雖然只有兩句，可是它們卻為上文做了最精簡的結束。「深根固柢」呼應第一段的稼穡之事。「柢」一作「蔕」，即「蒂」，它們指的都是樹木或花葉的根部，這跟第二段的「有國之母」又互為呼應，都是強調固本的重要。至於「長生久視之道」一句，那更是呼應第二段的「可以有國」、「可以長久」等句，直接說明開頭「治人事天莫若嗇」的道理了。

【論老子絕句】之五十九

吝嗇原來亦足豪，奢華容易付兒曹。勸君早服莫猶豫，枉自人生走一遭。

第60章

治大國，若烹小鮮。❶
以道莅天下，其鬼不神。非其鬼不神，其神不傷人；非其神不傷人，聖人亦不傷人。❷
夫兩不相傷，故德交歸焉。❸

【校注】

❶ 以上二句——「治大國」，《韓非子．解老篇》所引句下有「者」字。「烹」帛書乙本作「亨」。亨、烹二字古代通用。

❷ 以上六句——「以道莅天下」，傅奕本句下有「者」字。帛書乙本「莅」作「立」。莅，即「涖」，面臨之意。「聖人亦不傷人」帛書甲本作「聖人亦弗傷也」。字句雖異，而文義皆同。

❸ 以上二句——「德」景龍本等作「得」。

【直譯】

治理大國家，好像烹煮小鮮魚。

用常道來面對天下百姓，那些鬼怪就不會神靈。不是那些鬼怪不神靈，是那些神靈不傷害人；不是那些神靈不傷害人，是連聖人也不會傷害人。就因為兩者不會相傷害，因此玄德就一起歸來了。

【新繹】

此章說明聖人治理大國，因為能「以道蒞天下」，所以「德交歸焉」。

全章可分三段說明：

第一段先以形象化的譬喻：「若烹小鮮」，來說明「治大國」者應當注意的重點。「小」與「大」對。「小鮮」歷來都解釋為小鮮魚，這當然沒錯，《說文解字》就是如此解釋的，認為「鮮」字從魚從羊，「魚」為字義，「羊」為聲符。但從西周金文來看，「鮮」字從魚從羊，應是會意字，不單指魚類，而應指像魚羊等類鮮美的肉類食物。「小鮮」的「小」，形容這類鮮美食物的幼小細嫩。就因為幼小細嫩，所以烹煮的時候，不能不講究方法。

《韓非子．解老篇》說：「烹小鮮而數撓之，則賊其澤。」意思是說烹煮小鮮時不能常常翻攪，否則就會損害光澤和味道。河上公的注說得更具體，已經把「小鮮」界限為小鮮魚：「烹小魚，不去腸，不去鱗，不敢撓，恐其糜也。」雖然已經界定為小鮮魚，但道理一樣，烹煮的方法是不能一直撓動，否則肉身就會糜爛，講的是求其完整，而不只是表面的光澤。這些譬喻用來說明「治大國」的方法，就像上面所引《韓非子．解老篇》的下文：「治大國而數變法，則民苦之。是以有道之君，貴清靜而重變法，故曰治大國，若烹小鮮。」道理說得非常透徹。不過，所謂不敢撓，是說不敢「數撓之」，而不是說完全不撓動。如果完全不撓動，兩面兼顧，也很容易熟不均勻，不是至美之味了。忽略這一點，就沒有真正了解老子的所謂「道」。

《史記．殷本紀》說伊尹「負鼎俎，以滋味說湯，致於王道。」《呂氏春秋．本味篇》也說：「伊尹說湯以至味。」可見至遲從殷商開始，就有人以飲食美味比喻治國之道，來勸說君王。《詩經．檜風．匪風》有云：「誰能亨魚，溉之釜鬵。」《毛傳》這樣解釋：「溉，滌也。鬵，釜屬。亨魚煩則碎，治民煩則散。知亨魚則知治民矣。」更可證明自周至漢，以烹飪來比喻治國，是人所習知之事。參照以上各章，「治大國，若烹小鮮」這兩句話，說不定也是老子引用前人之言來立論的。

第二段重點在「以道莅天下」一句。莅，即「蒞」，面臨、面對、統治的意思。天下，指天下百姓。能以大道來面臨天下百姓的人，觀之《老子》一書，自是聖人無疑。聖人是人中之王，可以參天地而化萬物，所以經文第二十五章說：「道大，天大，地大，王亦大」，又說：「域中有四大，而王居其一焉。人法地，地法天，天法道，道法自然。」此章第二段所說的鬼神不傷人，聖人亦不傷人，正可與此合參。

王弼注此章云：「治大國若烹小鮮，以道莅天下，則其鬼不神也。」又說：「神不害自然也。物守自然，則神無所加。神無所加，則不知神之為神也。」而且他還引用第二十六章「重為輕根，靜為躁君」的經文，這樣申述道：「躁則多害，靜則全真。故其國彌大，而其主彌靜，然後乃能廣得眾心矣。」意思是說治理國家，應當清靜無為，順應自然，就像「烹小鮮」一樣，不能不滌，也不能數撓之，不能不使人民各盡其力，各安其分。上引韓非子所說的「貴清靜而重變法」，真是得道之言。清靜是靜，變法是動。因應不同的環境，法不能不變，但也不能「數變」。這才叫做動靜得宜。最好像上古歌謠〈擊壤歌〉所說的：「日出而作，日入而息。鑿井而飲，耕田而食。帝力於我何有哉！」大家各盡其力，各安其分，在上位者不煩擾百姓，讓人民不知道有君王的存在。能夠如此，那麼鬼神真的都無從作祟了。

古人以為天地萬物稟陰陽而生，各有其靈。天曰神，地曰祇，人死則為鬼。祂們都各有靈異的作用。有人以為「其鬼不神」的「神」，借為「魅」，據《說文解字》：它即指鬼之靈。《韓非子．解老篇》又說：「人處疾則貴醫，有禍則畏鬼。」有病就看醫生，有禍就怕鬼神，這是一般人正常的心理反應。所以，聖人治國，如果能奉行天時，遵守常道，陰陽調和，上下均衡，人人各盡其力，各安其分，自然無所愧怍，不怕鬼神作祟。這不是說鬼神不存在，而是說祂們不起作用。其所以然者，正由於聖人能不傷人而以道君臨天下的緣故。

第三段只有兩句話，歸結上文，說明聖人治國，應該像烹小鮮一樣小心謹慎，以道來面臨百姓。如此必能陰陽動靜，兩面兼顧，因而鬼神不侵，所有德性都交相表現在人民的身上。人民生活安樂滿足，不知道有鬼神，也不知道有「聖人」，達到第十七章所謂「太上，下知有之」的境界。這才是老子的理想世界。

【論老子絕句】之六十

治國豈如烹小鮮，魚羊大小各為偏。陰陽一體需分辨，何況不知煮或煎。

第61章

大國者下流。天下之交，天下之牝。牝常以靜勝牡，以靜為下。❶
故大國以下小國，則取小國；小國以下大國，則取大國。故或下以取，或下而取。❷
大國不過欲兼畜人，小國不過欲入事人。此兩者各得其所欲，大者宜為下。❸

【校注】

❶ 以上五句——「大國者」下，傅奕本作「天下之下流」。「國」帛書本作「邦」，下同。當係避劉邦帝諱。「常」帛書本皆作「恒」，當亦避劉恒帝諱。「天下之交，天下之牝」二句，帛書本前後對調。「以靜為下」，帛書乙本作「為其靜也，故宜為下也」。「靜」傅奕本作「靖」。靜、靖古可通用。

❷ 以上六句——帛書甲本無「故」字。上「取」字，頗有學者據《道藏》等傳本以為當作「聚」。取，即聚物之意；又以為下「取」字當作「趣」解，即走向之意。

❸ 以上四句——帛書乙本首句作「故大國者」，末句作「則大者宜為下」。「兩者各得其所欲」帛書甲本作「皆得其欲」。各本用字雖有不同，文義則無異。

【直譯】

大國像水的下游。天下流水交匯的處所，來自天下流水的幽谷源頭。雌柔常常以沉靜勝過雄壯，是因為沉靜處在低下的緣故。

因此大國用謙下的態度對待小國，就可以取得小國的歸附；小國用謙下的態度對待大國，就可以取得大國的保護。因此有的因謙下來歸附，有的因謙下而被保護。

大國不過是想兼併保護別人，小國不過是想進貢事奉別人。這雙方各自想得到他們所要的，大國本來就應該保持謙下的態度。

【新繹】

此章和上章一樣，都是旨在說明治理大國的方法。但兩者有所不同，上章重點在說明以道面對天下百姓，此章重點則在說明大國與小國之間的相處之道。

全章可分三段：

第一段說治大國者必須柔靜謙下。首句「大國者下流」，傅奕本作「大國者，天下之下流」，與下二句相承，是比較通順的，也有人以為應當比照上章的「治大國，若烹小鮮」，改作「治大國，若居下流」才對。說的很有道理，句子的意思也必須如此講解，才算完整。同樣的，比照以上各章，首句應該也是老子引述前人之言，來加以申論的格言教訓。

經文第八章說過：「上善若水，水善利萬物而不爭」，意思是說水往低處流，不與物爭，能夠「處眾人之所惡，故幾於道」。此章首句的「下流」，應該就是這個意思。王弼的注說：「江海居大而處下，則百川流之；大國居大而處下，則天下流之。」這樣講，是把「下流」解釋為下游，指江海而言。在王弼以前，像《管子・形勢篇》所說的「海不辭水，故能成其大」，《荀子・

勸學篇》所說的「不積小流，無以成江海」，也都有這個意思。

江海是眾水百川所匯集之處，即下文的「天下之交」，應無疑義，但與底下一句「天下之牝」合看，則會引起一些問題。牝，原指母牛，後來引申為泛指雌性的動物，甚至專指雌性陰部。第六章的：「谷神不死，是謂玄牝。玄牝之門，是謂天地根。」就是把泉水涓涓而始流的幽深谷壑，當做天地萬物的根源所在。水，就是源起於此，然後才逐漸匯合而成溪流，而成河川江海。所以從此句看，「天下之交」和「天下之牝」二者的先後因果關係不很清楚。不過，再看看下面第六十六章所說的：「江海所以能為百谷王者，以其善下之，故能為百谷王」，那麼，問題也就可以迎刃而解了。原來，「牝」既可用來指水的源頭的幽谷，也可以用來指納百川而成百谷之王的江海。帛書本把「天下之交」和「天下之牝」對調，前始後終，可能就是因此之故。

「牝常以靜勝牡，以靜為下」二句，上句說陰柔常以沉靜來克服雄壯，其道理在第三十六章解釋「柔弱勝剛強」時已經說過，也不成問題。但下句「以靜為下」則可能有兩種解釋：一是承接上句，說「牝」者不但用沉靜克制雄壯，而且用沉靜來保持謙下；另外一種解釋，是為上句解釋因果關係，說牝者所以能「以靜勝牡」的原因，乃由於雌者柔靜，常居於低處的緣故。帛書乙本此句作：「為其靜也，故宜為下也」，這樣看來，似乎第二種解釋較為可取。

第二段說明大國和小國的相處之道。這裡的「國」，不等於今天的所謂國家。古代的「國」，只是指某一個界定範圍的行政區域而言，有時可以小到像一座都城。此章的「國」，帛書甲本都寫成「邦」，應該比較符合原本的面貌。跟「恒」改為「常」一樣，都是避漢帝諱才改的。

老子以為大國雖然比小國強大，但因自謙居下，所以能夠得到小國的歸附，而小國也因能認清時勢，不妄自尊大，肯服事大國，因而能得到大國的保護。「或下以取」和「或下而取」，正說明這兩者之間的關係及其相處之道。唐玄宗御注說：「以者，大取小；而者，小取大。」清世祖御注說：「能下以取小國之附，能下而取大國之容。」都把「以取」、「而取」二語解釋得很明白。

第三段為第二段再作進一步的說明，說大國小國都應當了解彼此的想法和希求，這樣才合乎自然常道。否則，大國恃強凌弱，以大欺小，終必導致暴亂反抗，而小國妄自尊大，則無異以卵擊石，自取滅亡。

最後老子強調，在大國小國兩者的對待關係中，大國應該先對小國謙下，表示友好。因為以小事大者為了安全，比較容易奉事對方，而以大事小者往往恃強而驕，比較困難做到保護對方的責任。所以大國先對小國謙下示好，小國必然心誠悅服，同時大國也展現了最美好的泱泱大國的風度。

校後補記：《孟子．梁惠王篇》記載：梁惠王問：「交鄰國有道乎？」孟子答：「惟仁者能以大事小，故湯事葛，文王事昆夷；惟智者能以小事大，故大（太）王事獯鬻，勾踐事吳。以大事小者，樂天者也；以小事大者，畏天者也。樂天者，保天下；畏天者，保其國。」這些話拿來對照本章，思想一致，並無什麼差異。可見儒道的思想主張，固有不同，但心同理同，道理中有些最基本的道理，誰也不能加以否定。

【論老子絕句】之六十一

大國下流小國康，小邦入事大邦強。下流所以示謙遜，入事還須讓帝王。

第62章

道者，萬物之奧；善人之寶，不善人之所保。美言可以市（尊），尊（美）行可以加人；人之不善，何棄之有？❶

故立天子，置三公，雖有拱璧，以先駟馬，不如坐進此道。❷

古之所以貴此道者何？不曰以求得，有罪以免邪？故為天下貴。❸

【校注】

❶ 以上八句——「奧」帛書本作「注」。奧，古代居室的西南角落，是奧祕聚物之處，也是祭祀時設奠之所。注，亦有聚、主之意。「寶」、「保」二字，帛書甲本俱作「葆」，三字古可通用。「尊」字據王弼《注》，當屬下讀；據《淮南子》〈道德訓〉、〈人間訓〉的引文，則「尊」屬上讀，而「行」字上當有「美」字。「加」帛書本俱作「賀」。

❷ 以上五句——帛書甲本「三公」作「三卿」，「拱璧」作「共之璧」，末句作「不善坐而進此」。傅奕本末句作「不如進此道也」。三公、三卿，皆輔佐天子之重臣。共，同「拱」。坐，古同跪。

❸ 以上四句——帛書本無「道」字，「曰」作「謂」。「以求得」，傅奕本、景龍本、敦煌本、嚴遵本等均作「求以得」。「求以得」可與「罪以免」對，較可取。

【直譯】

「道」這個東西，是萬物的奧祕宗主；是善人的法寶，也是不善之人的保命信符。美善的言論可以求得尊貴，尊貴的行為可以增加人的榮耀；人不美善的時候，哪裡有拋棄他的必要？

因此擁立天子，設置三公，即使擁有雙手合抱的玉璧，在駟馬高車之前先進貢，還不如跪著進獻這個「道」。

古人所以尊重這個「道」的原因是為什麼呢？不就是說：因為追求可以得到，而犯了罪也可以赦免嗎？因此才被天下人所珍寶。

【新繹】

此章說明「道」是萬物的宗王，無論善人或不善之人都應該重視它。《老子》一書，從第一章開始，就一直說「道」，說它的生成、功用等等，不一而足。此章推闡第一章的「有，名萬物之母」一語，說明「道」外現其功用時，對善人與不善之人，都一視同仁。這一章從頭到尾，都分別從善人與不善之人兩方面，來比較說明道理。

全章可分為三段：

第一段開頭就標舉全章要旨，說「道」是「萬物之奧」，天下萬物的宗王。奧，原指居室的西南角落，古人認為這個地方比較隱密，所以尊者居之，並用來儲藏物品，祭祀灶神時，也是迎尸奠祭之處。所以老子藉此以喻「道」的重要，說它有如萬物之宗。同時，說它不但為善人所尊崇，而且也是不善之人的保命符。善人與不善之人對舉。善與不善，是說有好、壞之分，但也有善於和不善於行道的意思。善於行道的，自然是好人，反之，則是不善之人。底下的「美言可以市」二句，是就善人來說，「人之不善」二句，則是就不善之人來說。

「美言可以市，尊行可以加人」這兩句，是根據王弼的注文：「美言之，則可以奪眾貨之賈，故曰美言可以市也。尊行之，則千里之外應之，故曰可以加於人也。」來斷句的。意思是說善人言美而行尊，自然可以得到好的評價和榮耀。這樣講，是可以講得通，但「尊」這個字無論是屬上讀或下讀，都會讓讀者覺得文氣不足，因此歷來學者於此頗有爭議。有人根據《淮南子》中〈人間訓〉、〈道應訓〉的引文，認為應作「美言可以市尊，美行可以加人」才對，而且「尊」、「人」還可以協韻；有人則根據傅奕本，認為作「美言可以於市，尊言可以加於人」才對，而且推測「於市」上應脫「售」或「多」之類的字。當然，我們如果推測經文原作「美言可以市尊，尊行可以加人」，後人抄寫時省一「尊」字，而在其旁加一記號，有如帛書本在「人」字後有雙逗號一樣。更後來的人，因不識旁加的記號，因而脫漏了一個「尊」字，這樣的推測，應該也是可以成立的。

「人之不善，何棄之有」二句，則是就不善之人來說，同時呼應上文的「不善人之所保」，和下文的「有罪以免」等句。都是說明「道」對萬物一視同仁，對不善之人也不會棄而不顧。經文第四十九章說的「善者，吾善之；不善者，吾亦善之」，即是此理。

第二段推進一步，落實到世間人事上來說。在邦國之內，擁立天子，設置三公（帛書甲本作三卿）來統率百姓，領導人民，這是行道的表現。對其他邦國，能在尊者搭乘駟馬高車正式到達之前，先派人合抱大璧去致意，就像《左傳．僖公三十三年》魯國商人弦高犒勞秦師「以乘韋先，牛十二犒師」那樣，也是行道的表現。但這些表現，在老子看來，都還不是真正善於奉行大道者，因為都只看到善的一面，而沒有看到不善的一面。帛書甲本「不如坐進此道」作「不善坐而進此」，或許就兼含有這樣的用意。這裡的「坐」，等於今天的跪坐，表示尊敬的意思。整段來說，意思是與其注意內政外交，都還不如奉行大道來得重要。

第三段回應第一段，說此「善人之寶，不善人之所保」的「道」，是「古」人傳下來的格言教訓。大家重視它的原因，在於求之者有得，失之者亦不罪。因此才特別寶貴。

【論老子絕句】之六十二

美言何以市尊榮，貴道首先在不爭。天下三公先駟馬，豈非名實不分明。

第63章

為無為，事無事，味無味。大小多少，報怨以德。❶
圖難於其易，為大於其細。天下難事，必作於易；天下大事，必作於細。是以聖人終不為大，故能成其大。❷
夫輕諾必寡信，多易必多難。是以聖人猶難之，故終無難矣。❸

【校注】

❶ 以上五句——首三句之「為」、「事」、「味」，上字皆動詞，下字皆名詞。「味無味」一句，朱謙之《老子校釋》據《文子．道原篇》、《後漢書．荀爽傳》所引，以為「味」乃「知」字之誤。楚簡本「無」皆作「亡」，「大小多少」作「大小之」。亡，古通「無」。

❷ 以上八句——「天下難事」以下四句，帛書甲本作「天下之難，作於易；天下之大，作於細」。字句雖異，文義則無不同。

❸ 以上四句——「必」字前，傅奕本皆有「者」字。「猶」，御注本作「由」，帛書甲本作「猷」。末句帛書甲本作「故冬（終）於無難」，文義固無別。

【直譯】

執行沒有目的的工作，從事沒有作為的事情，品嘗沒有滋味的食品。把小當大，把少當多；回報怨恨，用恩德。

解決困難從那容易處入手，處理大事從那細小處入手。天下困難的事情，一定從容易處做起；天下重大的事情，一定從細小處做起。因此聖人始終不說做大事，所以才能完成那些大事。

那些輕易答應的，一定很少守信；多視為容易的，一定多遭遇困難。因此聖人都由覺得它很難做起，所以最後也就沒有困難了。

【新繹】

此章推闡第三章「為無為，則無不治」之旨，說明聖人處事之道，在於破除有無、大小、多少、難易、德怨等等的觀念。

全章可分三段：

第一段標舉立論的重點。「為無為」三句，重點在破除有為無為、有事無事、有味無味的觀念。聖人也是要工作要做事的，但不必有什麼動機目的或要求有什麼表現；不管自己做了什麼，都當成沒有做過的一樣。聖人也是要飲食的，但不會要求或偏嗜什麼滋味；「五味令人口爽」（第十二章），反而不如恬淡的適合大家。有人根據《後漢書．荀爽傳》等書的引文，以為「味無味」應作「知無知」，自有其依據，但道理都是相通貫的。「味無味」，其實也就是「知無知」，或者說是「欲無欲」。因此改不改都沒有關係。

「大小多少」和「報怨以德」這兩句，和前三句一樣，其實都是說明天下事物之中，有很多看似相反，實則可以相成。有為無為、有事無事、有味無味，平常人看似相反，但聖人卻能明白有無相生的道理，觀照全面而不偏執一端，因而做好了事情，會「生而不有，為而不恃，功成而弗居」（第二章）；萬一事情沒有做好，也會覺得塞翁失馬，焉知非福，不會懷憂喪志，過於灰心。因此，能夠永遠保持一個平常心，把「有」、「無」的觀念打破。能夠把「有」、「無」的觀念打破，那麼，所謂大小、多少、德怨等等看似相反的觀念，也就可以一一打破了。其實第二章早已說過「有無相生，長短相形，高下相傾」等等的常道，此章所說，不過是再加發揮而已。

這裡的「大小」、「多少」，不能都視為量詞，以為它們都是指度的大小、量的多寡，否則就會像古人姚鼐一樣，把「大小多少」都當成同一詞性，認為「下有脫字」，語意欠明了。它們的詞性不一樣，可以上字作動詞、下字作名詞，也可以反過來看，上字作名詞、下字作動詞或形容詞用。如果依照上文「為無為」的讀法，則以前者為是；如果依照楚簡本「大小之」的讀法，則以後者為是。因此，解釋為把小看做大、把少看成多，或者解釋為把大看成小、把多當做少，都講得通，都是要打破度量衡上大小多少甚至輕重的觀念。第六十章說的「治大國，若烹小鮮」，也一樣是想說明所謂大小，只是偏執一端時的想法。明白了這個道理，那麼，以德報怨，把德與怨都視為心理上一種偏執的觀念，需要破除，其道理也就不辯自明了。

第二段衍續上述的道理，對難與易、大與細的事物與觀念，作進一步的推闡。《韓非子．喻老篇》解釋得很好：「有形之類，大必起於小；行久之物，族必起於少。」而且還舉了實例：「千丈之隄，以螻螞之穴潰；百尺之室，以突隙之熛焚。故白圭之行隄也，塞其穴；丈人之慎火也，塗其隙。是以白圭無水難，丈人無火患。此皆慎易之以避難，敬細以遠大者也。」意思是說：大隄的崩潰，是由於有蟻穴；巨室的火災，是由於有煙突。因此用白圭去塞住大隄上的蟻穴，讓丈人去塗抹煙突上的縫隙，災患就不會發生了。這些例子都是說明大事往往起於細節，細節不注意，有時候就會釀成大問題。所以，大小、難易等等的觀念，都需要破除。聖人領導大家，化育萬物，做的都是大事情，可是他明白上述的道理，因此，他不敢大意，慎防於微，非常小心。

第三段與第二段不同。第二段從自己做事的角度說，第三段則從觀察別人做事的角度說。輕易就許諾他人的人，因為個人的能力有限，一定不可能做到事事周全、人人滿意；把事情看成很容易的人，因為沒有事先規劃，早做準備，一定也會常遭遇沒意料到的挫折。聖人卻不一樣。他會覺得輕易許諾於人和把事情看得很簡單，是件困難而不應該做的事，所以他謹慎小心，面面俱到，不會偏執一端，只求突顯自己。

【論老子絕句】之六十三

聖人不自以為大，多變少時少變多。小大易難皆相反，味無味處味如何？

第64章

其安易持，其未兆易謀；其脆易泮，其微易散。❶

為之於未有，治之於未亂。❷

合抱之木，生於毫末；九層之臺，起於累土；千里之行，始於足下。❸

為者敗之，執者失之。是以聖人無為，故無敗；無執，故無失。❹

民之從事，常於幾成而敗之。慎終如始，則無敗事。❺

是以聖人欲不欲，不貴難得之貨；學不學，復眾人之所過。以輔萬物之自然，而不敢為。❻

【校注】

❶ 以上四句——楚簡本於四句「易」字前，以及各句句尾，皆有「也」字。又，「泮」作「判」，「微」作「幾」，皆可通。河上公本等「泮」作「破」，溶解、破裂皆可通。

❷ 以上二句——「為之於未有」楚簡本作「為之於其亡有也」。亡，同「無」，與「未」可通。

❸ 以上六句——楚簡本「九層」作「九成」，「起」作「作」，「千里之行」作「百仞之高」。帛書甲本「千里之行」作「百仁之高」，帛書乙本則作「百千之高」。「百仁」當係「百仞」之誤，「千」或亦「忎」即

「仁」字之誤。忍、仞音同。

❹ 以上六句——楚簡本「為」、「執」字下有「之」字，「失」作「遠」，「無」作「亡」，下同。字句雖異，文義則同。

❺ 以上四句——楚簡本作：「臨事之紀，誓終如始，此無敗事矣。」帛書甲本「幾成」作「其成事」，乙本則無「事」字。幾，將且之辭。楚簡本「紀」當為「際」，「誓」當為「慎」。

❻ 以上六句——「學不學」楚簡本作「教不教」。「學」字古作「斆」，二字形近。「以輔」，帛書本皆作「能輔」，楚簡本則「輔」字前有「是故聖人能」數字。字句雖有不同，文義則無差異。

【直譯】

它安穩時容易把握，它沒有徵兆前容易圖謀；它脆弱時容易裂斷，它微小時容易分散。處理它在沒有發生之先，安定它在沒有變亂之前。

合抱大的樹木，生長自苗芽的末端；九層高的塔臺，建立自累積的土磚；千里遠的行程，開始自腳下的起步。

有為的人會敗壞它，固執的人會損害它。所以聖人無所作為，因此沒有敗壞；沒有固執，因此沒有損害。

人們做事的時候，常在幾乎成功時卻敗壞了它。謹慎終結能像開始時那樣小心，就不會敗壞事情。

所以聖人追求人所不要的東西，不重視難以得到的貨物；學習人所不學的知識，補救眾人所犯的過失。藉以輔助萬物自然的法則，卻不敢做什麼。

【新譯】

此章承接上章，仍在說明聖人的處事之道。篇幅比其他各章稍長，根據楚簡本，前後可分為兩章，「始於足下」以上為一章，「為者敗之」以下為另一章。從內容看，似亦可據此分開討論。故下文的討論，前三段與後三段可以分別觀之。

第一段是前四句，說明處理事情，必須了解各種事物的特性，把握處理的時機。第二段只有「為之於未有，治之於未亂」二句，是為上文「其未兆易謀」作進一步的說明，說處理的時機宜早不宜晚，有未雨綢繆、防患未然之意。「未有」指沒有成形之前，「未亂」指已經成形之後。前前後後，都要注意。

第三段又更進一步，舉實例說明做事不但要把握時機，宜早不宜遲，而且還要從小處做起，以便立好基礎。雙手合抱的大樹，萌芽時細如秋毫，根蒂必須牢固；九層高的塔臺，是一簍一簍的土石堆積起來的，基礎不穩固不行；千里遠的行程，要達到目的地，也不能不一步一步向前進。「千里之行」，楚簡本作「百仞之高」，帛書本也一樣，只是「仞」字帛書甲本作「仁」，帛書乙本作「千」。「仁」的古字作「忎」，乙本的「千」應即「仁」之偽字，而「仁」與「仞」近，故可推知早期傳本「千里之行」，原作「百仞之高」。但「百仞之高」與上句的「九層之臺」，同樣是形容高，意犯重複，所以後來可能因此而改成「千里之行」也未可知。不管如何，這些實例說明了做任何事情，開端是重要的。

《尚書．周官篇》曾載周成王之言：「若昔大猷，制治於未亂，保邦於未危。」老子以上三段所講的內容正與此相同。

從「為者敗之」以下的三段，雖然說的也是處事之道，但偏重在該怎麼做和做些什麼。第四段「為者敗之」以下六句，說明聖人處事的方法，在於無為和無執。「為者敗之，執者失之」二句，已見於第二十九章。無為，不是完全不做，而是做的時候不要有什麼動機和目的；無執，不是沒有意志，而是不要頑固而偏執一端。這是說做事的方法。

第五段是「民之從事」以下四句，以「民」與「聖人」對，說明做事必須慎其終始。一般的人，不像聖人那樣聰明睿智，謹慎小心，所以往往開頭勤奮而後來逐漸鬆懈，虎頭而蛇尾，功敗垂成，前功盡棄。原因就在於能善始而不能慎終。「民之從事」，即「民從事之時」，這跟楚簡本的「臨事之紀（際）」，意思一樣，都是說做事時，要有始有終，前後謹慎如一。

「是以聖人欲不欲」以下，是第六段，說明處事時該做什麼。「欲不欲」，就是無欲無求，不是不可求，而是不要有貪得之心。「學不學」，就是「絕學無憂」（第二十章），不是不學習，而是不要學像上段所說的「民之從事」功敗垂成的那一種，要學的是上述無為、無執、無欲、無求的另一種，甚至是「為之於未有，治之於未亂」的那一種。如此，才可補救一般人的過失。「復眾人之所過」，有人把它解釋為返回眾人走過的道路，也可以講得通。上文說「慎終如始」，所謂回到原來走過的道路，亦即慎終如慎始之意。能夠如此，自然不會前功盡棄，意思和補其過失一樣。第二十八章說：「常德乃足，復歸於樸」，應該也有這樣的含意。

最後的兩句，說的是聖人的做法。楚簡本在「輔萬物之自然」前，有「是故聖人能」等字可證。聖人究竟為不為呢？照第二段說的「為之於未有，治之於未亂」，應該是有為的；照第四段說的「為者敗之，執者失之」，應該無為無執才對。那麼，究竟是有為或無為呢？老子在此章結尾時再次強調：聖人只是遵循萬物自然而然的法則而已，而不是想要自己創造什麼。換句話，聖人只是守無為之道而已，而不是想要什麼有所作為。

【論老子絕句】之六十四

層塔還從平地起，長楸固自毫端生。慎終如始誠非易，未必人人盡菁英。

第65章

古之善為道者，非以明民，將以愚之。❶民之難治，以其智多。以智治國，國之賊；不以智治國，國之福。❷知此兩者，亦稽式。常知稽式，是謂玄德。玄德深矣遠矣，與物反矣，然後乃至大順。❸

【校注】

❶ 以上三句——河上公本、傅奕本同。帛書甲本則作：「故曰：為道者，非以明民也，將以愚之也。」起頭作「故曰」，頗突然，似承接或總結上文之詞。

❷ 以上六句——「智多」，景龍本、傅奕本等作「多智」。「智」帛書本皆作「知」。

❸ 以上七句——「常」帛書本作「恒」。「稽」，河上本、景龍本等皆作「楷」。稽，留、考、治之意。「楷」與「式」，皆模範之意。「然後乃至大順」傅奕本作「乃復至於大順」。文義皆無異。

【直譯】

古代的善於行道的人，不是用來明示人民，而是用來愚化他們。

人民的難以治理，是因為他們智巧太多。用智巧來治理國家，是國家的盜賊；不用智巧治理國家，是國家的福澤。

知道這兩種情況，都同樣可以當模範。常常知道當模範，這就叫做玄德。玄德深啊遠啊，與萬物相反啊，然後才達到大大的順應自然。

【新繹】

此章再次闡述「道」是相反相成的道理，說明治國安民者必須奉行此道而後可。

全章可分三段：

開頭三句是第一段。首句「昔之善為道者」，參照上文，即昔之聖人的意思。帛書甲本在句前有「故曰」二字，亦足以證明此應是歸結上章所言聖人「欲不欲，不貴難得之貨」、「學不學，復眾人之所過」而來，或者是承接上面的某些章節而來。例如經文第三章的：「不尚賢，使民不爭；不貴難得之貨，使民不為盜；不見可欲，使民心不亂。是以聖人之治：虛其心，實其腹；弱其志，強其骨；常使民無知，無欲。使夫智者不敢為也。」拿來與此三句合看，即可發現前後呼應，一脈相承。

不但第三章如此，第十八章的「慧智出，有大偽」，第十九章的「絕聖棄智，民利百倍」、「絕巧棄利，盜賊無有」等等，也都與此章有前呼後應之妙。這絕對不是偶然，應該是顯露了老子思想主張中，有愚民棄智的一面。

這樣說，接受民主民權思想洗禮的現代人，當然會反對。事實上，近代以來，已經有很多學者反對上述老子有愚民思想的說法，認為老子或古代的所謂聖人，都不會主張愚民。但事實是事實，受到時間空間和環境變化的影響，觀念不可能不改變。在古代的封建社會中，教育不普及，一般人見識不多，所以在上位者往往認為人民如果智巧就易生狡詐，狡詐就難統治，恐怕很多朝代很多君臣都常有這種想法，這是不用避諱、也避諱不了的。連《論語》上都曾記載孔子說過「君可使由之，不可使知之」的話，何況是他人。所以我們今天讀古書，不必以今律古，把今天時興的觀念強加在古人之上。像今天重視環保，就有人斥責古人不該射殺動物；今天重視女權，就有人大罵古代男女不平等，等等，固然說的是事實，但時代不同，觀念也不同。今天大家所極力反對的，說不定在古人心目中，視為理所當然。我們讀老子有關愚民思想的文字時，正宜抱持這種想法。

更值得提出來討論的是，老子所說的「非以明民，將以愚之」，並不是像今天一般人所想像的那樣，一定要使人民愚蠢而不聰明；所謂「慧智出，有大偽」，或「絕聖棄智」、「絕巧棄利」等等，也不是像一般人所說的那樣，絕對要完全棄絕聖智巧利。對於想治國安民的人來說，這不可能，也絕對做不到。就像「為無為」的道理一樣，老子的想法並沒有偏執一端。從第二章開始，老子一直在強調萬物「有無相生，難易相成」等等相生相成的道理，另外像第二十二章和第三十六章也都再三強調「曲則全，枉則直」、「將欲翕之，必固張之」相反相成的道理，這些例子都可以說明老子的思想主張，常兼顧一體的兩面，有時雖然只舉一端，實則相反亦然。所以這裡的「明民」和「愚之」，和一般所說的「明」和「愚」，意義並不相同。「明」和「愚」詞雖相對，義雖似相反，但老子卻以為它們都各有其正面和負面的意義。王弼注此章有云：「明，謂多見巧詐，蔽其樸也；愚，謂無知守真，順自然也。」正是從負面來說其意義，而且說的頗中肯綮。這和此章下文所說的「知此兩者，亦稽式」，亦正契合。

第二段是「民之難治」以下六句，說明人民多智，固然難以統治，在上位的治國者，如果也多智尚賢，國家同樣會治理不好。「以其智多」的「其」，和上面「將以愚之」的「之」，都是代名詞，依上下文來看，自應指「民」而言，但仔細看看，似乎也有兼指在上位者的可能。如果指在上位者，與下文的「以智治國」合看，倒是順理而成章，而且說的是在上位者自己要無為無知，像愚者一樣，不可多智。如此一來，全章說的是統治者要「像」愚者，不要常動妄念，亂事改革，君臣上下抱樸守真即是，因而也不是什麼愚民政策了。

第三段承上文而來，「知此兩者」指上文的「以智治國」和「不以智治國」二事而言。上文說以智治國不好，不以智治國才好，但這裡卻又說「知此兩者，亦稽式」。意思是說：好的可以當模範，不好的也可以供參考，都同樣有價值。這完全符合老子相反相成的主張。「與物反矣，然後乃至大順」，正是說明由相反而至相成的過程。能夠如此，自然可以說是順乎大道，具有玄妙的大德了。

【論老子絕句】之六十五

明者可能非百姓，愚之或許謂君王。聖人治國如輕智，稽式徒勞不富強。

第66章

江海所以能為百谷王者，以其善下之，故能為百谷王。❶是以欲上民，必以言下之；欲先民，必以身後之。❷是以聖人處上而民不重，處前而民不害。是以天下樂推而不厭。以其不爭，故天下莫能與之爭。❸

【校注】

❶ 以上三句——河上公本、傅奕本俱同。「以其善下之」，「之」指百谷，楚簡本作「以其能為百谷下」，意更清楚。百谷，泛指一切溪流河川。谷，是說水注入谿。楚簡本、帛書本等「谷」時作「浴」者，或即此故。

❷ 以上四句——「是以」下，帛書本、傅奕本等皆有「聖人」二字。此四句楚簡本作：「聖人之在民前也，以身後之；其在民上也，以言下之。」字句雖異，文義則同。

❸ 以上五句——「以其不爭」，楚簡本句下多一「也」字；帛書甲本作「非以其無諍（爭）與（歟）」，與傅奕本之作「不以其不爭」，皆反問之辭。文義並無不同。

【直譯】

江海所以能成為百谷之王的原因，是因為它們善於處在百川的下方，因此能成為百川之王。所以想要在上面統治人民，必須用言辭謙卑對待他們；想要在前面領導人民，必須把自己放在他們後方。

所以聖人要能處在上面而人民不覺得有壓力，處在前面而人民不覺得有妨礙。所以天下百姓樂於擁戴而不懈怠。就因為他不爭勝，因此天下沒有人能跟他爭勝。

【新繹】

此章再次強調聖人所以能治國安民，在於他能謙下不爭。經文第七章說過：「聖人後其身而身先，外其身而身存」，第八章說過：「上善若水，水善利萬物而不爭」、「夫唯不爭，故無尤」，這些章節都與此章有足相發明之處。

全章可分三段：

第一段舉江海為例，說其所以成為百川之王，在於能「善下」。百谷猶言百川。百是泛稱，谷指有流水的谿谷，亦即河川的源頭。大江大海地勢低下，是一切溪流河川匯聚之地，所以稱之為百谷之王。老子一開頭就藉這眾目所見、眾所周知的自然現象，來明喻在上位者必須像大江大海一樣，謙虛卑下，才可以納百川而擁萬民。第三十二章的「譬道在天下，猶川谷之於江海」，說的是一樣的道理。

第二段以下，用了不少「是以」、「故」的字眼，可知都是由上述的自然現象，引申推衍而得的觀點。這一段所說的，係就統治人民的在上位者而言，與第七章所說的：「聖人後其身而身先，外其身而身存」，有異曲同工之妙。傳本之中，像帛書本、河上公本、傳奕本等等，在「是以」下有「聖人」二字，更足以證明這是針對治國安民的聖人，說對待人民，必須處下居後，這樣才能如江海一樣，眾流歸之而成其大。這裡的上下先後，當然存在著一些辯證關係，但顯而易見，上下的部分是指言辭方面，例如法令等等，而先後的部分是指行動方面，例如福利等等。

第三段是第二段的申論。第二段只說聖人對待人民必須如何如何，第三段則申而論之，說統治者與人民二者的關係；聖人對待人民謙恭卑下的話，就會得到人民忠誠的擁戴。最後的兩句，核對第八章所說的「水善利萬物而不爭」、「夫唯不爭，故無尤」，合讀起來覺得更有興味。

【論老子絕句】之六十六

江海能為百谷王，聖人因此識低昂。須知善下有時盡，慎無恒常在上方。

第67章

天下皆謂我道大，似不肖。夫唯大，故似不肖。若肖，久矣其細也夫！❶

我有三寶，持而保之。一曰慈，二曰儉，三曰不敢為天下先。夫慈，故能勇；儉，故能廣；不敢為天下先，故能成器長。❷

今捨慈且勇，捨儉且廣，捨後且先，死矣！夫慈，以戰則勝，以守則固。天將救之，以慈衛之。❸

【校注】

❶ 以上六句——帛書乙本、傅奕本無「道」字。「大」即「道」，見第二十五章。第三、四句，帛書乙本作「夫唯不宵（肖），故能大」。「久矣其細也夫」帛書甲本作「細久矣」。義皆無別。

❷ 以上十一句——「持而保之」，傅奕本「保」亦作「寶」。寶、保古文互通。帛書本「葆」或「琛」，皆「寶」、「保」之假借。「成器長」，帛書甲本「器」作「事」，傅奕本句前有「為」字。器，指具體事物，泛指萬物。長，尊長。有人釋「成器」為「大器」。「能成器長」之「能」，有「敢」之義。

❸ 以上九句——「死矣」，帛書甲本句前有「必」字，乙本有「則」字。傅奕本則作「是謂入死門」。「以戰則勝」傅奕本等作「以陳則正」。「陳」同「陣」，「勝」通「正」。「天將救之」二句，帛書甲本作「天將建之，女以茲（慈）垣之。」帛書乙本「女」則作「如」。女、如，一音之轉，乃也。垣，衛也。

【直譯】

天下人都告訴我說道是大，似乎不像個樣子。就是因為大，因此似乎不像個樣子。如果像個樣子，長久以來它就變小了啊。

我有三件法寶，持有而且保全它。第一件叫做慈，第二件叫做儉，第三件叫做不敢為天下先。因為慈，所以能夠勇敢；因為儉，所以能夠寬廣；因為不敢為天下先，所以能夠成為具體事物的尊長。

現在如果捨棄慈暫且勇敢，捨棄儉暫且寬廣，捨棄居後暫且領先，就死定了哪！這個慈，用來打仗就勝利，用來防守就堅固。天將要救助它，就用慈來衛戍它。

【新繹】

此章有兩個重心，一是解釋「道」何以又稱為「大」，一是解釋三寶的意義及其功用。

全章可分三段：

第一段說「道」即「大」，大到渾沌一片，沒有固定的形象可以形容。經文第二十五章曾說：「有物混成，先天地生」，「吾不知其名，字之曰道，強為之名曰大」，可見「大」即「道」之別稱。經文第二十一章又說：「道之為物，唯恍唯惚。惚兮恍兮，其中有象；恍兮惚兮，其中有物」，可見道之為物，恍恍惚惚，渾沌一片，沒有具體固定的形象。第一段的「肖」與「不肖」，就是指此而言。而文中的「我」，則是老子的自稱，說是老子引述古之聖人的話也可以，但不會像有些學者所言，是「道」的自稱。因為大道、常道是「不言」的，而且從第二十五章的

「吾不知其名，字之曰道」，也可以看出「吾」、「我」都不等於「道」。「我」只是解釋「道」何以「大」的人。他說「道」大得不得了，早就沒有樣子可以形容；如果可以形容它的樣子，那就是它變小了。這是不可能的事。

第二段介紹何謂三寶，並從正反面的辯證關係，說明三寶的特性。「我」當然還是指老子引述古之聖人而言。三寶包括下列三項：慈、儉、不敢為天下先。慈，即慈愛；儉，即儉省；不敢為天下先，即處下居後，亦即上章所謂「欲上民，必以言下之；欲先民，必以身後之」，或者說即第七章所說的「後其身」、「外其身」。這些都是聖人治國安民必備的要項。因此，此章所言，必然與聖人之治國安民有關。

「慈，故能勇」以下三句，乍看起來，慈愛與勇敢、儉省與寬廣、不敢為天下先與敢為天下先，成為一切具象事物（即萬物）的尊長，這三項事物似乎相對相反，但老子一向主張「有無相生」，相反亦可相成，所以他認為慈、儉、居後三寶之中，本來就有勇、廣、尊長的因子，問題只在於它們有沒有產生作用、發揮功能而已。例如：講慈愛，莫過於慈母之愛子女，慈母當然是最慈祥的了，但她為了子女，什麼危險的事情她都不怕，她都敢去面對，這就是慈有勇敢的另一面。儉省，看起來節約不大方，但太浪費、不節約，就不可能有餘裕幫助別人。居後處下，待人謙虛，功成不居，自然會贏得別人的好感，而被擁戴為尊長。這些道理，都是眾所周知、耳熟能詳之事，真的存在，並沒有衝突矛盾。

第三段進一步說明三寶的功用，並特別強調「慈」的重要。「今捨慈且勇」以下四句，是就上述三寶正反面的辯證關係，說假使只取其一端，例如只取勇或廣或爭先的話，一定會產生偏執不均的大問題。「今」在古代論文中，常常含有假設的語氣。「死矣」，有的傳本作「是謂入死門」，語氣很重，但看下文的「戰」與「守」、「救」與「衛」，即可明白所要說明的，已是與戰爭有關的事。

戰爭是最危險的事情，最需要勇敢，相對相反來說，戰爭也最需要慈愛。老子說，在戰爭時能慈愛，必能打勝仗，能攻能守，也必能救人衛國。「以戰則勝」，傳本有的作「以陳則正」或「以陳則止」。「陳」同「陣」，指戰時陣形而言。這幾句意思是說，在戰爭時能善用慈愛，不但能鼓勵戰士間的同袍同澤之愛，大家同心協力打勝仗，而且也可以「以戰止戰」，用慈愛來換取和平。如此必然進可攻，退可守。要救援，要保衛，也都不成問題了。

最後的兩句：「天將救之，以慈衛之」，帛書乙本作「天將建之，如以茲（慈）垣之」，「垣」作動詞用，意義與「衛」相同。「救之」與「建之」相對而相成，「衛之」與「垣之」相依而相成，都是說明慈愛即使在戰爭時，也有其不可忽視的力量。

【論老子絕句】之六十七

慈儉不為天下先，誰將三寶入遺編。世人但願能成器，豈肯談兵反聖賢。

第68章

善為士者不武，善戰者不怒，善勝敵者不與，善用人者為之下。❶是謂不爭之德，是謂用人之力，是謂配天。古之極。❷

【校注】

❶ 以上四句——首句前，帛書乙本有「故」字，如此則逕接上文，似不必另立一章；傅奕本、景龍本等有「古之」二字。「不與」，傅奕本、景龍本等作「不爭」。與、爭皆以手持物之狀，義同。

❷ 以上四句——「用人之力」，帛書本無「之力」二字。

【直譯】

善於帶兵的人不逞武力，善於戰鬥的人不動怒氣，善於克制敵人的人不交手爭勝，善於利用人才的人對他們謙虛。

這就叫做不競爭的美德，這就叫做利用人的力氣，這就叫做配合天道——古人最崇高的規律。

【新繹】

此章說戰爭致勝之道，不在於武力，而在於謙下。與上章所談的三寶，特別是「慈」，有密切的關係。

全章分為三段：

第一段談致勝之道，要有四善。有的傳本，像傅奕本在章首有「古之」二字，那是有引古勸今之意；像帛書乙本在首句前有「故」字，那是表示有歸結上文之意。與上章對照來看，確實有前後相應的地方。

所謂四善的「善」，在這裡解作「善於」或「完善的」都講得通。每一「善」的句子之中，也都同樣存在著相反相成的辯證關係。「善為士者不武」的「士」，是古代社會中，為貴族及在上位者管理人民的階級，他們文武合一，平時做事，戰時抗敵。因此「為士者」歷來的解釋，頗有歧異。有人說「士」通「事」，「為士者」就是泛指為國家做事的士人；有人說「士」是武士，指以武力抗敵的戰士；有人說「士」不是一般的武士，而應該是指「卒之帥也」，換句話，「為士者」就是率兵作戰的將領。這些說法都言之有據，也都講得通，但在此章之中，對照下文，恐以後者為是。善於帶兵作戰的人，是有武力的，可是他卻不逞武力。在老子看來，這才是完善的作法。

同樣的道理，作戰是要憑武力決勝的，但善於作戰的人，他卻冷靜理性，而不隨便動怒，逞匹夫之勇。《孫子・火攻篇》即云：「非危不戰，主不可以怒興師，將不可以慍致戰。」這才是全軍帶兵之道。克敵是要交手攻殺的，但善於克制敵軍的人，他卻運用智謀，出奇制勝，不必正面交手爭鬥，就能屈敵人之兵。例如《左傳》記載：晉獻公要伐虞國，不出兵攻打，反而先送良馬和璧玉給虞公，討好他，然後趁其不備，一舉偷襲而滅虞。就是典型的例子。善於利用人才的人更不用說了，人才往往高傲，自命不凡，他卻能謙恭下士，禮待人才，使人才都樂為他用。韓信說劉邦本身不善於帶兵作戰，卻是「善將將者」，很多將領都樂於為他所用，就是這個道理。能夠如此，焉有不「善」之理？

第二段是總結上文，說上述的四善，可以叫做「不爭之德」，也可以叫做「用人之力」，也可以叫做「配天，古之極」。不爭而勝，這是最玄妙的方法，跟上章的所謂「三寶」，特別是「慈，故能勇」、「慈，以戰則勝，以守則固。天將救之，以慈衛之」，尤有密切的關係。「慈」，自有其「能勇」的力量，所以能以柔克剛；善於為士用人者，自有不怒而威、不爭而勝的能力，所以能克敵制勝。這些道理，都是相通的。也因此稱之有不爭之「德」、配天之「極」。

有的傳本，像帛書本，「用人之力」沒有「之力」二字。有人以為，如此上下文「是謂用人，是謂配天」，「人」、「天」二字協韻，讀來更覺韻味深長。但筆者以為原來的王弼本「用人之力」，「力」與上下句的「德」、「極」，本來也是協韻的，而且用的是入聲韻，讀起來更強勁有力，自有其可取之處，所以也就不必趨新而捨舊了。

【論老子絕句】之六十八

三寶何曾能退敵，誰言四善佔先機。用人謙下非難事，要在君王辨是非。

用兵有言：「吾不敢為主而為客，不敢進寸而退尺。」❶是謂行無行，攘無臂，扔無敵，執無兵。❷禍莫大於輕敵，輕敵幾喪吾寶。故抗兵相加，哀者勝矣。❸

【校注】

❶以上三句——帛書乙本「有」作「又」。范應元本「兵」下有「者」字，「言」下有「曰」字。文義更明。「不敢進」帛書甲本作「吾不進」。

❷以上四句——「行無行」，下「行」字，指行列、陣形而言。「扔無敵」，帛書本、傅奕本在「執無兵」句後。如此則「行」與「兵」隔句協韻，「臂」與「敵」隔句協韻。「扔」，帛書本作「乃」，傅奕本作「仍」。扔、乃、仍三字同音假借。

❸以上四句——帛書本、傅奕本「輕敵」作「無敵」，「喪」作「亡」，「抗兵相加」之「加」作「若」。王弼注云：「抗，舉也。加，當也。」可見「相加」與「相若」皆有「相當」之意。敦煌唐寫本「相加」作「相如」，加、如二字形近。

【直譯】

用兵的人有這樣的話說：「我不敢採取主動而採取被動，不敢前進一寸而寧可後退一尺。」這是說前進時要像不見行陣，揮動時要像不見手臂，拉引時要像不見敵人，操持時要像不見兵器。

禍患沒有大於輕視敵人的，輕視敵人可能失去我們的三寶。因此舉兵對抗時兵力相當，哀矜的一方必定打勝仗。

【新繹】

此章與前面兩章都談到用兵之道，所談的道理也相通，可視為一組。

全章可分為三段：

第一段首先引用用兵者之言，說用兵之道，一樣在於守後居下。「用兵有言」這句話，焦竑的《老子考異》解釋為「古兵家有此言也」，這是合理的推測，即使不是古兵家之言，至少也是老子引用同時兵家之言。這跟上章首句「善為士者不武」，有的傳本作「古之善為士者不武」，是一樣的道理。事實上，從筆者以上各章的析論中，可以看出《老子》一書，往往在各章開頭先引述古人的格言教訓，然後再予以闡述。這是該書一種常見的寫作模式。

「吾不敢為主而為客」二句，即老子所引用兵者之言，要點也就是上章所說的「不爭」與「為下」。這跟老子「守雌」等等的主張，以及上面兩章所說的三寶、四善，都相通貫。寧為客而不為主，寧退而不進，都是說明用兵作戰之事，應該採取守勢而非攻勢，採取被動而非主動。

這樣說，容易被一些不明道理的人，誤會此為怯戰怕事，所以老子在引述這些話之後，馬上在下面第二段為它補充說明，說這些話的真正含意，是以退為進，以守為攻。

第二段「行無行」四句，跟全書的很多章節一樣，是利用相反相成的辯證關係，來說明用兵作戰時的四種情況。「行無行」，是說行軍前進時，應該排成宜攻宜守的陣形，但善於用兵者，卻令敵人看不出它的陣形。這也就是《孫子．虛實篇》所說的：「微乎微乎！至於無形」、「形人而我無形，則我專而敵分」。「攘無臂」，是說行軍作戰時，難免要伸出手臂，揮動攘取，但善於用兵者，卻令敵人看不出他們在揮動手臂。「扔無敵」，是說戰爭中拉扯（與攘取相反）的動作是難免的，例如拉敵下馬、扯旗誘敵等等，但善於用兵者，卻令敵人看不到他們有這些動作。「執無兵」，是說戰爭時為了護身殺敵，一定攜帶兵器，但善於用兵者，卻令敵人看不到他們帶著兵器。這些句子所描述的事物，都看似矛盾不可能，但經老子一推闡，卻又令人覺得不無可能。所謂不戰而屈人之兵，不用一兵一卒而折人百萬之師，這種事情也確實在戰爭史實中發生過。以靜制動，以不變應萬變，事前經過慎重的規劃，完全根據敵人的行動來採取行動，讓敵人莫測高深。這是一種最高的戰略思想，與一般的兵家大大不同。

第三段呼應第一段，並解釋第二段所以能夠成立的理由。

「禍莫大於輕敵」二句，似乎也是引述古人之言，是說用兵之道，最忌輕敵。「輕則失本」（第二十六章），輕敵者必定高估自己而忽視敵人的實力，錯估形勢而輕舉妄動，能攻不能守，進則喜，退則怒，與上述兩章所謂三寶、四善，完全背道而馳，其最終不敗者幾希！最後兩句：「故抗兵相加，哀者勝矣」，王弼注：「抗，舉也。加，當也。哀者必相惜而不趣利避害，故必勝」。可見「抗兵相加」是說舉兵交戰時，兵力相當。有的傳本「相加」作「相若」或「相如」，也正是這個意思。當雙方交戰時，特別是實力相當或敵方較強時，絕對要以靜制動，不可躁進，一方面要避開敵人的鋒頭，另一方面要隱藏自己的實力。第一段所說的「不敢為主而為客，不敢進寸而退尺」，其道理亦即在此。兵家說：驕兵必敗，哀兵必勝。以上所說，多屬前者，而所謂「哀兵必勝」的「哀」，有些學者解為哀傷，恐怕不太恰當。第三十一章說過：「殺人之眾，以悲哀泣之；戰勝，以喪禮處之。」雖然話中也有悲傷悲哀之意，但重點卻在於強調對戰爭傷亡者的悲憫之情。這裡的「哀」與上述三寶的「慈」意義相近，都有「愛」的意思。有愛心的人，也才會有悲憫之情。聖人愛民治國，用兵的目的也必然是為了消除殘暴、拯救人民而已，而非主張殺戮殘害。這也就是上文把慈愛所以列為三寶之首的原因。而上文所以說「禍莫大於輕敵」者，也正是因為輕敵者必定好戰，好戰者必定樂於殺人而無慈愛之心。有的傳本此句「輕敵」作「無敵」，說心目中沒有敵人，那和「輕敵」一樣，都是輕視敵人而有好戰之意。這種「輕敵」、「無敵」的驕兵，遲早必敗。相反的，主張慈愛的軍隊，有悲天憫人、愛民惜物的情懷，他們知道「兵者為凶器」，能不發動戰爭就不發動，即使不得已而為之，也必定盡量事先慎所規劃，出奇謀，盡量減少傷亡，不殘害雙方的士兵。因此能夠「行無行，攘無臂，扔無敵，執無兵」。這樣的軍隊，自然會獲得最後的勝利。

【論老子絕句】之六十九

用兵為客不為主，輕敵敗亡何所疑。哀者自兼慈與儉，聖人應是帝王師。

第70章

吾言甚易知，甚易行；天下莫能知，莫能行。❶言有宗，事有君。夫唯無知，是以不我知。❷知我者希，則我者貴。是以聖人被褐懷玉。❸

【校注】

❶ 以上四句——「天下莫能知」二句，帛書甲本、傅奕本「天下」作「人」，句前有「而」字，「莫」字後有「之」字。帛書本每句後俱有「也」字，語氣較為舒緩，較有韻味。

❷ 以上四句——「言有宗，事有君」二句，河上公本同。帛書甲本作「言有君，事有宗」，帛書乙本作「夫言又宗，事又君」。又，「有」之古字。傅奕本作「言有宗，事有主」。此互文而見義。

❸ 以上三句——「知我者希」，帛書乙本無「我」字，傅奕本「希」作「稀」。物以稀為貴，故稀、貴二字義近。「則我者貴」，帛書乙本、傅奕本俱無「者」字。二句如無「我」、「者」二字，則文義有所不同。上句如無「我」字，則「知者」蓋指知上文之「言有宗，事有君」；下句如無「者」字，則「則」為轉折詞，蓋指物以稀為貴，「我」應指聖人而言。

【直譯】

我的言論非常容易理解，非常容易實踐；天下卻沒有人能夠理解，沒有人能夠實踐。言論要有宗旨，行事要有主導。就是由於大家不理解，所以不能對我多理解。理解我的人稀少，效法我的人孤高。所以聖人穿著粗布衣，卻懷抱著珠寶。

【新繹】

經文第二章說：「聖人處無為之事，行不言之教」，此章即就此推衍，說「不言」、「無為」其實都易知易行，可是一般人卻莫能知，莫能行。說聖人被褐而懷玉，此乃聖人與天下一般人的不同處。

全文可分三段：

第一段「吾言甚易知」以下四句，以「吾」與「天下」對舉，即聖人與一般人對舉，說明老子所欲闡揚的聖人之道，其實容易了解，也容易實踐，但是一般人卻視容易為困難，不肯切實去了解，去實踐。譬如說，老子說「道」是「有」、「無」相生，道理不難了解，可是一般人卻偏執一端，不是守住「有」，就是守住「無」，而不知變通。譬如說，老子說的「不言」，並不是說完全閉嘴不說話，而是該說的才說，不該說的就不說。該說與不該說的原則是什麼？這就是下一段所要說明的問題。「無為」的道理也一樣，什麼事可以做，什麼事不可以做，也都有一定的原則。

第二段的「言有宗，事有君」，就是標示說話和行事的原則。宗是宗旨，君是主導，換句話說，無論說話或做事都要把握要領。第二章所謂「處無為之事，行不言之教」，事要處理，教要奉行，也都說明實踐時要得其要領。「不言」和「無為」屬於老子立論的宗旨，具體去實踐時，就必須得其要領而知其原則。譬如說，「作而不辭，生而不有，為而不恃，成功不居」這些道理當然應該了解，應該說，也應該做。但若只是知而不行，只是了解或只是口頭說，卻不去具體實踐，那就不合乎老子所說的道。更明白的說，即使能知能行，如果事情成功之後，念念不忘自己的努力，處處宣揚自己的功勞，也一樣不合乎老子所說的道。

老子主張柔靜謙下，主張慈、儉、不敢為天下先，宗旨不難理解，可是一般人卻往往只看到道理或事情的一面，因此，作而言之，生而有之，為而恃之，功成而自居。或者，在現實生活中，看到柔靜謙下的人吃了虧，覺得慈儉守後的人沒好處，反而看到了剛強爭勝的人佔便宜，勇敢有權的人顯威風，因而偏執一端，唯恐自己吃虧，或者只看事情好的或壞的一面，而不肯作全面的觀照。這些例子，都是因為不能把握要領的緣故。因此，雖然知道「不言」、「無為」的道理，卻不肯真正的去了解，去實踐。至於有人把「不言」誤解為完全不說話，把「無為」誤解為完全不做事，那更是等而下之，難與論道了。

「夫唯無知」二句，承上「言有宗」二句而來。是說一般人就因為不明白「言有宗，事有君」的道理，所以對於聖人的立論行事，不能透徹了解。也有人以為老子主張「無知無欲」（第三章），而認為此處的「無知」應指老子本人而言。意思是：老子說他所主張的「無知」之說，不為一般人所理解。對照第一段的「吾言甚易知」，此一說法似乎不如前者通洽。

第三段重點在「聖人被褐懷玉」，說聖人外面穿著粗布衣服，懷中卻有珠寶玉石。這表示聖人雖然不為人所知，可是他所抱持的「道」，卻無比的珍貴。「知我者希，則我者貴」，正說明了這一點，同時也呼應了第一段的「天下莫能知，莫能行」。

從此章語氣中，我們似乎聽到了老子對當世的輕輕的喟嘆。

【論老子絕句】之七十

言甚易知未可輕，不明宗主莫能行。被褐懷玉知音少，似有微音訴不平。

第71章

知不知，上，不知知，病。❶
夫唯病病，是以不病。❷
聖人不病。以其病病，是以不病。❸

【校注】

❶以上四句——帛書本、傅奕本「上」皆作「尚」，二、四句句尾皆有「矣」字。「不知知」，帛書甲本作「不知不知」，上「知」字動詞，下「不知」為受詞。亦可通。

❷以上二句——帛書本無此二句。河上公本、傅奕本同王弼本。

❸以上三句——帛書本「聖人」前有「是以」二字。末句「是以不病」，傅奕本作「是以不吾病」。又，以上五句（含第二段）《太平御覽．疾病部》引文作：「聖人不病，是以病病。夫唯病病，是以不病。」句較精簡，文義則同。

【直譯】

知道所不知道的，是上等；不知道該知道的，有毛病。

就因為知道毛病是毛病，所以不出毛病。

聖人不出毛病。因為他知道毛病是毛病，所以不出毛病。

【新繹】

此章與上章一樣，皆就「知」而言。「知」有二義，一是動詞，意即認知、認識；一為名詞，意即智巧、智慧。就動詞的「知」而言，知有未知與已知之分；就名詞的「知」而言，知又包括先天的智慧與後天的知識。在《老子》一書中，這些用法常常同時存在，而且往往都講得通，因而會造成種種不同的歧解，此章即是。這跟老子用字遣辭的簡約當然有關。

此章較短，但仍可分為三段：

開頭的四句話，是全章的立論重心。「知不知，上」和「不知知，病」對舉成文，顯而易見，但看似簡單易懂的「知不知」和「不知知」，卻會因讀者不同的感受與認知，會產生不同的解釋。如果純把「知」當做認知、理解來解釋，那麼這幾句話自然可以解釋為：知道所不知道的，是高明；不知道該知道的，有問題。這是就認知的對象或正追求的知識來說的，把第一句「知不知」的上「知」字，和第三句「不知知」的前二字「不知」，都當做動詞用，而底下的「知」和「不知」，則變成受詞。帛書甲本「不知知」作「不知不知」，有人以為甲本抄寫時抄錯了，卻未必然。「不知不知」是說不知道自己所不知道的，有毛病。文字雖異，意義則同。這樣的講法不會錯，但完整不完整呢？實在說，不完整。因為話說得太簡約了，還有很大的解釋空間留給讀者自己去填補。例如河上公的注是這樣解釋的：「知道，言不知，是乃德之上」、「不知道，言知，是乃德之病」。顯然是斷句為：「知，不知，上；不知，知，病。」意思是說：把已經知道的知識，自己謙虛說是不知道，這是美德；把不知道的知識說成自己已經知道了，這是弊病。這樣的理解，雖然已經離開認知的層面，而與德性有關，但我想也不會有讀者說它錯了。因為都講得通。

第二段從負面去辯證開頭四句的說法。「病病」上字動詞，下字名詞，負負得正，「是以不病」。這跟「夫唯……是以……」書中常用的句法，都是互相呼應的。

第三段在第二段的基礎上，進一步說明上述的道理，聖人自是明白無疑。字句與第二段多重複，帛書甲乙本缺第二段那兩句，後來像《太平御覽》等書引用《老子》此章亦缺那兩句，可能皆因嫌其重複之故。不過，就此章而言，第三段重複第二段的論證，在內容上可收往復強調的效果，在行文上又可以增加勁秀可誦的韻味，也自有其好處。

第六十四章章句繁多，相形之下，此章無論形式或內容，都較為簡短，頗為特殊。

【論老子絕句】之七十一

知所不知為上品，不知所蔽亦何傷。夫唯病病乃非病，只恐病來不自強。

第72章

民不畏威，則大威至。❶
無狎其所居，無厭其所生。夫唯不厭，是以不厭。❷
是以聖人自知不自見，自愛不自貴。故去彼取此。❸

【校注】

❶ 以上二句——帛書乙本作「民之不畏畏，則大畏將至矣」。畏、威二字古可通用。河上公本、傅奕本「至」下亦有「矣」字，足證「則大威至」成句。有人與下句連讀，作「則大威至無狎其所居」，恐不足取。

❷ 以上四句——帛書本「無」作「毋」。傅奕本「不」作「無」。俱可通用。狎，有親近、騷擾之意。厭，有嫌棄、厭惡之意。所生，指所生之父母子女而言。古書如《詩經》、《孝經》的「無忝爾所生」，即有此用法。

❸ 以上三句——帛書乙本「自知」、「自愛」下皆有「而」字，二句後亦皆有「也」字。「自見」，即「自現」。文句多語氣詞，本來就是古代楚人的特點。

【直譯】

人民不怕威權鎮壓的時候，那麼大威權大動亂就會來臨。

不要騷擾他們所住的地方，不要嫌棄他們所生的親人，影響他們的生活。就因為不嫌惡人民，所以人民才不嫌惡。

所以聖人自我了解卻不自我表揚，自我愛惜卻不自我驕狂。因此捨棄那個，採取這個。

【新繹】

此章說明君王統治人民，應當有自知之明、自愛自律，不可以用威權來壓制百姓。

全章可分為三段：

第一段只有開頭的「民不畏威，則大威至」這兩句話，這也是該書常見的一種形式。統治者的威權，本來是人民所敬畏的，假使統治者不自知，不自愛，而濫用威權的話，人民忍無可忍的時候，就會起而反抗。人民反抗之後，統治者勢必用更大的威權來鎮壓，而一旦如此，又必然引起人民更大的反抗。到了這種地步，社會的不安、國家的動亂，種種可怕的事情，就會因之而產生。有人把「則大威至」與下句「無狎其所居」連讀，不把「至」解為「來到」，而解作「至於無狎其所居」等等的地步，雖然也講得通，但核對傳本，「則大威至」有的作「則大威至矣」，有的作「則大畏（威）將至矣」，可見「則大威至」本來就可成句，是說統治者如不愛民恤民，則大災禍將會降臨。因此不必另求新解。

第二段承接上文，說統治者對人民應該愛護體恤，不可太過親近反而干擾了人民的生活。親近是好的，但過於親近，一定會影響人家的生活秩序；也不可過度差使而破壞了人民的家庭安寧。差使人民出公差是難免的，但差遣勞役太多，萬一使人家不能仰事父母，俯畜妻子，必然會使人民憤而起來反抗。「所生」，古人常用來指父母，代表家族親人。像《詩經．小雅．小宛》的「夙興夜寐，無忝爾所生」即是。「夫唯不厭」是對統治者而言；「是以不厭」是對被統治的人民而言。意思是說，統治者能讓人民安居樂業，生活無憂，人民也就自然不會厭棄這些在上位者。

最後的一段，再標舉出聖人治國安民的方法，在於統治者有自知之明而不會顯耀自己的成就，有自愛之心而不會抬高自己的名位。易言之，也就是上文一再提到的「功成而弗居」，能夠居下守後，柔靜謙卑，為而不恃，功成而弗居，當然不會用威權來鎮壓脅制人民，當然也就不會被人民所厭棄了。

【論老子絕句】之七十二

民不畏威有大威，莫教百姓願相違。安居只是尋常事，更要眾生有所歸。

第73章

勇於敢則殺，勇於不敢則活。此兩者，或利或害。天之所惡，孰知其故？是以聖人猶難之。❶

天之道，不爭而善勝，不言而善應，不召而自來，繟然而善謀。❷

天網恢恢，疏而不失。❸

【校注】

❶ 以上七句——景龍本、御注本等「此兩者」上有「知」字。帛書本、景龍本等均無「是以聖人猶難之」一句。此句或係後人旁批之語。

❷ 以上五句——「繟然」傅奕本作「默然」。繟，音義同「嬋」，緩的意思。言行遲緩，與「默然」意相近。

❸ 以上二句——「失」景龍本作「漏」。《後漢書．杜林傳》注引同。

【直譯】

勇氣表現在剛猛果敢時就遭殺害，勇氣表現在慈悲不果敢時就能存在。這兩種情況，有的得利，有的受害。上天所厭惡的事物，誰能知道它的緣故？所以聖人還覺得對它難以處置。

上天的法則，不競爭卻善於獲勝，不說話卻善於回應，不召喚卻自己到來，舒緩地卻善於安排。

上天像羅網寬寬闊闊，雖然稀疏，卻不遺漏。

【新繹】

經文第六十七章曾說「慈，故能勇」，又說「捨慈且勇」、「死矣」，意思是說：勇氣來自慈愛之心，如果沒有慈愛之心而只有勇氣，必死無疑。表面看起來，勇與慈相對立，而與敢相因依，可是從老子所主張的「有無相生」的觀點來看，卻彼此都可以相反相成。第六十七章說明慈與勇的關係，此章則從勇與敢的關係說起，進而說明「此兩者，或利或害」，其運用之妙，端在於能不能順天之道。

全章可分三段：

第一段說勇與敢雖是連詞，常常合讀，但勇氣如果過於果敢剛猛，就會缺少謙下退讓之心，甚至泯滅了慈愛悲憫之心，充滿肅殺之氣，於人於己，都有害而無利。如果有勇氣，卻又能柔靜謙下，這樣才是生存之道。此兩者的不同，一剛一柔，一害一利，是很明顯的。但為什麼會這樣，老子說大概沒有人知道是什麼原故。他以為恐怕連聖人也不曉得。因為道是不可道的，道只能奉行，行其所當然，而不能問其所以然。

第二段說明天之道，亦即自然的法則。順從自然的法則，就是奉行天之道，這樣就可以趨利而避害，趨吉而避凶。這裡列明的法則有四項，每一項所說的事情都似相反而實相成。例如要勝利難免要競爭，可是這裡卻說「不爭而善勝」；要回應難免要說話，可是這裡卻說「不言而善應」；要請人到來難免要召喚，可是這裡卻說「不召而自來」；要事情成功難免要事先積極規劃，可是這裡卻說「繟然而善謀」。每一句每一項之中，看來都似有矛盾處，但仔細推究，卻又發現它們都真的各自有其道理。這個道理是經由矛盾而趨於統一的。所謂「不爭而善勝」等等，並非說天道真的不爭、不言、不召，其實它們就是上文所說的「為無為」等等主張的另一番說辭。爭端而被視為不爭，回應而被視為無言，召來而被視為未召，籌謀而被視為疏略，這些都叫做「善勝」等等的「善」。善，是指善於運用，不是推拖敷衍，即可成事。運用之妙，本來就存乎一心，是難以言傳的。

最後一段只有「天網恢恢，疏而不失」二句，也可以說是全章的結語。天網，就是天道的作用，它像一面廣大無邊的羅網，要網羅盡天下萬物，使之完全依道而行。看上去，這羅網節目稀疏寬鬆，但實際上它卻嚴密無比，密而不漏。何者為利，何者為害，其實都有其一定遵循的法則。此亦即所謂天之道。

【論老子絕句】之七十三

勇至敢時豈可慾，不爭善勝在機先。漫言天網無疏失，多少不平在眼前。

第74章

民不畏死，奈何以死懼之？❶

若使民常畏死，而為奇者，吾執得而殺之，孰敢？❷

常有司殺者殺。夫代司殺者殺，是謂代大匠斲。夫代大匠斲者，希有不傷其手矣。❸

【校注】

❶ 以上二句——帛書乙本作：「若民恒且（畏）不畏死，若何以殺曜（懼）之也。」句首「若」字為假設語，意亦通。傅奕本作：「民常不畏死，如之何其以死懼之也。」「如之何」即「奈何」。

❷ 以上四句——帛書乙本作：「使民恒且畏死，而為畸者（吾）得而殺之，夫孰敢矣。」使，假使，亦「若」之意。畸，同「奇」，皆偏邪不正之謂。「吾執得而殺之」，傅奕本無「執」字。執、得二字同義。

❸ 以上五句——首句帛書乙本作「若民恒且必畏死，則恒又（有）司殺者」。末句傅奕本作「稀不自傷其手矣」。語氣不同，文義則同。

【直譯】

（如果）人民不怕死了，如何還能用殺死來恐嚇他們呢？

如果讓人民常常怕死，而行為詭異不法的人，我可以捉來而且殺掉他，還有誰敢犯法？永遠有負責生殺的天道，在執行殺傷。如果那代理負責生殺的人君，執行殺傷，這就叫做代替大匠來劈砍。那些代替大匠劈砍的人，很少有不傷到他自己的手的。

【新繹】

此章與第七十二章一樣，都是說明治國安民的君王，對待人民宜寬厚，而不應以死相威嚇，如果大行殺戮，將自傷其身。

全章可分三段：

第一段標舉的兩句話，可能是早已有之的格言教訓，老子引述之以為立論的重心。帛書乙本首句前有「若」字，正說明這是假設的語氣。對於勸喻君王的人來說，想要說明「民不畏死」的嚴重性，以及不該「以死懼之」的道理，用假設的語氣來代替直接的責斥，似乎是比較委婉而善諷的做法。

第二段同樣用假設的語氣，來說明「若使民常畏死」，統治者才可以對那些偏邪不正的人處以死刑，以儆效尤。上一段說的是假設「民不畏死」的話，那表示人民已經忍無可忍，對統治者深惡痛絕了，所以連死都不害怕了。這一段說的是如果「民常畏死」，那是表示人民尚可生活，足以養家活口，所以不會走上絕路，誓死反抗。因此，只要對於其中一些行為詭異的不法之徒，加以處置，即可安定人心，導正社會。「為奇者」的「奇」，是奇偶相生的「奇」，有的傳本作「畸」，也就是它在此章的用意，指詭異亂群，違反社會規範。「吾執得而殺之」的「吾」，是勸喻君王的人，用「我們」比較親切的口氣來規勸君王，而「執得而殺之」，有的傳本作「得而殺之」，意思完全一樣。「得」已經有「執」即捉到的意思。

第三段是說天有好生之德，人們自然也是好生而惡死。如果「民不畏死」，那一定有不畏死的原因，統治者理當切實檢討，而不應自以為是，認為順我者昌，逆我則亡，甚至認為剷除異己，是代天行道。此段的首句「常有司殺者殺」，是承上文「民不畏死」及「民常畏死」而言，司殺者即主宰生殺大權的人。誰有這樣大的權力？歷來大都認為是指天道。然而，上文已經說過，天有好生之德，該生該死，該殺該存，都各有其一定遵循的法則。它不會因統治者的喜怒而改變它的常道。因此，統治百姓的君王，如果認為他可以代天行道，刑罰苛嚴，代替上天宰制殺害人民，那就會像代替大木匠砍樹一樣，結果很少不自傷其手的。

【論老子絕句】之七十四

奈何以死懼生靈，只為鳴鹿不食苓。大匠運斤必傷手，有司焉可用刀鉶。

第75章

民之飢，以其上食稅之多，是以飢。❶
民之難治，以其上之有為，是以難治。❷
民之輕死，以其（上）求生之厚，是以輕死。夫唯無以生為者，是賢於貴生。❸

【校注】

❶ 以上三句——帛書本前二句末，皆有「也」字。「飢」，一作「饑」。飢，餓；饑，荒年。此處當以「飢」為是。「以其上食稅之多」，帛書甲本作「以其取食逸之多也」，乙本「逸」作「跷」。逸、跷不詳其義。有人釋二字為走脫，說人民浪費太多，致民受飢，恐未必是。

❷ 以上三句——前二句帛書甲本作「百姓之不治也，以其上之有以為也」。詞句雖異，文義則無不同。傅奕本「民之難治」後有「者」字。

❸ 以上五句——帛書乙本前二句後，皆有「也」字。「以其求生之厚」傅奕本作「以其上求生生之厚也」。其，指人民；其上，則指在上位者。「賢」字下，帛書本無「於」字。傅奕本「無以生為」下有「貴」字。文字雖有不同，文義則無別。

【直譯】

人民飢餓的原因，是因為他們的上位者收取的租稅太多的緣故，所以飢餓了。

人民難以統治的原因，是因為他們的上位者有所作為的緣故，所以難以統治。

人民輕視生死的原因，是因為他們（的上位者）追求生活富足的緣故，所以輕視生死。只有那些不會因生活享受而有所作為的人，才真正好過於追求生活的富足。

【新繹】

上一章談統治者戒在刑法之苛，此章則說戒在徵斂之重，都是藉以說明統治者想要治國安民，必須善待人民。

此章可分三段：

第一段說明人民之所以發生飢餓的情況，主要的原因，是由於在上位者徵稅太重，聚斂太多，只貪求個人生活的享受，而不管人民的死活，因而田漁重稅，關市急征，民力竭於徭役，財用殫於會賦。人民受飢挨餓，自然不在話下。

第二段說明人民之所以難以統治的原因，乃在於統治者太想有所作為，力求表現，不顧下民的生活需求，因而上有政策，下有對策，上多事則下多詐，上多求則下交爭，政治上既不安定，經濟上也就易於匱乏。

第三段更進一步，第一段只說「食稅之多」，這一段卻說「求生之厚」；第二段只說「民之難治」，這一段卻說「民之輕死」。人民到了只求生活富足而不顧生死的地步，那是多麼可怕的悲慘世界！所以發生這種情況，主要的原因多由於統治者「有為」、「多欲」，既想多所作為，又欲望太多，人民不堪其擾，所以不惜所生；最悲慘的則是，不少人會隨上位者巧詐紛亂，變本加厲，因而貪利而輕死。上文曾說「法物滋彰」則「盜賊多有」，「其政察察」則「其民缺缺」，其道理亦即在此。「以其求生之厚」，指的還是人民，有的傳本，像傅奕本作「以其上求生生之厚」，指的已是在上位者。「生生之厚」見第五十章，是說過於重視保全性命，重視生活上的欲求，如此與上一段可相對，意義似乎更明確。

【論老子絕句】之七十五

食稅多時民自飢，君王宴樂勝平時。謾言難治因輕死，生厚有為豈可嗤。

第76章

人之生也柔弱，其死也堅強。萬物草木之生也柔脆，其死也枯槁。❶故堅強者死之徒，柔弱者生之徒。❷是以兵強則不勝，木強則兵。堅強處下，柔弱處上。❸

【校注】

❶ 以上四句——「其死也堅強」，帛書本「其死也」下各有二字不可辨識。「萬物草木」，傅奕本無「萬物」二字。人亦萬物之一，故去「萬物」二字，則人與草木對，更為合理。

❷ 以上二句——帛書本句首有「故曰」二字，「徒」字下，皆有「也」字。二句《淮南子．原道訓》作：「柔弱者生之榦也，而堅強者死之徒也。」義無不同。

❸ 以上四句——「兵強則不勝，木強則兵」二句，《淮南子．原道訓》等作「兵強則滅，木強則折」。折，與「兵」之動詞同義。「木強則兵」之「兵」字，河上公本、傅奕本等作「共」，帛書甲本作「恒」，乙本作「兢」。共，同「拱」，與「兢」通，「恒」則為借字。「堅強處下」二句，帛書本「處」皆作「居」。

【直譯】

人活著的時候啊身體柔弱，他死的時候啊卻筋骨堅強。萬物草木活著的時候啊形體柔脆，它們枯死的時候啊卻枝幹枯僵。

因此堅強的是死亡的一類，柔弱的是生存的一類。

所以兵器精良反而不會打勝仗，樹木堅挺反而會被劈砍。堅強處在下面，柔弱處在上方。

【新繹】

此章是老子主張「柔弱勝剛強」的另一番說法。

全章分為三段：

第一段說明宇宙萬物間客觀存在的一種現象：人活著的時候，筋骨是柔軟的，弱而不強，卻能伸張自如，可是一旦死了，筋骨卻變得堅硬，僵直而不能彎曲了。萬物之中，不僅人類如此，像草木也一樣。草木成長的過程中，看起來柔軟脆弱，可是一旦枯乾而死，卻同樣變得枯槁僵硬。這些現象說明了什麼呢？

第二段推溯第一段所說的現象，以為堅強硬挺的事物，容易挫折而亡，所以是屬於死亡的一類；而柔軟脆弱的東西，隨物變化，不違不逆，反而容易活得長久，所以是屬於存活的一類。舉例來說：舌頭比牙齒軟弱，但人老了，卻一定先掉牙齒，而舌頭依然無恙。

第三段又更進一步舉例說明「柔弱勝剛強」的道理。「兵強則不勝」的「兵」，指兵器、武器而言，有人推解為軍隊或兵力，似可不必。「乃知兵者為凶器，聖人不得已而用之」，這是老子說過的話語，可見「兵」本來就應解釋為器物。古代兵器的種類很多，刀槍戈矛斧鉞等等都是。一般而言，兵器用於武鬥戰爭，當然越堅硬越好，越鋒利越理想，可是，有堅硬鋒利武器的人，卻往往不勝而敗，其道理即在於恃強而驕的緣故。恃強而驕，就容易引人反感；引人反感，就容易遭遇挫折。有人把「不勝」解作「不堪」，意即不能承受。說兵器太硬太重，就不方便拿。雖似可通，卻不切題旨。同樣的，樹木堅固強硬，就適合於取材去製作各種器物，但也由於這個原因，它勢必成為被砍伐的對象。「木強則兵」的「兵」，當動詞用，是引來斤斧之類砍伐的意思。有的傳本「兵」作「共」或「恒」或「兢」，有些學者捨「兵」而不講，反而解「共」為「拱」，解「恒」為「柩」，解「兢」為「梗」，然後再拐彎抹角說這些字有強硬之意。筆者也以為大可不必。至於有的傳本，此二句作「兵強則滅，木強則折」，那倒是真的說：兵力強盛反而會被消滅，樹枝強硬反而會被折斷，立意雖同，說法卻稍有差異了。

最後兩句，其實就是「柔弱勝剛強」的意思。經文第三十六章的「柔弱勝剛強」，講的是對立的觀念和權變的方法；第四十三章的「天下之至柔，馳騁天下之至堅」，講的是對立的觀念和以柔克剛的道理。這一章雖然也講「柔弱勝剛強」，但相較而言，它只重在說明此一客觀存在的事實，並沒有要人以柔「克」剛，以天下之至柔去「馳騁」天下之至堅。

【論老子絕句】之七十六

莫言柔弱勝剛強，猛虎從來撲小羊。生死榮枯渾未必，強大何曾在下方。

第77章

天之道，其猶張弓與？高者抑之，下者舉之；有餘者損之，不足者補之。❶天之道，損有餘而補不足。人之道則不然，損不足以奉有餘。❷孰能有餘以奉天下？唯有道者。是以聖人為而不恃，功成不處，其不欲見賢。❸

【校注】

❶ 以上六句——「與」，同「歟」，帛書乙本作「也」，河上公本等作「乎」。帛書本「張弓」下有「者」字。「補」，景龍本、御注本等皆作「與」。與，給予。

❷ 以上四句——帛書乙本「補」作「益」。益，有補加之意。「以奉有餘」，帛書本「以」作「而」。

❸ 以上五句——首句帛書甲本作「孰能有餘而有以取奉於天者乎」，傅奕本作「孰能損有餘而奉不足於天下者」。大意相同，唯帛書甲本言「取奉於天」，是指奉行天之道，而傅奕本同王弼本，言「奉不足於天下者」，是指養天下百姓。養天下百姓，亦即奉行天之道。「唯有道者」句下，帛書乙本有「乎」字。「是以聖人」下，帛書乙本作「為而弗有，功成而弗居也。若此，其不欲見賢也」。文義並無不同。

【直譯】

上天的法則，它就像拉弓射箭吧？弓弦高了的要壓低它，低了的要舉高它；有剩餘的要減少它，不足夠的要補充它。

上天的法則，是減少有剩餘的而來補充不足夠的。人間的法則就不是這樣，它是減少不足夠的來供奉那有剩餘的。

誰能夠把有剩餘的拿來供奉天下百姓的不足呢？只有那得道的人。所以聖人有所作為卻不自滿，功業完成卻不自居，他不願意表現過人的才幹。

【新繹】

此章藉張弓來說明天之道，並進而比較天之道與人之道的不同。

全章可分三段：

第一段用拉弓射箭時的弓弦來做比喻。《說文解字》說：「張，施弓弦也。」弓上弦時，高的地方要往下壓，低的地方要往上抬，讓弓弦保持在弓的正中央。扣弦時，弦有多餘的要去掉，不夠長的則要補足，讓弓弦長短合適。老子藉這古人日常生活中共有的經驗，來說明天道運行的法則。

第二段補充第一段的客觀描述，說明上天之道就是「損有餘而補不足」。這句話由張弓引申而來，與經文第二章「有無相生」、「高下相傾」等等的主張，正好前後呼應。上一段說的「高者」與「下者」、「抑之」與「舉之」、「有餘者」與「不足者」、「損之」與「補之」，都是藉相對相反的概念，來說明相因相成的道理。此章將這些道理，濃縮為「損有餘而補不足」一句。然後，又馬上相對的，提出「人之道則不然」的說法。此「人之道」的「道」，不是可師可法的

「常道」，而只是泛指人間一般人的行徑。例如在上位者多欲、有為，而人民輕死、難治等等。上面很多章節，都曾說到人間不少需要改進之處，例如上章所說的「兵強」、「木強」之流，或者如第七十五章所說的「食稅之多」、「求生之厚」等等，都有類似過猶不及、物極必反的弊端。此章把這些弊端，概括成為「損不足以奉有餘」。損不足，是說人民已經不能安居樂業了，統治者還去壓制、搜刮他們；奉有餘，是說讓在上位者有更奢華的享受。很明顯的可以看出來，這兩者之間有很大的不同。

老子的這種思想，與他前後的一些思想家都有相通之處。例如《周易．豐卦》中曾說：「日中則昃，月盈則虧。天地盈虛，與時消息。」《列子．天瑞篇》也說：「物損於彼者，盈於此；成於此者，虧於彼。損盈成虧，隨生隨死；往來相接，間不可省。」他們一樣都愛從自然現象或日常事物去推論治國平天下的主張。

第三段緊接第二段「損不足以奉有餘」的人道之後，提問在人間世有誰可以反其道而行，不自私自利，而能以天下百姓之心為心？第十二章說聖人「為腹不為目」，不會自私而多欲，第十三章結語也說聖人能以天下為念：「故貴以身為天下，若可寄天下；愛以身為天下，若可託天下」，這就是所謂「有道者」。有道者，也就是書中一再提到的「聖人」。因此，下文又把第二章的「為而不恃」、「功成不居」之類的話，再次引述於此，意在勸誡真心想治國安民的在上位者，應該以古之聖人為師，自許為今之聖人才對。老子之所以著述《道德經》一書，其實亦即肇因於此。

【論老子絕句】之七十七

自然天道似張弓，高下調弦合在中。欲損多餘補不足，緣何人道不相同？

第78章

天下莫柔弱於水，而攻堅強者，莫之能勝。其無以易之。❶弱之勝強，柔之勝剛，天下莫不知，莫能行。❷是以聖人云：受國之垢，是謂社稷主；受國不祥，是謂天下王。正言若反。❸

【校注】

❶ 以上四句——首句河上公本作「天下柔弱莫過於水」。「能勝」，傅奕本作「能先」。文義俱無不同。末句帛書本「其」字前有「以」字。「以」作「因為」解，文氣似較足。

❷ 以上四句——帛書乙本「弱之勝強」在「柔之勝剛」句之後，句後皆有「也」字。傅奕本「莫能行」作「而莫之能行也」，義皆相同。

❸ 以上六句——首句帛書乙本作「是故聖人言云」，傅奕本作「故聖人之言云」。

【直譯】

天下萬物沒有柔弱超過水的，但攻克堅強的東西，沒有誰能勝過它。它是無法用來替代交換的。

弱的勝過強，柔的勝過剛，統治天下的人沒有不知道的，但沒有人能夠實行。

所以聖人說：承受全國的屈辱，這才是所謂社稷之主；承受全國的災難，這才是所謂天下的君王。正當的言論好像反常。

【新繹】

此章和上文第七十六章等一樣，仍對「柔弱勝剛強」的道理，舉水為例，加以引申說明。

全章可分三段：

經文第八章曾說：「上善若水。水善利萬物而不爭」，那是就水的好處、能沾溉萬物的觀點來說的，這一章則就水之為患、能摧堅克強的觀點來說。古人常把人民的言論比為水，說防民之口，甚於防川。原因就在於：看起來，水是最柔弱的東西，連固定的形狀都沒有，但它的另一面卻又能滴水穿石，甚至能摧毀萬物，有莫之能禦的力量。一般人民平常看起來也軟弱無比，好像常常忍受屈辱，可是一旦忍無可忍，群起而攻，力量卻大到無與倫比。此章第一段就以此為例，來說明水兼有柔、剛的兩面，此猶如道兼有陰陽、有無的兩面一樣。它們相反卻又相成。當然，這一章主要是從「柔弱勝剛強」的觀點來立論的。

第二段承接上文，卻故意作一轉折，說柔弱勝剛強的道理，以水為喻，大家沒有不明白的，但是，大家雖然都明白道理了，卻沒有人肯去具體實踐。這些話，乍看之下，好像是說給大家聽的，因為原文是「天下莫不知，莫能行」。但仔細想想，就可以知道這裡所說的「天下」，指的是統治天下的君王。上文第四十三章，已經有過這樣的例子。唯有如此解釋，才可以與前面用水比喻人民的例子連繫起來，同時與下文的「是以聖人云」有了呼應。

第三段引用聖人之言，說肯為國家來承受辱罵和詛咒的人，才有資格做天下的共主，得到世人的景仰。《尚書．說命篇》就說過這樣的話：「百姓有過，在予一人。」「垢」和「不祥」都是人所厭惡的，如果治國安民的君王，願意接受古代聖人的教訓，了解一般人民都比較短視，只顧眼前，缺乏遠大的眼光，容易聽信謠言，批評在上位者，而願意虛懷若谷，「知其榮，守其辱，為天下谷」（第二十八章），願意為天下之福祉，忍受一時之污辱，不辭稱「孤、寡、不穀」（第三十九章等），受國之不祥，那麼一定能像江海一樣，涵天地而為百谷之王，為民造福，贏得萬民的嚮往歸順。「社稷」分而言之，是說土地神和穀神，合而言之，是指國家的宗廟、君王的政權。有上述的才德，江山才會穩固，天下才會安康。

最後的一句：「正言若反」，非常巧妙。它一方面為上文「受國之垢，是謂社稷主」等言，作了反證，另一方面又為老子一向的主張，作了歸納。因為一般人看《老子》一書，常常會覺得老子所說的正論，很像是反話，不止本章如此，其他如有與無、高與下、成與缺、曲與直、巧與拙等等，它們原是彼此對立的，但在「大」、「道」的運行之中，它們卻又可以在「有無相生」、「高下相傾」之餘，由相對相反而彼此統一起來，此即所謂「大成若缺」、「大直若屈」、「大巧若拙」、「大白若辱」、「上德若谷」的境界。這些都是「正言若反」的顯著例子，也是《老子》一書中最引人沉思尋味的妙處。

【論老子絕句】之七十八

受國不祥天下王，正言若反細思量。攻堅摧強應如水，只恐滿盈人受殃。

第79章

和大怨，必有餘怨，安可以為善？❶
是以聖人執左契，而不責於人。有德司契，無德司徹。❷
天道無親，常與善人。❸

【校注】

❶以上三句——前二句，帛書甲本、河上公本、傅奕本皆如此。和，調和、調解。廣明本（唐僖宗廣明元年道德經幢本）「和」作「知」，恐誤。第三句《文子・微明篇》引作「奈何其為不善也」。帛書甲本「安」作「焉」。安，焉，如何、怎麼。

❷以上四句——帛書甲本「執左契」作「右介」。契，契約、合同。古人書契約於竹木上，各執一半，以為憑據。右為借據，左為存根。「責於人」之上，帛書本有「以」字。責，通「債」，有求償之意。徹，古代一種徵收十分之一的課稅之法，或云「徹」當訓為「剝」，有殺之意。

❸以上二句——二句前帛書甲本有「夫」字，常作「恒」。此二句當為古語，見《說苑・敬慎篇》所引〈黃帝金人銘〉，及《後漢書・袁紹傳》注所引之《太公金匱》等。常，與「惟」同義；與，猶「親」也。

【直譯】

調解重大的怨恨，必然會有剩餘未解的怨恨，怎麼可以說是完善的呢？所以聖人保留左邊契約的存根，卻不去索債於借貸人。有德的人管契約，無德的人管徵稅。天道沒有偏愛誰，只是常常幫助好人。

【新繹】

此章討論德與怨的問題，以為治國安民的聖人，應當存德而去怨。

全章分三段：

第一段先說要解除怨恨是不容易的。人與人相處，難免有是非恩怨，有德之人即使想消除怨恨，找人調停和解也沒有大用。因為既然有怨恨需要和解，那就表示不論如何調停，畢竟還是要論何者為是，何者為非，留有餘怨，至少是留下遺憾，不會了無痕跡。所以，這不是徹底的解決方法。

第二段由此而說明聖人如何解決這些問題。老子以訂立契約為例。古人的契約，通常寫在木片或竹冊上，書寫兩份，條文全同，債權人和借貸人各持一份，作為將來償還時的憑證。所以也叫做「合同」。這裡的「左契」，當指存根而言。是說聖人雖有存根以為憑據，可是他卻不以此向人索債，要求償還。有的傳本「左契」作「右介」，當亦此意，不必贅論。推衍說去，治國安民的聖人，在處理人事時，也難免會有是非恩怨，像上章所說的：「受國之垢，是謂社稷主；受國不祥，是為天下王。」在上位者，豈有不被批評指摘的？如果把這一切是非恩怨都放在心中，那就不是聖人了。即使為了消除恩怨，有意和解，畢竟留有餘恨，如上段所言，也還不是上上之策。那麼，該怎麼辦呢？所謂「執左契，而不責於人」，就是比和解更好的辦法。像債權人一樣，雖然留有存根作為信物，卻不據此向人索債求償，就像已經遺忘了一樣，不再提起。這才是真的恩怨兩忘，比找人調解的辦法，不知好上多少倍。

「有德司契，無德司徹」二句，仍然和上文一樣，用契約和債權來做譬喻。是說有德的聖人，取信於民，總是希望「能有餘以奉天下」（第七十七章），把多餘的奉獻給大家，這有如債權人雖然握有債權，卻不會主動催討，只等借貸人自己來償還。也就等於：與人雖有「大怨」，卻不再提起，像是早已忘記一樣，也不再找人調解，因此可以一笑泯恩仇。如果把別人欠債不還之事放在心中，像按法課租的官吏一樣，只知道依法行事，該課十分之一的徹稅，就一定要催促繳納，那就是無德的行為，不是有德的聖人該有的表現了。

第三段的「天道無親，常與善人」，應是老子引用古語來做為結論。意思是說：天道不會偏愛誰，但因善人奉行天道，所以和他們常常在一起。這兩句話，也見於《史記．伯夷列傳》、《說苑．敬慎篇》等等，有的不注明出處，有的則說是出自上古銘文。《老子》一書引用古語以為格言教訓，來勸勉當世的執政者，通常把它們置於每章之首，但也有放在最後的。置於章首的，是做為立論的依據；放在最後的，則做為說法的總結。兩者都同樣簡短精要，引人注目。

【論老子絕句】之七十九

調和大怨尚餘怨，執契不求有德人。天道無親何所與，此心只許善為鄰。

第80章

小國寡民，使有什伯之器而不用，使民重死而不遠徙。雖有舟輿，無所乘之；雖有甲兵，無所陳之。❶使民復結繩而用之。甘其食，美其服，安其居，樂其俗。❷鄰國相望，雞犬之聲相聞。民至老死，不相往來。❸

【校注】

❶ 以上七句——帛書乙本「國」作「邦」，「什伯」作「十百人」，「不遠徙」無「不」字，「雖有」二句皆無「雖」字。傅奕本「使有」作「使民有」。伯，古通「佰」。什伯之器，歷來注解頗多歧義，或指為兵器，或指各種生產器具，或指人才。「不遠徙」若作「遠徙」，則「遠」作動詞用，仍不遷徙之意。陳，古通「陣」，此作動詞用。

❷ 以上五句——帛書本「樂其俗」在「安其居」之前。傅奕本「而用之」後多「至治之極使民各」七字，末二句作「安其俗，樂其業」。字句雖異，文義並無不同。

❸ 以上四句——帛書本「犬」作「狗」。「民至老死」，河上公本、敦煌本等無「死」字。

【直譯】

狹小的疆土，稀少的人口，使他們有十人百人共用的器物卻不使用，使人民重視生死卻不向遠方遷移。雖然有舟船和車輿，卻不必有搭乘的時候；雖然有鎧甲和兵器，卻用不著陳列的場所。

使人民又結繩而用它記事。甘於他們自己的飲食，適於他們自己的衣服，安於他們自己的住處，樂於他們自己的風俗。

和鄰近國家彼此能觀望，雞狗的叫聲彼此能聽見。人民一直到老死，卻不互相來往。

【新繹】

此章的立論宗旨和文字詮釋，歷來頗多歧說。有人說此章反映了老子的政治理想，主張回到國小民寡、結繩而治的原始社會；有人說此章反映了老子的反戰思想，反對當時大國的兼併戰爭。又有人說：此章反映的是老子的理想社會，表面上看，好像是很原始的社會情況，其實並不盡然。它並不是沒有甲兵，只是不必用到戰場上去打仗，並不是沒有文字，只是生活簡單，用不著文字來記事而已。這是知其文明，守其素樸，是「至治之極」。因此說它是一種人的精神境界。其他的說法也還有，真的眾說紛紜，莫衷一是。

我們看《老子》此書以上各章所論，知道老子常常引述古語，引用古代聖人的格言教訓，來勸勉當世及後人，如何治國安民，當然有他的政治理想、社會理想寄託其中。其中談到大國小國，並沒有一定非小國寡民不可的主張，反而常常勸勉執政者好自為之，希望如江海之納百川，能使各地人民來歸順；也常常提到用兵之道和民生之事，都同樣有備而無患的意思，並沒有「雖有舟輿，無所乘之」、「民至老死，不相往來」之類的佐證。不過，誰也不能否認老子有濃厚的復古思想，至少上古那種清靜素樸的風氣，是他所嚮往的境界，所以他才會常常引述古代的聖人之言。因此說老子嚮往上古小國寡民的社會，並沒有錯，但千萬不要誤以為老子在開時代的倒車。也因此，上述的說法之中，所謂知其文明、守其素樸的一種人文的精神境界，可能是比較中肯的說法。

全章可分三段，每一段都陳述古代小國寡民的各種不同的情況：

第一段偏重在戰爭方面的描述。戰爭是古代國家的大事，在原始社會裡，大部分的國家都是小國寡民，但即使如此，也不能不重視戰爭的防守。王弼的注這樣說：「國既小，民又寡，尚可使反古，況國大民眾乎！故舉小國而言也。」王弼的意思是：老子舉小國寡民為例，說連小國寡民都可以做到恢復古道的境界，何況是國大民眾的社會呢！這種說法和現代很多學者的解釋大相逕庭。順著王弼的注解，老子以為即使是小國寡民的國家，也要注意戰備，期能做到「以戰則勝，以守則固」（第六十七章）、「善戰者不怒，善勝敵者不與」（第六十八章）、「行無行，攘無臂，扔無敵，執無兵」（第六十九章）的地步。因此，下文「使有什伯之器而不用」這一句，在「使」字底下，「小國寡民」是它的受詞。完整的來說，這一句應該作「使小國寡民有什伯之器而不用」才對。把「小國寡民」獨立出來，是因為它還涵蓋下列數句的內容，以及可以點醒主題的緣故。所以在傳本之中，像傅奕本這一句還保留著「使民有什伯之器而不用」，而帛書本更寫成「使有十百人之器而不用」。「伯」古通「佰」。什麼是「什伯之器」呢？徐鍇《說文繫傳》

「人」部「伯」字下引《老子》說：「有什伯之器。每什伯共用器，謂兵革之屬。」《後漢書・宣秉傳》的注也說：「軍法：五人為伍，二五為什，則共其器物。」可見什伯是古代士卒部曲編列的名稱，而什伯之器則是指士卒打仗行陣時共用的器物。這些器物應指兵革之屬，但也有人認為是泛指一切軍中用具，包括炊具等等。不管如何，前面既然說是「小國寡民」，那麼什伯之數對小國寡民而言，就不是小數目。這也表示了即使是土地小、人口少的國家，也不能不注意戰備之事。注意它，不是為了侵略他國，而是有備才能無患。王弼的注又說：「言使民雖有什伯之器，而無所用，何患不足也。」就是這個意思。「不用」就是「無所用」，是說雖有什伯之器，也不必用於軍事打仗。這跟下文所謂「不遠徙」、「無所乘之」、「無所陳之」，意義相近，都是說有備無患，無仗可打。有人把「什伯之器」，解釋為「材堪什夫、伯夫之長者」，即才器十倍百倍於常人的所謂「百夫長」，雖然與第六十七章的「不敢為天下先，故能成器長」似可呼應，但總嫌過於迂曲。

因此，下列的句子，也都應該原與戰事有關。要使人民重死生，守護鄉土，而不必遷徙遠方。《史記・五帝本紀》說黃帝之時，「遷徙往來，無常處，以師兵為營衛。」可見所謂「不遠徙」是指不發動戰爭，不必到遠方打仗；雖然教習水戰，但所搭乘的舟輿，不必用來做為戰爭時的運輸工具；雖然有鎧甲兵器，但也不必在戰場上布陣時用到它們。這一切都說明了老子對國防戰備的重視。戰則勝，守則固。與其戰則勝，不如先守固而不爭。

以上第一段說的，是有關戰備的用兵之道，「使民復結繩而用之」以下的第二段數句，說的則是日常生活的民生之事。「復結繩而用之」，與第十九章所說的「絕聖棄智」、「見素抱樸，少私寡欲」等等，前後相應。是說生活簡樸、精神滿足就好，不必刻意追求什麼。老子以為在文字創造之前，先民結繩記事而已，絲毫沒有後人「知識增時只益疑」的煩惱，對於自己日常生活中所使用、所接觸的飲食、衣服、居所、環境等等，也都非常滿意。老子這樣說，並不是說要大家真的回到那多方面落後的原始社會，而是強調原始社會雖然不如後代文明進步，但他們原來所保有的一種人文的精神境界，例如素樸、寡欲等等，在後來文明進步的社會中反而消失不見了，這是多麼令人遺憾的事情！所以老子才主張要復古。他要復的古，指的是這些「垂衣貴清真」的素樸、寡欲之事。讀者千萬不要死看文字。

最後一段是後面四句，說與鄰國之間的相處關係。老子描述古代小國寡民的國家，要像第一段所說的那樣注意國防戰備，要像第二段所說的那樣使國內的人民生活無憂，安居樂業，而這最後的一段則說明與鄰國的相處之道。與鄰國應該和平相處，守望相助，使各自的百姓生活安樂，可以樂生而送死，不為戰爭所苦。「民至老死，不相往來」二語，一般人都覺得很奇怪。其實上引《史記·五帝本紀》已經說過了，黃帝之時，「遷徙往來，無常處，以師兵為營衛」，「往來」含有「遷徙」之意，或許才是本章末句「民至老死，不相往來」的真正意義所在。

【論老子絕句】之八十

小國寡民非所慕，結繩豈復古風情。誰知老死不來往，只為安居偃甲兵。

第81章

信言不美，美言不信。善者不辯，辯者不善。知者不博，博者不知。❶

聖人不積：既以為人已愈有，既以與人已愈多。❷

天之道，利而不害；聖人之道，為而不爭。❸

【校注】

❶ 以上六句——帛書乙本「知者不博，博者不知」二句在「善者不辯，辯者不善」二句之前，「辯」俱作「多」。多，亦美善之意。傅奕本「善者」、「辯者」二「者」字皆作「言」。

❷ 以上三句——帛書本、傅奕本「不積」皆作「無積」。末句帛書乙本作「既以予人矣己俞多」，文義無別。

❸ 以上四句——首句前，帛書本有「故」字。「聖人之道」，帛書乙本無「聖」字。核對第七十七章，似作「聖人」為是。

【直譯】

誠實的話不動聽，動聽的話不足信。善言的人不強辯，強辯的人不善言。知道的人不求多，求多的人不知道。

聰明的聖人不積累：既然拿來助人自己反而更富，既然拿來給人自己反而更多。上天的道理，利於人卻不損己；聖人的道理，只管做卻不爭利。

【新繹】

此章對美與信、善與辯、知與博、無與有、少與多、取與與、利與害、為與爭等等，提出一系列的辯證，旨在說明很多事物的表面和實質，常常存在一些矛盾對立的現象。這和經文第二章所說的「天下皆知美之為美，斯惡已；皆知善之為善，斯不善已」，以及「有無相生，難易相成」等等的道理，都是遙相呼應、前後契合的。事實上，和第一章開宗明義所說的「名」與「道」，也有不可分割的關係。

以上所說的美與信、無與有、利與害等等，其實都是「名」，都是「可名」的事物之一。綜合起來講，它們所代表的意義，不外包括精神的和物質的兩種。精神的方面，如美善等等；物質的方面，如財利等等。表面上看來，精神和物質好像有矛盾，美善和財利也似乎相對立，甚至於美善本身也常常發生物極必反的現象，不止財利在多少得失之間多所紛爭而已。老子從這些矛盾對立的現象去切入問題的核心，從「名」中去談「道」，說明「道」的本質及其作用。他一方面說「天之道」，一方面說「人之道」。他所說的「天之道」，其實包括天道、地道；他所說的「人之道」，其實主要是講聖人之道。聖人之道，是在人間用以輔佐君王治國安民的，所以也可以稱為王道。人中之王可以參與「天」、「地」而化萬物，所以與「道」合稱為「四大」（第二十五章）。以上的各章，很多章節所闡述的是這些道理，此章所欲歸結的，其實也是這個道理。

全章可分三段：

第一段說明精神方面真善美等等這些德性、博學多聞等等這些知識，本身都有其限制性，亦即所謂「道可道，非常道。名可名，非常名。」有的傳本，「善者」、「辯者」的「者」，都作「言」，可見都還偏重在「言」的方面。真正的「常道」、「常名」是什麼呢？老子說在「有」、「無」之間。第二章所說的「處無為之事，行不言之教」，就是關鍵所在。「無為」本是無所作為，可是老子卻說要去處其事；「不言」原是不說不講，可是老子卻說要去行其教。這之間，好像有矛盾。老子所講的「道」，正是要從這矛盾之中去說其統一和諧之理。

第二段說聖人的處事治世之道。「不積」就是不累，不會執於言、滯於教的意思。也就是上面所說的「處無為之事，行不言之教」。這一段說聖人「既以為人」而「已愈有」，「既以與人」而「已愈多」，表面上看，這些應是屬於物質方面的財利等等。照常理說，給了別人，自己就沒有了或變少了，可是，老子卻從這裡提出辯證，說幫助了別人，自己反而更為富有；給了別人，自己反而更為增多。這個道理，現代人可能比較容易理解。執政者能給人民創造財富的機會，人民富庶了，國家也就更為富強。聰明睿智的聖人，傳述大道，用來勸勉君王治國安民，對他自己的德性，不但沒有減損，反而會更豐富而深沉。所以，不論是精神或物質，不論是言或行，聖人或得道君子都能體會「道」有創生天地萬物、好生惡殺之德，體而行之，為天下萬物謀福利。他雖然不明言，但萬物都確實得了利益，他雖然有所作為，卻出乎無心，所以不會爭勝，也不會居功。這就是所謂「道」。

最後的一段是結論，說明天地之道，是利他而不害己，而聖人之道，是有作為而不爭功。

「為而不爭」的「為」，是第三十八章「上德」的「無為而無以為」，「不爭」是第八章的「上善若水」和第六十六章的「以其不爭，故天下莫能與之爭」的「不爭」。《易經．乾卦》有言：「知進退存亡，而不失其正者，其唯聖人乎！」旨哉斯言！

【論老子絕句】之八十一

無為守下不爭先，記取天人道兩全。知識增時疑更甚，何如絕學只高眠。

參考書目舉要

《無求備齋老子集成初編》，嚴靈峰，台北：藝文印書館，一九六五年
《無求備齋老子集成續編》，嚴靈峰，台北：藝文印書館，一九七〇年
《郭店楚墓楚簡本老子》，北京：文物出版社，一九九八年
《楚簡本老子校讀》，彭浩，北京：中華書局，二〇〇一年
《楚簡老子辨析》，尹振環，北京：中華書局，二〇〇一年
《馬王堆帛書老子》，北京：文物出版社，一九八〇年
《帛書老子注譯與研究》，許抗生，杭州：浙江人民出版社，一九八五年
《帛書老子校注》，高明，北京：中華書局，一九九六年
《老子指歸》，嚴遵，北京：中華書局，一九九四年
《老子道德經河上公章句》，北京：中華書局，一九九三年
《老子王弼注校釋》，樓宇烈，台北：華正書局，一九八一年
《道德經古本篇》，傅奕，道藏本，上海涵芬樓，一九二四年
《道德經考異》，羅振玉，台北：藝文印書館，一九七〇年
《御註老子》，高專誠，太原：山西古籍出版社，二〇〇三年
《老子道德經古本集注》，范應元，北京：中華書局，一九九八年
《老子道德經考異》，畢沅，東京：汲古書院，一九七六年
《諸子平議》，俞樾，上海書店，一九八八年
《老子本義》，魏源，北京：中華書局，一九五六年
《老子道德經評點》，嚴復，上海：商務印書館，一九三一年

《老子校詁》，馬敘倫，北京：中華書局，一九七四年
《老子集訓》，陳柱，上海：商務印書館，一九二八年
《重訂老子正詁》，高亨，古籍出版社，一九五六年
《老子譯注》，高亨，鄭州：河南人民出版社，一九八〇年
《老子校詁》，蔣錫昌，上海：商務印書館，一九三七年
《老子章句新釋》，張默生，成都：古籍書店，一九九一年
《老子達解》，嚴靈峰，台北：藝文印書館，一九七一年
《老子校釋》，朱謙之，北京：中華書局，一九八四年
《老子繹讀》，任繼愈，北京圖書館出版，二〇〇六年
《老子注譯與評介》，陳鼓應，北京：中華書局，一九八四年
《老子今注今譯》，陳鼓應，北京：商務印書館，二〇〇三年
《老子說解》，張松如，濟南：齊魯書社，一九八七年
《老子解義》，吳怡，台北：三民書局，一九九四年
《老子新校》，鄭良樹，台北：學生書局，一九九七年
《老子新論》，鄭良樹，上海：上海古籍出版社，二〇〇一年
《老子辨析及啟示》，嚴敏，成都：巴蜀書社，二〇〇三年
《老子今析》，李先耕，北京：中國社會科學出版社，二〇〇七年
《老子古今》，劉笑敢，北京：中國社會科學出版社，二〇〇六年
《重識老子與「老子」》，尹振環，北京：商務印書館，二〇〇八年
《老子校正》，島邦男，東京：汲古書院，一九七三年
《老子考索》，澤田多喜男，東京：汲古書院，平成十七年

人生三書 2

老子新繹

清靜無為的人生哲學

作者：吳宏一
主編：曾淑正
企劃：叢昌瑜
內頁設計：Zero
封面設計：丘銳致

發行人：王榮文
出版發行：遠流出版事業股份有限公司
地址：台北市中山北路一段十一號十三樓
郵撥：0189456-1
電話：（02）25710297
傳真：（02）25710197

著作權顧問：蕭雄淋律師
二〇一七年七月一日 初版一刷（印數：二〇〇〇冊）
二〇二三年八月一日 初版五刷（印數：五〇〇冊；總印數：四六〇〇冊）
售價：新台幣四〇〇元

缺頁或破損的書，請寄回更換

ISBN 978-957-32-8022-4（平裝）

遠流博識網 http://www.ylib.com
E-mail: ylib@ylib.com

國家圖書館出版品預行編目（CIP）資料

老子新繹：清靜無為的人生哲學／
吳宏一著. -- 初版. -- 臺北市：
遠流，2017.07
面； 公分
ISBN 978-957-32-8022-4（平裝）

1. 老子 2. 注釋

121.311 106009142